천 경

천 경

초판 1쇄 인쇄 2013년 5월 5일
초판 1쇄 발행 2013년 5월 10일

지은이 자미국
펴낸이 金泰奉
펴낸곳 한솜미디어
등 록 제5-213호

편 집 박창서, 김주영, 김수정
마케팅 김명준
홍 보 김태일

주 소 (우143-200) 서울시 광진구 구의동 243-22
전 화 (02)454-0492(代)
팩 스 (02)454-0493
이메일 hansom@hansom.co.kr
홈페이지 www.hansom.co.kr

ISBN 978-89-5959-356-9 (03150)

천 경

자미국 지음

한솜미디어

| 책을 집필하면서 |

자미국은 잃어버린 하늘을 찾아주고, 하늘의 진실을 지상 인류 최초로 전 세계 유일하게 전하는 곳이다.

현재 71억 인류 모두가 이 땅에 태어나 자기 자신 영들의 부모가 누구인지는 알고 죽어야 하지 않을까? 그리고 이미 육신을 버리고 죽은 모든 인류의 영들도 자신의 부모가 누구인지 알아야 하고, 자미국을 통하여 하례 인사를 올려야 자식 된 최소한의 근본 도리를 다하는 것이 아닐까 싶다.

각자의 몸 안에 있는 영들의 부모님.

아버지는 위대하시고 대단하신 "태상천존 자미천황님"이시고,

어머니는 위대하시고 대단하신 "태상천존 자미황후님"이시다.

영들을 낳아주시어 이 땅에 각자의 몸 안으로 보내주시고 우리의 인생을 살려주시는 감사하신 분이시다.

하늘, 영혼의 부모님, 조물주, 천지주인, 천지부모, 절대자, 전지전능자, 천지창조주, 신명세계 총사령관, 우주의 주인, 33개 하늘나라의 통치자이시다.

신명님과 미륵님, 기독교의 하나님, 천주교의 하느님, 여호와 증인의 여호와 하나님, 도교의 천존님, 천주님, 천부, 천모보다 훨씬 위에 계신 분이시다.

이 모든 분들의 부모님이시며 예수님, 성모님, 부처님, 공자님, 상제님, 마호메트를 이 세상에 보내신 장본인이시기에 인류와 종교의 중심이시자 종착역으로 인류의 최고 구심점이시다.

굳이 종교를 통해서 하늘을 믿거나, 하늘을 찾으려면 이왕지사 최고의 높고 높은 하늘을 찾아서 믿어야 한다. 인류 최초로 밝혀지는 하늘의 공식 존호이다.

각자들 인생의 아픔과 슬픔, 고통과 불행은 하늘이시자 각자 영들의 부모님이신 하늘을 무시하고 몰라보며 찾지 않아서 일어난다는 진실을 처음으로 알았다.

지금까지 종교를 믿으며 다닌 이유는 하늘과 땅이 함께하고, 하늘과 땅이 함께 세우는 나라 자미국을 찾기 위한 기간이 2~3천 년이란 세월이 흐른 것이다.

자미국이 개국된 지 얼마 되지 않았는데 수천 년 동안 종교 안에서 찾고자 했던 진짜 하늘이 자미국이란 말에 어리둥절하여 인정이 될까 모르겠다. 너무 늦게 생겨서 부정적인 시각으로 비추어지고 있지만 그러나 어찌하랴!

부정적으로 바라보던 모두가 자미국에 들어와야 하늘께 구원받을 수 있으니 말이다.

자미국(紫微國)은 글자 해석 그대로 인류가 탄생한 이래 최초로 하늘과 땅이 함께하고, 하늘과 땅이 함께 세우는 나라(국가)이지 결코 종교세계가 아니다.

지금까지 종교를 믿고 있는 인간 모두는 진짜 하늘이 함께하시는 자미국을 찾고 만나기 위하여 종교 안에서 그리 오랜 세월 하늘공부를 하고 있었던 것이다.

각자 모두는 자미국에 들어와 진짜 구원받기 위하여 종교 안에서 오랜 세월 하늘공부, 신명공부, 조상공부, 사후공부, 영혼공부, 도통공부를 하고 있었던 것이다.

종교를 통해서 그동안 많은 공부를 한 사람들은 이제 종교를 졸업하고 천상궁전 자미천궁으로 입궁할 수 있는 자미국으로 속히 들어와야 한다.

늦게 들어오면 많은 세월을 기다려야 할 것이다. 자미국에 들어오지 못하면 하늘께 아무것도 받을 것이 없으니 인생 자체가 아픔과 슬픔으로 고통과 불행만이 끝없이 이어지게 된다.

자미국에 들어오는 것이 인간이 잘 살 수 있는 길이다. 가상세계, 공상세계에서 찾던 지상낙원, 지상천국, 이상향의 무릉도원 세계가 자미국이다.

이 책은 인간, 영, 조상님들이 하늘로부터 구원을 받느냐 못 받느냐 하는 시험지이다. 시험문제를 잘 푸는 것은 책을 단숨에 열심히 보는 것이고 자미국에 방문하는 것이다.

이 책을 읽고 많은 사람들이 하늘의 진실을 인정하고 하늘을 찾는 데 커다란 도움이 되었으면 한다.

하늘의 종착역 천지나라 자미국!
인간의 종착역 천지나라 자미국!
천복의 종착역 천지나라 자미국!
기운의 종착역 천지나라 자미국!
조상의 종착역 천지나라 자미국!
영들의 종착역 천지나라 자미국!
신들의 종착역 천지나라 자미국!
인류의 종착역 천지나라 자미국!
종교의 종착역 천지나라 자미국!
천통의 종착역 천지나라 자미국!
도통의 종착역 천지나라 자미국!
신통의 종착역 천지나라 자미국!
영통의 종착역 천지나라 자미국!

구원의 종착역 천지나라 자미국!
극락의 종착역 천지나라 자미국!
천국의 종착역 천지나라 자미국!
사랑의 종착역 천지나라 자미국!
기쁨의 종착역 천지나라 자미국!
행복의 종착역 천지나라 자미국!
건강의 종착역 천지나라 자미국!
성공의 종착역 천지나라 자미국!
출세의 종착역 천지나라 자미국!
국가의 종착역 천지나라 자미국!
통일의 종착역 천지나라 자미국!
권력의 종착역 천지나라 자미국!
명예의 종착역 천지나라 자미국!
영생의 종착역 천지나라 자미국!
장수의 종착역 천지나라 자미국!

| 목 차 |

3부. 행복이 함께한 자미국의 역사들!

4부. 현생에서 하늘공부 마쳐야

5부. 인류가 기다리던 무릉도원

6부. 보이지 않는 신명정기

1부

개인과 나라의 미래

인류의 하늘님! | 하늘과 땅이 함께하는 나라 자미국 |
북한 무력도발의 비밀 | 청와대는 하늘의 뜻을 전하는 자미국 터

인류의 하늘님!

예수님, 부처님, 상제님, 성모 마리아님이 인류의 추앙과 찬양을 받으며 인간세상을 지배했던 세상이 선천의 세상이었다면, 자미국의 출범과 함께 진정한 하늘 태상천존 자미천황님의 존함이 이 세상에 밝혀지면서 종교 세상을 초월한 진정한 하늘의 세상을 여는 후천의 세상이 시작되었다.

진정한 하늘 태상천존 자미천황님께서 잘못된 인류를 제도하고 교화하심으로써 인류는 태상천존 자미천황님의 진실과 사랑, 용서에 환희를 하며 감동의 눈물을 흘리게 될 것이다.

선천 시대의 종교 세상은 하늘의 원뜻이 아니었다.

선천 시대의 도의 세상은 하늘의 원뜻이 아니었다.

선천 시대의 무속 세상은 하늘의 원뜻이 아니었다.

종교 생활을 많이 한 사람일수록 인생과 가정이 더 힘들어지고 인생의 고통이 끊이지 않는 것이 현실이다.

유명 연예인이나 유명 인사들의 잇따른 자살.

분명 그들에게는 종교가 있다. 그들의 죽음 앞에 종교의 허점을 우리 모두는 보았다.

자미국에서는 자살한 그들의 영전 앞에 함께 눈물을 흘려줌이 목적이 아니라 이 세상을 떠나고자 하는 그들의 마음을 자미천황님을 통하여 잡아줌으로써 이 땅에서 사랑하는 가족들과 더 오래 살게 함이 자미국의 목표이고 자미천황님의 본래의 뜻이다.

실패와 고통에도 이유가 있듯, 자살에도 분명한 이유는 있다.

인류의 구심점이시고 인류의 하늘님이신 태상천존 자미천황님을 만나면 자살하고 싶은 마음이 사라지면서 삶에 대한 의욕과 희망이 생기게 된다.

태상천존 자미천황님께서만이 인류를 제도하시고 교화하시고 죽고자 하는 이들의 마음을 바로잡아주실 수 있다. 만 인류가 오랜 세월 그토록 오매불망하던 진정한 하늘님께서 존재를 밝혀주심에 우리는 너무도 행복한 일이다.

진정한 하늘을 만나고자 산속에서, 또 때로는 종교에서, 또 때로는 도의 세상에서 방황하던 모든 이들에게는 희소식일 것이다. 그동안 만 인류는 진정한 하늘의 존함조차도 모른 채, 그 얼마나 하늘을 그리워하며 답답해했던가?

어떤 사람들은 하늘님이라고 하니 기독교에서 말하는 하늘님으로 착각하는 이들도 있을 것이다.

기독교는 종교 세상이다.

태상천존 자미천황님은 기독교에서 말하는 하늘님이 아니라, 만 인류를 창조하시고 종교 세상을 초월하신 기독교에서 말하는 하나님을 창조하신 하나님의 어버이를 말한다.

하지만 만 인류는 이 진실을 몰랐기에 하나님 하면 기독교에서 말하는 하나님으로 착각하는 사람들이 있을 것 같아 기독교에서 말하는 하나님이 아니심을 밝히는 바이다.

많은 사람들이 하나님은 기독교를 다녀야만 불러야 한다고 생각들을 하는데, 태상천존 자미천황님은 기독교에서 말하는 하나님이 아니니 인류의 하늘님 태상천존 자미천황님하고 말이나 속으로 불러들 보아라.

마음이 포근해지고 따뜻해짐을 본인들 스스로 느끼게 될 것이다.

인류의 하늘님 태상천존 자미천황님은 본인들을 창조하시어 이 땅으로 보내신 본인 영의 하늘님, 본인 영의 부모님이시다.

우리 인간이 이 세상에 본래부터 종교인으로 탄생한 것이 아니듯, 하늘도 본래부터 종교가 아니었다. 그렇기에 태상천존 자미천황님은 종교 세상 이 모두를 초월하신 분이시다.

태상천존 자미천황님께서는 이 세상에 또 하나의 신흥종교를 세우고자 존재를 밝히시는 것이 아니라 선천 시대에 인간세상에 잘못 알려진 종교 세상, 도 세상, 무속인 세상, 사후 세상에 대하여 잘못 알려진 모든 것을 바로잡고자 한다.

그들의 잘못과 허점을 낱낱이 밝힘으로써 우리 인류를 종교의 굴레, 도의 굴레, 무속인의 굴레에서 구원하시고 아픔, 고통, 사기 배신, 고소 고발의 굴레에서 우리 모두를 구원해 주시고자 사상 최초로 존재를 밝히시는 것이다.

지겨웠던 종교가 난발했던 선천의 시대는 자미천황님의 출범과 함께 서서히 그 빛을 잃게 될 것이고, 진정한 하늘 태상천존 자미천황님의 선택과 구원을 받은 자의 인생이 빛나고 환해지는 하늘의 시대가 시작되었다.

인류의 구심점이시며 인류의 하늘님이신 태상천존 자미천황님께서 우리 인류를 진실과 사랑, 용서의 말씀으로 제도하시고 교화하시고 구원하심으로써 우리들의 삶은 한층 더 빛나게 되리라.

이 세상을 펼치시고자 태상천존 자미천황님의 명을 받으시어 감찰신명님, 천상도감(불교, 도교에서 기다리는 미륵)님, 천상천감(기독교에서 기다리는 하나님)님께서 한마음 한뜻으로 손에 손을 잡고 오시어 천지인 대업을 이루어 주시고 계신다.

감찰신명님, 천상천감님, 천상도감님은 이 세상에 대하여 모르는 것이 하나도 없으시고 만 인류의 역사, 만 인류의 비밀, 하늘세계, 사후세계의 비밀에 대하여 모르는 것이 하나도 없으신 정말 대단하신 분들이시다.

입천제, 천인합체의식을 통하여 이분들께서 자미천황님을 대신하여 전해 주시는 하늘세계, 사후세계, 종교세계, 인간세계, 조상님세계에 대하여 말씀을 듣노라면 저절로 환희와 감동이 밀려와 환희와 감동의 마음을 주체할 수 없을 정도이다.

또한 입천제, 천인합체의식 때, 하강 강림하시어 태상천존 자미천황님의 말씀을 전해 주신 그대로 현실로 일어나기에 신기, 감탄을 금할 수 없다.

만 인류가 애타게 기다리던 위대하신 태상천존 자미천황님을 중심으로 감찰신명님, 천상천감님, 천상도감님이 함께하시어 천지인 대업을 이루시니 그 얼마나 대단하시겠는가?

대단하시고 위대하신 모든 분들이 함께하시어 행하는 천지인 대업 그야말로 꿈같은 일이다. 인류에게 꿈같은 일이 자미국 저자 사감(여 저자)과 인황(남 저자)님 육신을 통하여 이루어지고 있으니 정말 꿈만 같은 일이고 기쁨의 일이다.

만 인류는 한 분만 오셨다 해도 기쁘다 할 것인데, 위대하시고 대단하신 분들이 다 오셨으니 정말 기쁨의 일 아니던가? 또한 불교, 기독교, 도교로 나누어 가시지 않고 한 곳으로 모두 다 오셨으니 이것이 바로 유불선의 통합이고 종교 통합 아니던가?

이제는 어느 종교로 가야 할지 고민하지 않아도 된다. 자미국을 통하여 입천제, 천인합체, 기도회 등을 통하여 이분들의 음성을 들을 수 있고 진실의 말씀을 들을 수 있으니 더 이상 종교 문제 때문에 고민하지 않아도 된다.

입천제를 통하여 각자의 조상님 구원을 하고, 천인합체의식을 통하여 도통 이루고, 입천제와 천인합체, 기도회 등을 통하여 하늘의 말씀과 진실을 듣고 각자 자미천황님의 사랑과 보호받는 인생 살면 되니 그 얼마나 홀가분하고 기분 좋은 일이던가?

자미국은 종교처럼 어떠한 형식에 얽매이지 않아도 되고, 강요, 회유, 협박, 충성이 없는 하늘 진실의 세상 그 자체이다.

입천제와 천인합체의식을 통하여 자미천황님의 천손과 천인으로 탄생하게 되면 자신들이 이 세상에 온 사명을 완수하게 되는 것이기에 몸도 마음도 홀가분해진다.

종교의 이론과 교리에서 벗어나 살아 움직이는 하늘의 말씀에 귀를 열고 마음을 열 때, 자신들의 현재와 미래도 살아 움직이게 된다고 하시었다.

인간의 마음은 인류의 구심점이시고 인류의 하늘님이신 태상천존 자미천황님께서만이 교화하실 수 있다 하시었다.

인간의 존재는 우리 인간이 그동안 알고 있듯이 그리 작은 존재가 아니다. 대우주를 창조하신 태상천존 자미천황님께서 우리 인간을 창조하심에 작게 창조하시지 않으셨다.

다만 각자에게 숨겨진 자신들의 재주와 능력, 자신들의 진짜가 숨겨져 있을 뿐이다.

입천제와 천인합체의식을 행하다 보면 자신도 몰랐던 자신에 대하여 감찰신명님, 천상천감님, 천상도감님께서 자미천황님을 대신하여 모든 것을 상세히 가르쳐주시니 참으로 환희의 일 아니던가?

하늘과 땅이 함께하는 나라 자미국

천지나라 자미국은 도를 닦는 곳이 아니라 하늘께서 도를 통하게 닦아주는 곳이기 때문에 도교처럼 오랜 세월 수행하고 피와 살이 마르는 고행의 길을 가지 않아도 된다.

사람들이 멋모르고 도교에 들어가서 도를 닦는다고 하는데 수행을 통해서 어떤 기운이 느껴질 경우, 이 존재가 참신인지 악신인지 인간의 능력으로는 밝혀낼 수가 없기에 도를 닦다가 잘못되어 불행해진 사례가 수없이 많다.

진짜인지 가짜인지는 하늘만이 아실 수가 있으니 더 이상 세월 낭비하지 말고, 위험한 모험을 해야 하고, 오랜 세월 고행의 길을 걸어가야 하는 멍도를 닦지 말고 직접 하늘의 명을 받아 도통을 이루는 행복한 길을 선택해야 한다.

자미국을 통해서 대 능력자이신 하늘께 신, 조상, 영혼, 인간들이 하늘의 명을 받으면 그 어려운 도 공부 평생 하지 않아도 되고, 자미국 사람이 되면 이 땅에 존재하는 그 어떤 종교에 나가지 않아도 마음이 편해지고 세상사 일들이 잘 풀려나간다.

하늘과 땅이 함께하는 자미국은 모두가 기다렸던 예언 속의 실체적인 나라이다.

종교는 세상 사람들이 이미 펼쳐서 많이 알고 있는 세계이고 자미국은 인류가 탄생한 이래 최초로 이 땅에 세워지고 있기 때문에 아무도 모르는 미지의 세계이니 그동안 알고 있던 종교이론의 잣대로 비교하려 하면 안 된다.

종교를 통해서 들은 이론과 지식으로 자미국을 평가하고 꿰맞추려 하면 자신들의 생각과 많이 어긋날 것이고, 그러다 보면 꼭 찾아야 할 자미국을 눈앞에 두고도 종교적인 고정관념에 가려서 또 다른 종교 정도로 생각하고 마음의 문을 닫는 사람들은 천추의 원과 한을 남기게 될 것이다.

1953년 7월 27일 휴전협정 이후 60년 동안 지속되고 있는 북한의 끝없는 국지적인 도발과 전면전 불사 운운하며 위협하는 일은 대한민국 정부가 하늘과 자미국을 인정하고 저자 인황을 통하면 속히 해결될 수 있다.

대한민국 정부가 자미국과 함께 공조한다면 북한 문제는 쉽게 해결될 수 있을 뿐만 아니라 경제대국, 군사대국, 영토대국의 꿈도 현실로 이룰 수 있다.

북한 무력도발의 비밀

3월 9일, 26군데에서 대형 산불이 일어나 58가구가 불에 타는 엄청난 피해가 일어났다, 선박화재, 차량화재, 상가화재, 공장화재, 주택화재가 전국적으로 많이 일어나고 있는 이유와 해법.

북한의 계속되는 무력도발의 원인과 해법, 북한은 무력도발을 감행할 것인가? 엄포용일까? 경기불황 회복, 국정 위기, 나라의 미래 국운에 대한 명쾌한 해답.

대한민국 정부로는 이 문제들을 해결할 수 없다. 그동안 계속된 북한의 무력도발이 전쟁으로 이어질 수 있었으나 그때마다 자미국의 인황이 막아왔다.

국정을 책임진 나라의 지도자들이 하늘이 내리신 사명을 완수하려 하지 않으면 더 이상 북한의 무력도발을 막아주지 않을 것인데 이로 인하여 국민들이 입어야 할 피해는 상상을 초월하는 천문학적인 피해가 될 것이다.

북한의 무력도발의 진정한 뜻은? 남한 대통령과 국정을 책임진 정부의 고위당국자들, 국민들 모두는 자미국에 굴복하고 자미국에서 전하는 진정한 하늘의 뜻에 굴복해야 살 수 있다는 하늘과 땅, 나라조상님, 각자 조상님들의 긴급 메시지이다.

북한도 누군가의 메시지를 받아 남한에 무력도발의 엄포를 하고 있는 데 인황뿐만 아니라 이 나라의 대통령, 정부당국자들, 국민들 모두 자미국에 들어와 진정한 하늘께, 나라조상님들께, 각자의 조상님들께 이 나라를 안전하게, 행복하게 지켜달라고 힘을 모으고 마음을 모아야 한다.

세상의 모든 것은 때가 되면 원상태로 돌아가야 한다.

지금까지는 진정한 뜻을 몰라 종교에서 권하는 예수님, 부처님, 상제님, 성모 마리아님 기타 등등이 최고인 줄 알고 진정한 하늘은 이 나라에서 몰아내고 이 나라 사람들의 마음에서 몰아내고 그들을 섬기며 그들의 뜻을 자자손손 전하며 살았다. 그 결과 이 나라는 위험에 처하게 되었다.

뿔뿔이 흩어지는 가정의 위험, 무너지는 기업의 위험, 경제의 위험, 심지어 전쟁의 위험. 정말 이 저자가 전하는 말에 이 국민들 모두는 귀를 기울이고 이 저자의 말을 믿든 말든 우선은 저자의 말대로 행하여 이 나라를 살리는 데 전념을 다해야 할 것이다.

이 저자의 말이 맞는가? 틀리는가는 시간이 지나면 자연히 알게 될 것이니 저자의 말이 진짜인가 가짜인가에 초점을 맞추려 하지 말고 각자의 인생, 각자의 가정, 각자의 기업, 크게는 이 나라를 살리는 데 전념해야 한다.

그동안 다니던 종교의 이론을 뒤로하고, 그동안 믿고 섬겼던 분들을 뒤로하고 각자가 종교 안에서 믿었던 모든 분들 모두를 직접 창조하시고 현 세상을 살고 있는 우리들까지도 창조하신 진정한 영과 신의 부모님이신 태상천존 자미천황님!

태상천존 자미황후님께 돌아와야 하고 우리 육신들에게 대한민국의 국적을 지니고 살 수 있도록 수많은 외세의 침략과 전쟁 속에서도 이 나라를 지키고자 외세의 침략 속에서도, 이 대한민국을 지키고자 자신의 고귀한 목숨까지도 내놓으셨다.

칼을 맞으며 총을 맞으며 갖은 고문을 받으면서도 마지막까지도 대한민국을 외쳤던 순결하신 분들의 죽음이 헛수고가 안 되게끔 우리 국민 모두는 나라조상님들께 돌아와야 한다.

수많은 외세의 침략과 고통 속에서도 이 나라를 지켜주고 살려주신 분들은 진정한 하늘 태상천존 자미천황님! 태상천존 자미황후님이시었다. 그리고 이 나라를 현 세상의 우리들보다 먼저 이 세상에 왔다 가신 나라조상님들이시었지 각자가 믿고 있는 예수님, 부처님, 상제님이 아니었다.

지금도 앞으로도 이 나라 대한민국을 지켜주고 살려주실 분은 진정한 하늘과 살아서도 이 나라를 지키고자 혼신의 힘을 다하다 가신 나라조상님들뿐임을 이 나라의 국민들 모두는 알아야 한다.

팔은 "안으로 굽는다"라는 말이 있듯이, 이 나라의 위기를 회복시켜주실 수 있는 분들은 진정한 하늘과 나라조상님 외에는 없다. 예수님, 부처님, 상제님 기타 등등 모두는 우리 대한민국 국민들과 아무런 피도 살도 섞이지 않은 남남이다.

진실이 이러하거늘, 왜 대한민국의 국민들은 이 쉬운 진실을 외면하여 스스로 고통 아픔을 자처하는가? 우리 국민과 피도 살도 섞이지 않은 예수님, 부처님, 상제님 기타 등등이 우리 국민의 고통이 그들과 무슨 상관이랴?

그들 모두는 자신이 태어나 자신이 생활한 각자 나라를 챙기고 있거늘, 왜 우리 국민들은 이 진실도 모르고 바보 같은 짓을 하고 있는가? 팔이 "밖으로 굽으면 병신"이라는 말이 있듯이 예수님, 석가님은 절대로 병신이 아니다.

무슨 말인가 하면 병신이 아닌데 자기 나라를 버리고 자기 나라의 국민들을 버리고 피도 살도 섞이지 않은 남남인 우리 민족을 무엇 때문에 도와주랴? 그들 모두는 우리들 생각처럼 절대로 우리를 도와주고 살려주고 있지 않다.

이 저자는 우리 국민들 모두가 병신이라고 생각하지 않는다.

팔이 밖으로 굽으면 병신이듯이, 우리 국민들 모두도 한때는 잘못된 생각으로 그들을 믿고 따랐다.

그것이 진실인 줄 알고 병신 같은 짓을 하여 각자의 인생이, 각자의 가정이, 각자의 기업이 병신 같아져 불행해졌다면 밖으로 굽었던(잘못된 종교를 믿고 남의 조상인 예수님, 석가님을 섬긴 일들) 팔들을 이제는 안으로 굽게 하여 병신 같았던 삶에서 빠져나와야 한다.

또한 이 나라의 대통령과 정부 관리자 모두 지금까지 밖으로 굽은 병신 같은 팔들을 안으로 굽게 해야 한다. 진정한 하늘과 나라조상님들의 진실을 전하는 자미국으로 그동안 믿었던 종교 모두 뒤로하고 돌아와야 한다는 뜻이다.

오랜 세월의 시간 동안 수많은 외세의 침략을 받고 이 땅 저 땅, 이 권리 저 권리 모두를 침략자들에게 박탈당하며 서럽게 살 수밖에 없었던 이유는? 진정한 하늘과 나라조상님 버리고 남의 조상님들(예수님, 석가님)을 받들고 모신 병신들, 즉 팔이 밖으로 굽은 병신들이었기에 세계에서도 이 나라를 병신 취급하는 것이다.

이 나라의 대통령과 정부 관리자, 이 나라 국민들 모두가 자미국 뜻에 동참해 보라. 작게는 각자의 인생과 가정, 기업, 크게는 이 나라가 어떻게 변하는지를!

모든 종교에서 각자 말로만 외쳤던 이상향의 세계가 이 땅 대한민국에서 열리게 될 것이다. 아니 상상으로만 외쳤던 이상향의 세상! 그 이상의 세상이 열리게 될 것이다.

지금까지 이 나라에는 수많은 종교와 종교를 운영하는 교주들이 있었지만, 자미국 저자가 전하는 이 진실은 누구에게서도 들어본 적이 없는 정말 대단한 진실의 말일 것이다. 이 책을 보는 독자 여러분들 모두는 이 저자의 말이 맞든 틀리든 정말 '이런 세상이 열리면 좋겠다'라고 생각들을 할 것이다.

저자가 말한 대로 자미국 뜻에 동참하여 하늘의 진실에 귀 기울이고 나라조상님들, 각자 조상님들의 뜻에 동참하면 정말로 꿈의 세상이 열린다. 가능하지 않은 애기라면 저자가 무엇 때문에 힘들게 책을 집필하고 큰돈을 들여가며 이 진실을 전하고자 하겠는가?

허무맹랑한 애기이고, 돈을 벌어들임이 목적이라면 기존에 종교를 받아들여 하겠지 무엇 때문에 세상 누구도 모르는 이 진실을 찾느라 내 인생의 삶 포기까지 하며 하늘의 진실을 알아내고자 수많은 시간 동안 고생을 했겠는가?

진정한 하늘의 진실을 이 저자가 알아냄!

이 저자 하나의 승리가 아니라 우리 대한민국 국민들 모두의 승리로 이어질 것이다. 이 저자의 말대로 행하여 진정한 하늘 태상천존 자미천황님, 태상천존 자미황후님!

우리에게 대한민국의 국적을 갖게 해주신 나라조상님들! 각자의 육신을 사랑으로 낳아주고 길러준 각자의 조상님들이 도와주는데 어찌 행복의 세상이 열리지 않으랴!

지금까지는 어마어마한 이런 진실을 아는 자 없어 전해 주는 이 없다 보니 무엇이 잘못된 것이고 무엇이 잘하는지를 몰라 행하지 못하여 불행하고 아프고 힘들었다면 자미국에서 전해 주는 행복의 정답지대로 행하면 행복의 세상, 이상향의 세상이 각자의 인생과 이 나라에 열리게 된다.

저자의 말대로 행하면 하늘과 조상님들께서는 북한의 무력도발 공포뿐만이 아닌 세상의 어떤 재난과 재앙 속에서도 이 나라를 태평성대의 나라로 지켜주시고 살려주실 것이다.

애국가 가사처럼, 진정한 하늘 태상천존 자미천황님, 태상천존 자미황후님! 나라조상님! 각자 조상님이 우리 대한민국 국민과 대한민국 보호하사 우리 대한민국 국민 만세! 우리 대한민국 만세!가 현실로 세계 최초로 이 나라에서 이루어지게 될 것이다.

청와대는 하늘의 뜻을 전하는 자미국 터

국민들은 청와대 터에 무엇이 문제인지 모르고 역대 대통령들의 재임 중 국정수행능력 부재와 부정비리를 욕하기 바쁘다. 지난 시절 청와대 터를 거쳐간 일본총독들과 역대 대통령들의 재임 중 또는 퇴임 후의 말로는 하나같이 비참하였다.

대통령들과 나라에 불행을 불러들이는 저주받은 터 청와대.

초대 대통령의 망명, 대통령 내외의 시해 및 저격 사건, 두 전직 대통령의 감옥살이, IMF 사태 발생, 두 전직 대통령의 아들 부정비리 연루로 구속수감.

퇴임 후 대통령 자살, 대통령의 측근들 구속수감, 친형 구속, 내곡동 사저 특검으로 아들 소환 등 전 대통령들 당사자와 가족이 비리에 연루되는 불행이 이어지고 있고 퇴임 후에는 또 어떤 불행이 터질 것인지 국민 모두가 불안하다.

일반적인 터는 탈이 나면 터 고사를 지내주면 잠잠하지만 청와대 터는 그럴 성격의 자리가 아니다.

100년의 세월 동안 일본총독과 역대 대통령들이 청와대에 들어가서 무슨 일인들 안 해보았을까? 나라에서 제일 유명한 도인, 도사, 천신제자, 무당, 신부, 목사, 스님들을 불러서 별별 의식을 모두 올려보았을 것이다.

일본총독과 역대 대통령 내외분들이 각자 믿는 종교에 따라서 천신제, 칠성제, 지신제, 천도재, 기도, 미사, 예배 등 모든 방법을 동원해서 해보았을 것이다. 그래도 결과는 역대 대통령과 가족들에게 재임 중이나 퇴임 후에 수난이 멈추지 않고 고통과 불행이 연속되었고 지금도 마찬가지다.

청와대 터의 진짜 주인인 자미국이 들어가지 않는 이상 앞으로도 대통령들의 불행, 나라의 불행은 멈추지 않고 오히려 지금보다 불행의 강도는 더 심해질 것이다.

71억 인류 그 어느 누구라도 청와대 터의 불행을 막아 낼 사람은 없다고 본다. 자미국 외에는 어느 누구도 터의 불행의 기운을 막아낼 수 없을 것이다. 대통령이 편하고 나라가 잘되는 유일한 길은 모두가 자미국 뜻에 동참하여 진정한 하늘 태상천존 자미천황님의 말씀에 순응하여 하늘의 도움을 받아야 한다.

또한 너무 기운이 강해 인간의 힘으로 그 재앙을 막을 수 없다면 청와대는 하루속히 다른 곳으로 이전을 하고 하늘의 기운을 받는 천지나라 자미국이 청와대에 들어가야 대통령뿐만이 아니라 이 나라가 편안해질 수 있다.

자미국이 청와대 터에 들어가서 위대하신 하늘과 자미국의 존재를 전 세계로 널리 전하게 된다면 이 나라는 세계의 중심국가로 부상하게 될 것이다.

자미국이 세계인들에게 진정한 하늘을 전하기 시작하면 세계인은 대한민국으로 자연스럽게 관심을 가지게 되면서 대한민국은 세계의 중심국가로 부상하게 된다. 자미국의 존재가 전 세계로 널리 알려지면 기업들의 대외수출물량이 폭증하여 불황에서 벗어나 경기활성화로 이어지게 된다.

대한민국은 경제 선진국으로 진입하게 됨으로써 국민들의 삶의 질 또한 급속도로 향상되게 된다. 대한민국이 세계의 중심국가가 됨은 나라가 개국 이후 최대의 경사스런 일이 될 것이다.

자미국이 청와대 터에 하루빨리 들어가 이 나라를 살릴 수 있도록 대통령과 정부 각 부처 관계자와 국민들 모두는 적극적으로 자미국의 뜻에 찬성하고 협조해 주어 대한민국 국민들 모두가 평화와 안정 속에 행복 누리는 세상을 이루어야 한다.

청와대 터에 천지나라 자미국이 들어가는 일은 나라의 안정과 경제를 살리는 중차대한 일이고 국가의 명운이 걸려 있는 긴급하고도 절박한 사안이다. 최고의 경제 선진국이 될 수 있는 유일한 길이니 국민들 모두는 자미국 뜻에 귀를 기울여 적극 협조해 주어야 한다.

예언서나 비기에 장차 "대한민국이 세계로부터 조공을 받게 된다"라는 예언들이 많이 있는데, 독자들도 알고 있듯이 약소국가인 대한민국이 어떻게 세계로부터 조공을 받겠는가?

지금의 대한민국 국력(군사력, 경제력)으로는 정말 말도 안 되는 예언인데 조공(朝貢)이란 종속된 국가들이 종주국에 정기적으로 바치는 예물(금전)을 말한다. 자미국이 청와대 터에 들어가 진정한 하늘을 우뚝 세우면 하늘의 도움과 보살핌으로 이 나라는 세계의 중심국가, 절대국가로 부상할 수 있다.

그렇게 됨으로써 예언서에 나와 있듯이 세계인들은 하늘의 기운에 도취되어 대한민국 안에 있는 자미국에 자발적으로 조공을 바치게 됨으로써 예언서의 말들이 현실화되는 것이다.

지금까지 엄청난 고통과 불행 속에서도 청와대의 원주인인 자미국이 나타날 때까지 터를 지켜온 역대 대통령들과 모든 불행을 함께해 온 국민들 모두 참으로 고생들 많이 하였다.

자미국이 청와대 터에 들어가게 된다면, 북한의 위협적인 무력도발이 사라질 것이고 상상을 초월하는 수많은 풍운조화와 천지조화로 날씨 뿐만이 아니라 수많은 재앙들은 사라지게 될 것이다.

또한 정부, 기업, 개인 모두가 대재앙으로 인한 극심한 불안과 공포, 혼란 속에서 탈퇴하여 마음 편히 행복을 만끽하게 될 것이다.

· 2부 ·

영들의 사후세계

조상님들이 가장 싫어하는 것! 굿, 천도재, 기도 | 신 내림은 하늘, 조상님의 뜻이 아니다 |
각 종교의 구심점 자미국 하나로 통합! | 몸에 조상님들이 살고 있다 |
대대로 이어지는 불행의 실체! | 명절 차례와 제사 문화가 새롭게 열린다 |
귀신을 부르는 온갖 신물을 버려라 | 죽음 이후의 모습들 | 원한 귀신이 되는 죽음이란! |
세계 최초로 행해지는 벼슬입궁의식 | 이승을 떠나 저승으로 들어가는 영혼들 |
영혼의 안식처 천상궁전 가려면 | 인류 최초로 펼쳐지는 인황 시대 |
인류가 기다리던 자미국의 목표와 이념 | 인류와 종교의 종착역

조상님들이 가장 싫어하는 것! 굿, 천도재, 기도

지금까지 세상 사람들이 잘못 알고 있었던 부분에 대하여 순서대로 진실을 밝히고자 한다.

이 책을 보시는 독자들 중에는 불교인, 무속인도 있을 것이고 기독교인도 있을 것이고 무신론자도 있을 것이다.

불교계에서 행하는 천도재는 무엇일까?

물론 조상님 구원의 뜻이 내포되어 있다. 독자들도 조상님들의 극락왕생을 위한 천도재를 지낸 분이 많이 있을 줄 안다.

그러나 조상님들이 정녕 극락왕생을 하였는지 못 하였는지 알 방법은 없다. 또한 확인할 방법도 없다. 각자의 조상님 천도가 잘되었는지, 안 되었는지 인간의 눈으로 확인할 방법은 없고, 또한 안 되었다 해도 입증할 방법도 없다.

이 나라에는 조상님들의 천도에 자신 있다고 스스로 말하는 스님들도 몇 분 있고, 만인들의 입으로 소문이 나서 유명세를 타고 있는 스님들도 더러 있다.

그러나 이상하다. 절에 가면 조상님 천도를 올림에 있어 한 번으로 끝나는 것이 아니라 대부분 몇 번씩 하거나 아니면 해마다 한다.

조상님의 극락왕생이 목표인 천도재! 반복해서 해야 한다는 것, 해마다 해야 한다는 것, 이는 뭐가 잘못된 것 아닌가?

조상님이 극락왕생 못 하였으니 또 하라는 것이 아닌가? 스님들의 말대로 각자의 조상님들이 극락왕생한 것이 사실이라면 왜 또 하라는 것이고, 왜 또 해야만 하는 것인가?

또, 하라는 자체에는 각자의 조상님들이 극락왕생 못 하였다는 스님들의 말이 숨겨져 있는 것이 아닌가?

스님들은 스님들 스스로 각자의 조상님을 구원 못 했음을 실토하고 있었다.

앞에서도 설명 드린 바 있듯이 사후세계에 계신 모든 조상님들은 춥고 배고픈 인간세상에 하루도 더 있기 싫어하신다.

모든 조상님들은 하루라도 빨리 인간세계에 알려진 극락세계, 천국세계, 천궁세계가 있다면 그 세계에 하루라도 빨리 오르고 싶은 것이 모든 영가들의 간절한 소원이건만 절의 스님들은 도대체 무엇을 하고 있단 말인가?

그리고 영가들을 왜? 무엇 때문에 긴 세월 동안 절에 붙잡아두고 있단 말인가? 그리고 천도재로 인하여 극락왕생했다면서 극락왕생한 조상님들을 해마다, 때마다(백중, 초파일, 초하루, 보름 행사 등등) 왜 불러 대접하는 것인가?

극락세계에는 인간세계보다 더 좋은 것이 그 얼마나 많은데. 또한 천도재를 올린 각자의 인생은 왜 풀리지 않는 것일까? 아니, 정확히 말하자면 조상님 천도 올리고 각자의 인생이 더 힘들어지지 않는 것만 해도 다행일지 모른다.

저자도 하늘 태상천존 자미천황님 존재를 알기 전 절에서 천도를 몇 번 행했었다. 하지만 저자는 조상님 천도를 하면 할수록 인생이 더욱 힘들어졌고, 하는 일마다 꽉꽉 막혀 미치고 팔짝 뛸 이상한 일만 현실로 일어났다.

사후세계에 있는 모든 영가들 좋은 세계로 가고 싶지 않아 인간세계에 있는 조상님 하나도 없다. 극락세계, 천국세계, 천궁세계 그곳이 어느 곳인지 알아야 갈 것 아닌가? 이 책을 보는 독자들도 입장 바꿔 생각해 보시길 바란다.

본인들이 어느 날 죽었다고 가정할 경우 본인들 스스로는 어디로 갈 것인가? 본인들 스스로는 극락세계, 천국세계, 천궁세계가 어디인지 알겠는가? 혹시 알았다 한들 그 먼 세계를 본인들 스스로 어떻게 갈 것인가? 인간세계나 같아야 버스를 타고 가든 비행기를 타고 가든 할 것 아닌가?

사후세계에 대하여 아무런 준비도, 아무런 대책도 없이 살다 사후세계에 훌쩍 와 보니 인간세계와 너무도 다른 세계에 대하여 모든 것이 낯설기만 하고, 한 치 앞도 보이지 않는 암흑 속의 길에서 모든 영가들은 답답하기만 하다.

이것이 영가세계의 진실이건만 이 뜻을 아는 사람 이 세상에 하나도 없다. 모든 영가들은 서로 살려달라며 구원해 달라고 아우성인데 절의 스님들이 행하는 천도재의식으로 이 영가들이 구원될 수 있다면 사후세계에 있는 영가들 무슨 걱정이겠는가?

영가들은 스님들과 자손들에게 말한다.

그 길이 도대체 어느 길인데? 어떻게 가는 것인데? 하면서 스님과 자손들을 붙들고 아우성을 치지만 그 천도재를 올리는 스님의 귀와 조상님 구원을 하러 온 자손들!

귀에는 조상님들이 아우성치는 소리가 들리지를 않으니 이를 지켜보시는 각자의 조상님들은 스님의 행동과 자손들의 행동에 속이 새까맣게 타들어 갈 수밖에 없는 상황이다.

스님들이 조상님을 위한 극락왕생경과 반야심경, 천수경, 금강경, 육갑해원경, 그 밖의 경을 통하여 조상님들을 구원할 수 있다면 조상님들께서 무슨 걱정이겠는가?

그렇게 쉽게 극락왕생할 수 있어 극락세계, 천국세계, 천궁세계에 들어갈 수 있었다면 이 세상의 모든 영가들 춥고 배고픈 인간세계를 떠나 벌써 좋은 세계에 올라가 있었을 것이다.

하지만 극락세계, 천국세계, 천궁세계에 오르는 것은 하늘의 별 따기만큼이나 어려운 일이다. 하늘의 별을 인간 스스로가 딸 수 있었다면 벌써 땄을 것이다.

하늘의 별. 인간이 따고 싶다 하여 딸 수 없다. 이와 같이 하늘세계 입궁. 하늘세계 입문. 영가들이 오르고 싶다 하여 오를 수 없고, 스님들의 경에 의해, 무당들의 굿에 의해, 교회당에서 하는 기도에 의해 어느 영가도 그 소원을 이룰 수 없다.

우리 인간사 모든 집에는 주인이 있다. 독자들 중 본인의 집에 허락 없이 낯선 사람이 집에 들어왔을 경우 본인은 그 낯선 사람에게 어떻게 하겠는가? 또한 남의 집에 들어감에 있어서도 주인의 허락이 있어야 들어갈 수 있다.

주인의 허락 없이 남의 집에 들어가면 도둑이나 무단침입자로 몰려 경찰에 잡혀가 죄의 대가를 치러야 한다. 하물며 영가들이 오르고자 하는 극락, 천국, 천궁의 세계에 어찌 주인이 없겠는가?

하늘의 궁전, 태상천존 자미천황님의 궁전, 하늘의 허락 없이 영가들 마음대로 올랐을 경우, 하늘께서는 그들에게 어떤 처벌을 내리실 것이라 생각하는가?

조상님 구원을 위해 그동안 행했던 천도재, 굿, 기도로 인하여 조상님들이 그동안 더 힘들었던 것은 아닐지 의문이 간다.

천도재, 굿, 기도로 인하여 각자의 조상님들은 하늘에 무단침입자가 되었으니 산 자손들은 이 죄들을 어찌해야 할까?

또한 자손들의 행위로 인하여 하늘의 무단침입자가 되신 조상님들은 지금 어느 세계에서 무엇을 하고 있을지 각자 모두가 생각해 보길 바란다.

이 모든 진실을 알고 나니 저자가 그동안 조상님을 위한 천도재와 굿을 하고 나면 왜 인생이 더 힘들어질 수밖에 없었는지를 이제는 정확히 알 것 같다.

저자가 천도와 굿을 행하면 행할수록 저자의 조상님들은 하늘의 무단침입자가 되어 하늘에서 내리시는 참기 어려운 벌을 받을 수밖에 없었던 것이다.

나의 조상님이 하늘 태상천존 자미천황님의 벌을 받고 있으니 그 자손인 나 역시 벌을 받고 있는 조상님의 기운을 받아 더 힘들어지고 어려워질 수밖에 없었던 것이다.

스님, 무당, 도사, 법사, 성직자들이여! 종교의 선각자들로 인하여 수많은 조상님들이 하늘의 무단침입자가 되었다.

하늘의 세계, 조상님의 세계에 대하여 아무것도 모르는 일반인들은 당신네들을 믿고 당신네들이 시키는 대로 모든 것을 행했건만, 그 행위가 잘못되어 하늘의 벌을 받고 있는 산 사람들과 영가들의 슬픔을 어찌할 것인가?

무엇으로 조상님과 자손들에게 변상할 것이던가?

육신을 버린 뒤 구천을 헤매면서 극락, 천국, 천궁의 세계로 오르고자 학수고대하고 있는 불쌍하고 가련한 영가들을 더 이상 아프게 해서는 안 된다.

또한 조상님들을 생각하는 마음이 지극하여 조상님들을 구원하고자 찾아오는 산 자손들을 아프게 해서도 안 된다.

산 자손과 죽은 영가들.

올바른 길로 인도하고 행복의 삶으로 인도함이 하늘 제자의 도리이다. 또한 일반인들도 이제는 정신을 바짝 차려야 한다.

종교의 선각자들이 정신을 못 차린다면 일반인들이라도 정신을 차려야 한다. 언제까지 종교의 굴레(속박)에서 벗어나지 못하고 헤매며 살아갈 것인가?

종교는 하늘의 뜻이 아니다. 각자의 조상님들도 종교가 아니다. 또한 우리 산 사람들도 종교가 아니다. 이제 우리 모두는 속고 속은 종교의 굴레에서 벗어나야 한다. 속고 속은 천도재, 굿, 기도의 방법에서 벗어나야 한다.

잘못된 종교의 굴레에 갇혀서 조상님, 신, 산 사람들이 정신을 못 차리고 있다. 조상님, 신, 산 사람이 종교의 굴레에서 정신을 못 차리고 있으니 세상도 정신이 없다.

모든 종교의 굴레에서 벗어나 하늘의 뜻에 순응하였을 때 신의 세계, 조상님세계, 인간세계 이 모두가 행복해진다.

언제까지 반복될지 모르는 한도 끝도 없는 천도재, 굿, 기도에만 매달려 있을 것인가?

자미국에서 행하는 천상입궁의식은 기존의 천도, 굿, 기도 차원이 아닌 하늘의 주인이신 태상천존 자미천황님의 허락에 의해서만 행해지는 하늘의 신성한 의식이다.

모든 영가들이 천상궁전으로 오르고자 하지만 영가들이 오르고 싶다 하여 오를 수 없다. 각자의 조상님들을 심판하신 뒤 천상입궁 여부가 결정된다.

산 자손들이 돈이 있다 하여 행할 수 있는 천상입궁의식이 아니다. 죽은 영가들이 죄가 있으면 천상궁전에 오를 수 없다.

하늘의 허락으로 입궁되시는 모든 영가들은 천상궁전으로 입궁되시기 전 전생과 현생에서 그들이 지은 모든 죄를 사면해 주신다.

그렇기 때문에 그들이 천상궁전에 입궁되셨을 때 그들 모두는 죄인이 아닌 맑고 깨끗한 하늘의 신성한 하늘의 백성이 되어 있다. 인간세계를 예로 들어보자.

인간이 지은 죄의 사면 권한은 대통령에게 있듯이 영혼들이 지은 죄의 사면 권한은 하늘의 권한이다. 산 자손들이 절이나 교회, 산속에서 열심히 빌고 빈다고 죄가 사면되는 것이 아니다.

우리의 영혼을 창조하시고 우리의 영혼의 주인이신 천상궁전 자미천궁에 태상천존 자미천황님만이 우리의 죄를 심판하고 우리의 죄를 사면하실 수 있다.

예수님이나 부처님, 상제님이 우리 산 사람의 죄, 죽은 영혼의 죄를 사면할 수 있었다면 벌써 사면하시어 우리 산 사람 모두와 죽은 영혼 모두를 구원하여 주셨을 것이다.

하늘께서는 우리 모두를 창조하신 우주의 주인이시다. 예수님, 부처님, 상제님도 창조하시었다. 뿌리 없는 나무 없다 하였듯이 예수님, 부처님, 상제님도 뿌리가 있을 것이 아닌가? 예수님, 부처님, 상제님의 뿌리는 바로 하늘이셨다.

예수님, 부처님, 상제님을 이 땅으로 보내신 분은 바로 하늘이셨고 예수님, 부처님, 상제님의 창조주는 위대한 하늘이셨다. 창조주가 잘나고 위대하시니 그 자손들(예수님, 부처님, 상제님, 그 밖의 모든 신과 인간) 역시 잘나고 훌륭했던 것 아니던가?

하지만 자손이 제아무리 잘났다 하더라도 모든 것을 따라 할 수는 없다. 또한 자손이라 하더라도 하늘의 권한을 우리들이 마음대로 침해할 수 없다.

예수님, 부처님, 상제님도 하늘의 허락 없이 그들 마음대로 사면 권한을 행사할 수 없고 권한을 침범할 수도 없다. 이들 모두도 천상세계에서 하늘의 명에 복종하며 말씀대로 행하고 있을 뿐이다.

하지만 이러한 사실을 몰랐던 우리 모두는 예수님 앞에, 상제님 앞에, 부처님 앞에 앉아 각자의 소원을 빌고 조상님 구원을 빌고 있다. 하늘이 웃을 일이었고 예수님, 부처님, 상제님, 조상님이 통탄할 일이었다.

이제 우리 모두는 육신을 주신 조상님 구원과 영혼을 주신 태상천존 자미천황님을 찾아야 한다.

우리 모두는 그동안 영혼을 주신 태상천존 자미천황님을 잃어버린 채 이 땅에서 외롭고 쓸쓸하게 고아들의 인생을 살아왔었다.

항상 열심히 일을 하고 주위에 가족 친구들이 있어도 각자의 마음은 항상 외롭고 허전하다. 뭔가 빠진 것 같아 때로는 이 세상에 나 홀로인 듯 허전함이 자리 잡고 있었던 것은 영혼을 창조해 주신 태상천존 자미천황님을 잃어버린 허전함이었다.

조상님 구원을 통하여 각자의 영혼을 창조해 주신 하늘을 찾았을 때 각자의 인생은 더 이상 외롭지도 힘들지도 않은 안락한 삶이 될 수 있다. 천도재와 굿도 더 이상 행해서는 안 된다. 굿 역시 하늘의 뜻이 아니고 또한 조상님들의 뜻도 아니다.

각자의 조상님들은 구천세계에서 아기의 모습으로 불쌍하고 가련하게 자손들 구원의 손길을 눈물로 기다리고 있건만, 시끄러운 징을 치며, 북을 치며, 장구를 치며, 무당춤을 춘다고, 창(노래)을 한다고 하여 각자의 조상님들이 구원되지 않는다.

구천세계에 계신 각자의 조상님들은 눈물로 얼룩져 있건만 이렇게 시끄럽게 한들 무슨 소용이 있으랴? 입장 바꿔 생각해 보라. 우리들이 구천에서 울고 있는 죽은 영가들이라면 이 상황(천도재, 굿, 교회, 성당에서의 기도들)을 보고 각자 어떠한 생각이 들겠는가?

구천세계에 있는 각자의 조상님들은 이 광경들에 기가 막힌다. 조상님들은 속이 터져 미치겠는데 무당들은 일어나 춤을 추고 있으니 흔한 말로 불난 집에 부채질하는 꼴이다.

또한 조상님들은 극락세계, 천국세계, 천궁세계에 입문을 하지도 못했는데 조상님들이 좋은 세계에 모두 올라갔다고 영가들을 위한 의식(천도재, 굿, 기도, 예배, 미사)들을 끝낼 때 조상님들은 구천세계에서 미치고 팔짝 뛸 일들이다.

사실이 이러하다 보니 천도재, 굿, 기도, 예배, 미사를 하고 나면 잘되는 것이 아니라 더 힘들어지고 안 좋은 일들이 각자의 인생에 생길 수밖에 없는 것은 당연한 이치이리라.

지금까지 우리 인간들은 신의 세계, 조상님세계를 잘 몰라 그들이 시키는 대로 행했다. 행하기 이전에 그들이 권하는 것(천도재, 굿, 기도, 예배, 미사)에 대하여 한 번쯤 깊이 생각해 보았다면 하늘과 조상님 전에 죄인이 안 되었을지도 모른다.

그러고 보면 우리 인간은 그동안 하늘세계, 조상님세계에 대하여 아무것도 모르는 바보들이었나 보다.

그렇지만 하늘과 각자의 조상님들은 바보들이 아니시다. 자손들이 행한 그 대가를 하늘과 조상님들께서는 각자의 자손들에게 그대로 내려주셨다.

고통은 고통으로, 배신은 배신으로, 눈물은 눈물로 각자의 삶이 배신의 고통, 금전 풍파의 아픔, 몸의 질병으로 힘든 것은 사후세계에 있는 그대 조상님들의 모습이다.

열매는 뿌리의 영향을 받을 수밖에 없다 보니 조상님이 편하면 자손도 편하고, 조상님이 불편하면 자손도 불편하다. 조상님이 구천에서 울고 있으면 산 자손도 울 일만 생기고, 조상님이 배신을 당하면 자손도 배신을 당할 수밖에 없다.

또한 구천에 계신 조상님이 참을 수 없을 정도의 고통을 당하고 있다면, 산 자손은 스스로 목숨을 끊는 일도 생긴다.

원 맺히고 한 맺힌 조상님들이 산 자손들에게 보내는 메시지들은 이토록 무섭다.

반대로 조상님이 천궁의 세계에서 편안하시다면 이 기운을 받은 이 땅의 자손들은 과연 어떠하겠는가? 당연히 천궁의 조상님 기운받아 이 땅의 자손도 근심 걱정 없이 마음먹고 뜻한 일들 소원성취 이루어가며 마음 편히 몸 편히 살아갈 수 있음은 만고의 진리이리라.

세상의 모든 일들이 잘됨에도 이유가 있고, 안 됨에도 분명한 이유는 있다. 성공과 실패는 우연히 일어난 일이 아니다.

인간의 삶을 사는 동안 하늘과 육신의 부모인 조상님께 기본 도리를 다하는 자손은 이 세상을 사는 동안 실패할 수 없다. 하늘이 도와주고 조상님이 도와주는데 어찌 실패하겠는가?

반대로 하늘의 존재를 몰라보고, 조상님의 존재를 몰라보는 자손은 이 세상을 사는 동안 고통의 굴레에서 벗어날 수 없다. 태상천존 자미천황님이 안 도와주고 조상님이 안 도와주는데 본인들 스스로가 누구의 도움을 받아 잘살 수 있겠는가?

자미국은 조상님 천상입궁의식을 통하여 조상님은 구천세계가 아닌 가장 높은 곳, 태상천존 자미천황님의 천상궁전에서 영원히 편안하게 계시고, 그 자손들은 자미국에서 영원히 편안하게 살 수 있도록 인도해 주고 있다.

이 의식은 살아생전에 한 번으로 끝나는 의식으로서 영원히 사람과 조상님 영혼 각자의 길을 편히 가게 인도하는 하늘의 고귀한 의식이다. 이 의식을 행함에 있어 모든 종파, 모든 종교에 얽매이지 않아도 된다.

각자의 조상님들은 원래부터 종교가 아니었다.

모든 것은 때가 되면 원래대로 돌아가야 한다. 조상님은 천상의 영혼세계로, 우리 인간은 지상의 인간세계로 다시 태어나야 한다.

조상님이 인간세계에 머물러 있으면 조상님도, 인간도 모두가 힘들고 아프다.

이제 우리 모든 사람들은 각자의 몸에 있는 죽은 조상님의 기운을 소멸해야 한다. 각자의 조상님들은 태상천존 자미천황님의 품으로 보내드리고 우리 산 사람들은 산 사람의 자체로 남아 있어야 인생을 기쁘고 신 나게 살 수 있다.

신 내림은 하늘, 조상님의 뜻이 아니다

짧은 인생을 살아가는 동안 근심 걱정, 아픔 없이 인생을 살 수만 있다면 그 얼마나 좋을까?

하지만 우리의 삶은 그렇지가 않다. 우리 인간의 상상을 초월한 불행한 일들은 예전에도 지금도 현실로 일어나고 있다.

병명 없는 병마와 싸워야 하는 사람들, 때로는 병명은 있지만 병원의사의 치료와 약으로도 호전되지 않아 고생하는 사람들, 불면증으로 고생하는 사람들, 우울증으로 고생하는 사람들, 정신병으로 고생하는 사람들, 사업실패, 가정의 파탄, 자손의 가출, 폭력, 자살, 살인, 배신 등, 지금 우리가 살고 있는 세상에서는 인간의 상상을 초월한 불가사의한 일들이 일어나고 있다.

각자의 인생과 각자의 가정, 사회에 이르기까지 우리 인간이 걷잡을 수 없을 정도의 무시무시한 일들이 일어난다.

그들 역시 사람이 분명하건만 왜 그들은 인간의 본성을 잃어버리고 나 자신을 잃어버린 채 살아가고 있는 것일까?

이 세상에 올 때부터 악한 사람 없었고 그렇게 되고 싶어 그렇게 된 사람 하나도 없다.

이 모든 불가사의한 일들은 우리 산 사람의 정신을 누군가에게 빼앗겼기 때문이다. 우리 산 사람의 정신을 누군가 지배하고 있기 때문에 각자의 의지와 상관없는 고통과 불행의 일들이 자신들의 삶에 나타나는 것이다.

그렇다면? 우리 산 사람의 정신을 누가 지배하고 있는 것일까? 인생의 반복되는 아픔과 시련 앞에 그 아픔에서 벗어나 보고자 어떤 사람들은 불교와 도교로, 어떤 사람은 교회와 성당으로, 어떤 사람은 무속과 산속으로 들어간다.

많은 방법을 동원해 보지만 현실의 아픔을 풀어줄 해결책은 어느 곳에도 없다. 많은 갈등과 고민 끝에 인간의 자존심 모두 버리고 마지막으로 선택하게 되는 것이 어쩔 수 없는 무속의 길.

하지만 인생의 마지막 기로에서 선택한 무속의 길도 결코 쉽지만은 않다.

계속되는 인생의 풍파와 가정의 풍파, 주위의 배신과 몸의 질병, 불면증, 우울증 그 모든 고통들은 식을 줄 모르니 그야말로 산 넘어 산이고 강 건너 강의 인생이다.

인생의 마지막 기로에서 눈물을 머금은 채 힘들게 결정한 무속의 길. 하늘의 뜻, 조상님의 뜻이 맞았다면 무속의 길을 선택한 그들은 하늘의 복을 받고, 조상님의 복을 받아 인생의 질병에서 벗어나 행복해질 수 있었을 것이다.

하지만 무속의 길은 정녕 하늘의 뜻, 조상님의 뜻이 아니었다. 하늘의 뜻, 조상님의 뜻이 아니었기에 무속의 길을 선택하고도 각자의 인생은 여전히 힘들고 아플 수밖에 없었던 것이다.

앞에서도 설명해 드린 바 있듯이 각자의 조상님들은 사후세계에 다시 태어났기에 각자의 조상님들은 하나의 아기에 불과하다.

그런 아기인 조상님들을 무속인들은 각자의 몸으로 조상님을 받아 그들과 함께 동고동락하고 있으니 그들의 인생이 뒤집어지는 것은 당연 이치 아니랴.

아기가 되어 있는 각자의 조상님들이 어떻게 살아 있는 자손을 도와줄 수 있으랴. 또한 남들의 인생을 어떻게 도와줄 수 있으랴.

종교가 하늘의 원뜻이 아니었다 말했듯이 무속 또한 하늘의 원뜻이 아니었기에 하늘의 원뜻이 아닌 무속제자의 길을 가는 그들을 하늘에서 도와 줄 리 없다. 그러다 보니 무속의 길을 가도 조상님과 하늘께서 도와주지 않으니 더 힘들어질 수밖에 없다.

이제는 조상님과 하늘의 원뜻이 아닌 무속의 길을 선택하여 한 번 아팠던 인생, 두 번 아파하며 남모르게 눈물짓지 말고 각자의 조상님들을 천상궁전으로 입궁시켜 드려야 한다.

자미국에서는 조상님을 위한 천상입궁의식을 행한 후 하늘의 명이 내려지는 자손에 한하여 산 자손과 하늘의 고급신명이 하나 되는 천인합체의식을 행한다.

천인합체의식은 무속세계처럼 조상신이나 정체를 알 수 없는 잡신을 받는 것이 아니라, 태상천존 자미천황님의 궁전에 계시는 맑고 깨끗한 고급신명과 하나 되는 의식을 말한다.

천인합체의식을 행하면 하늘의 신이 각자의 몸에 있으면서 인생을 도와준다.

우리 인간이 제아무리 잘났다 해도 인간들 스스로는 한 치 앞도 알 수 없기에 불의의 사고를 피할 수도 막을 수도 없다.

하지만 천인합체의식을 행하여 반신반인이 되면 천상의 고급신명님이 항상 각자의 몸 안에 있으면서 각자를 불의의 사고에서 구원해 주고, 인간사 고통의 길에서 항상 밝혀주고 지켜주어 행복의 삶으로 인도해준다.

많은 도교 단체에서 이 뜻을 이루고자 100여 년의 세월 동안 주문수행하며 도를 닦고 있지만 아직까지 이 뜻을 이루었다고 말하는 도교 단체, 종교 단체는 없다.

하지만 자미국에서는 이 뜻을 현실로 이루어 행하고 있다.

천인합체의식은 대한민국 국민뿐만이 아니라 전 세계인이 모두 원하고 바라는 고귀한 천상의식이다.

불교, 기독교, 천주교, 도교, 무속 어느 종교를 막론하고 모든 종교 단체에서 이 위대한 뜻을 이루고자 나름대로 최선을 다하고 있지만 어느 종교 단체나 세계 어느 나라도 이루지 못하였지만 자미국에서는 자랑스럽게 이 뜻을 인류 최초로 현실로 이루어 행하고 있다.

천인합체의식!

조상님 천상입궁의식을 행한 후 태상천존 자미천황님의 명에 따라 행하면 본인들 스스로가 이 의식에 감탄에 감탄을 하게 될 것이며, 그동안 각자 궁금히 여겼었던 "나는 누구인가?"를 속 시원히 밝히는 뜻깊은 의식이다.

천인합체의식을 행하고 나면 본인들 스스로가 하늘의 뜻을 알게 되고 하늘의 기운을 느낀다. 자미국은 설법이나 이론이 아닌 본인들의 조상님 구원 천상입궁의식과 천인합체의식을 통하여 스스로 모든 것을 알게 되는 신비의 의식이다.

하늘의 명을 받아 천인합체의식을 행한 뒤 무속세계처럼 법당을 차려 점을 보고, 손님 상담하는 것이 아니라 각자의 현 직업이나 기존 사업에 전념하면 된다.

어느 종교 단체나 세계 어느 나라도 이루지 못한 천인합체의식을 이룰 수 있음은 저자가 잘나서가 아니라 하늘의 전지전능하신 대 능력으로 가능한 일이다. 인간의 능력은 미약하나 하늘의 능력은 인간의 상상을 초월한다.

예수님, 부처님, 상제님 또한 현 세상에 살고 있는 우리 모두의 산 영혼과 사후세계에 있는 많은 영가들을 하늘께서 창조하셨거늘 이 위대하신 하늘께서 어찌 천인합체의 뜻을 이룰 수 없으랴.

하늘의 능력은 무소불위하시기에 인간사의 크고 작은 일들과 그 어떠한 것들도 불가능은 없다.

독자 중 이 책을 보신 후 조상님을 위하여 천상입궁의식이나 천인합체의식에 관심이 있으신 분들은 예약한 후 방문하여 정중히 친견하기 바란다. 어떤 독자는 전화하여 다짜고짜 "조상님 천상입궁의식이 얼마예요?" 하고 물어보는 분들이 상당히 많이 있는데 이 말을 듣는 각자의 조상님들은 속이 터진다.

물건을 사고파는 그런 곳이 아니다. 자미국은 태상천존 자미천황님의 명을 받아 각자의 조상님들을 천상궁전으로 입궁(구원)시켜 드리고, 각자의 삶을 구원하여 주는 하늘의 일을 집행하는 곳이지 물건을 파는 곳이 아니다.

또한 각자의 조상님들도 물건이 아니다. 각자의 조상님이 물건이 아닌데, "얼마예요?" 하고 물어본다면 이 자미국에서는 뭐라 대답해 주어야 하는가?

조상님 구원하는 천상입궁의식을 해드리고 싶은 마음은 급한데 일도 바쁘고 지방이라 거리가 멀다 보니 물어볼 수도 있다는 것 모르는 바 아니지만 상담을 통해서 알아야 하고 상담하지 않고서는 천상입궁의식 자체를 행할 수 없다.

이 대목을 읽어보고도 무시하면서 방문할 생각은 하지 않고 전화하여 의식비용이 얼마냐고 물어본 사람들은 단 한 명도 천상입궁의식을 행한 사람이 없었으니 참고하기 바라며 예약하고 방문 날짜를 어긴 사람들도 하나같이 선택받지 못하였다.

"천상입궁의식이 얼마예요?"라는 질문은 "내 조상님 얼마예요?"라는 말과 똑같은 말이다.

정말로 조상님을 생각하는 마음이 남다른 자손이라면 이제는 그런 실수하지 말고 정중히 예약한 후 방문하여 조상님이 편히 계신지 불편하신지를 먼저 여쭤볼 수 있는 자손이 진정한 하늘의 자손이 아닐까? 하고 저자는 생각한다.

"얼마예요?" 하고 물어볼 때 각자의 조상님들 가슴이 미어터진다. 반대로 그렇게 물어보는 상대에게 "당신 얼마예요?"라고 누군가 당신에게 물어온다면 당신은 과연 뭐라 대답하겠는가?

입장 참 곤란할 것이다.

우리는 모두 인간의 육신을 지니고 살아가고 있다.

인간의 육신을 지닌 이상 모든 것을 완벽하게 행할 수는 없겠지만 행동하고 말하기 이전에 자신이 한 번 더 깊이 생각해 보고 상대의 입장이 되어 생각해 본다면 앞으로 각자들이 인생 살아가면서 성공의 삶이 될 수도 있다.

무심코 던진 부주의한 한마디의 말 한마디에 상대는 상처를 받고 상대에게 상처를 준 본인들의 인생도 상처가 따른다. 조상님들을 생각하는 마음이 조금만 더 진실했다면 이런 실수는 하지 않았을 것이라 저자는 생각한다.

조상님들을 귀하게 생각함은 바로 자신들 스스로를 귀하게 여김과 진배없다. 조상님을 천하게 여김은 자신 스스로를 천하게 여김과 진배없다. 이 세상에 모든 것은 공짜 없다 하였듯이 각자 스스로가 뿌린 대로 거두는 것이 천고의 이치이다.

본인 스스로는 하늘과 조상님 전에 아무런 것도 행하지 않고 자신들만 잘되기를 바란다면 그 뜻은 살아서도 죽어서도 이룰 수 없다. 그것은 바로 도둑놈 심보와 진배없기 때문이다.

태상천존 자미천황님은 바보가 아니라 하시었다. 지금 이 시간도 하늘께서는 여러분의 일거수일투족 모든 것을 감시하고 계시며 본인들의 숨은 마음까지도 다 지켜보시며 천상장부에 우리의 일거수일투족 모든 것을 행한 대로 기록하고 계신다.

어제라는 시간! 우리 모두는 과거의 일처럼 까마득히 잊은 채 오늘을 살고 있지만 천상장부에는 어제 우리가 했던 행동과 말들이 실시간 그대로 기록되고 있다.

과거의 시간 속에서 우리들이 지은 죄, 우리 산 사람은 기억 속에서 지우면 잊혀진다지만 천상장부에 기록된 우리들의 죄는 어찌 지울 수 있을까?

천도재, 굿, 기도, 교회, 성당에서의 미사와 예배로도 이 죄를 지울 수는 없다. 이 죄를 지워줄 수 있는 분은 태상천존 자미천황님 단 한 분밖에는 아니 계신다.

살아 있는 우리 모두가 피할 수 없는 길. 언젠가는 우리 모두가 가야 할 사후세계, 죽은 후 땅을 치며 통곡한다.

살아생전에 조상님 구원과 천인합체의식을 통하여 살아서도 죽어서도 하늘의 보호를 받을 수 있는 길을 선택하는 자가 인생의 승리자가 될 수 있고, 사후세계의 승리자가 될 수 있을 것이다.

각 종교의 구심점 자미국 하나로 통합!

이제 하늘을 거역하는 모든 종교 행위는 용납될 수가 없다 하신다. 인간 구원, 조상님 구원, 신명 구원은 대우주를 창조하신 하늘만이 하실 수 있는 고유 권한이라 말씀하시었다.

인생의 구심점, 조상님의 구심점, 신명의 구심점, 하늘의 구심점이신 대우주 천지인 창조주 태상천존 자미천황님! 위대한 하늘의 진실 앞에서는 그 어느 종파의 종교지도자들도 함부로 고개를 들고 하늘에 반박할 수 없으리라.

허허공공한 파란 창공이 하늘이 아니고 이미 그 하늘께서는 인간 육신의 몸을 빌려 강림하시었다. 기독교의 하나님이 아니라 하나님보다 더 높으시고 천지만생만물을 창조하신 위대한 대우주 창조주 태상천존 자미천황님께서 오시었다.

기독교인들이 하나님이라고 받들었던 도리천주님은 천상세계 자미천궁의 천상천감님으로 승진하시었고, 천상천감님께서는 태상천존 자미천황님을 인간세계로 하강하시게끔 수많은 세월 많은 노력에 노력을 하시었다.

기독교 하나님께서 선천 시대의 잘못된 종교 역사에 대해서 잘못을 인정하시고 참회하시었다. 진정한 하늘을 올바로 세우시기 위하여 자미국으로 하늘을 강림하시라고 밤낮을 가리시지 않고 열심히 태상천존 자미천황님을 설득하신 분이시다.

그 누가 알았으랴!

세계 인류의 32%가 믿고 따르는 기독교, 천주교의 예수님과 하나님

위에 그분들을 인간세계로 내려보내신 또 다른 더 높은 하늘의 존재가 계시었음을 세계 그 어느 종교지도자가 알고 있단 말인가?

참으로 경천동지할 하늘의 진실이 지금 수도 서울 한복판에서 밝혀지고 있다.

기독교의 하나님께서도 이제 태상천존 자미천황님께 잘못을 용서빌며 선천 시대의 잘못된 종교 교리에 대해서 진정으로 참회하시고 기독교의 모든 기득권을 포기하시었다.

이분 역시 하늘로부터 기독교와 천주교 그리고 예수와 하나님을 받드는 모든 종교를 자미국 하나로 통합하라는 하늘의 지엄한 명을 받으시고 천상공무 집행에 들어가시었다.

그동안 모든 종교의 구심점을 자미국으로 통합하고, 오직 하늘이 친히 지상에 세우시는 국가 하나만이 존재하고, 위대한 만생만물의 천지주인께서 세상에 우뚝 서시게 된다고 하시었다.

태상천존 자미천황님의 뜻을 펼치시고자 신명님이신 천상감찰신명님, 하나님이신 천상천감님, 미륵부처님이신 천상도감님이 세계 종교와 무속, 도교의 기운을 모두 자미국으로 거두어들이시는 천상지상 공무집행에 들어가시었다.

그리고 5월 23일 늦은 밤 시간. 옥상에 올라 밤하늘을 바라보았다.

별들도 없는 밤하늘의 모습은 칙칙했다. 높으신 하늘께서 뭔가 답답하신 모습이다.

인간세계에 대하여 뭔가 불편하신 모습이다. 태상천존 자미천황님과 짧은 대화를 나눈 후 잠자리에 들었다.

석가탄신일이다. 절의 스님들과 절의 신도들은 금일 석가탄신일 행사로 무척 바쁠 것이다. 하지만 나의 마음은 아침부터 왠지 모르게 우울하다. 나의 이 우울한 마음이 하늘 태상천존 자미천황님의 마음 같아 나의 마음은 더욱더 무겁고 착잡했다.

오전의 시간이 지나고 오후로 접어들 시간. 태상천존 자미천황님께서는 인간들의 답답한 행동에 더 이상 참을 수가 없으셨나 보다. 비가 쏟아지기 시작했다.

석가탄신일에 반대라도 하시듯이 못 깨달은 중생들에게 깨달음을 주기라도 하듯 빗줄기는 점점 굵어졌고, 곧이어 천둥번개까지 치기 시작하였다.

전국적으로 굵은 비가 내렸고 천둥번개도 전국으로 확산되었다. 4월 8일에 이렇게 비가 쏟아진 적은 거의 없었다. 그리고 양력 5월에 이렇게 많은 비가 내린 적도 거의 없었다.

독자 여러분!

그날에 전국적으로 내린 비와 전국에 친 천둥번개는 우연히 일어난 일이 아닌 태상천존 자미천황님의 뜻이고 능력이시었다. 그리고 우리 산 사람들에게 보여주고 들려주는 하늘의 말씀이셨다.

하늘께서는 더 이상 어떠한 종교도 원하지 않는다 하셨듯이 석가탄신일을 선택하여 절의 스님들과 부처님을 따르는 중생들에게 보여주셨다.

앞으로도 인간세계로 하늘의 많은 뜻을 보내실 것이니 모두들 정신 차리길 바란다. 하늘께서는 불교, 기독교, 천주교, 도교, 무속, 유교의 모든 기운을 순서대로 거두신다 하셨다. 물론 그 종교 단체에 가고 안 가고는 각자의 자유다.

하늘의 뜻에 거역하여 하늘의 벌을 받음도 각자의 운명이고, 하늘의 뜻에 순응하여 하늘의 복을 받음도 각자의 운명이다. 저자는 하늘을 대신하여 하늘의 원뜻을 인류에게 전달하는 것이다.

몸에 조상님들이 살고 있다

아이고, 골이야! 두통!

누구나 흔히 겪는 짜증스런 통증이다. 갑자기 머리가 깨질 듯 아프다. 열이 심하게 난다. 골이 흔들린다. 뒷골이 당긴다. 우선 약국으로 달려가 두통에 잘 듣는 진통제를 산다.

약을 먹고 나니 조금 나아진 듯싶다. 통증도 사라지기 시작한다. 이런 일이 자주 발생하니 상비약으로 갖고 다닌다. 두통은 갑자기 왜 오는 것일까?

아무도 두통의 실체에 대하여 관심 있게 생각하지 않고 자연스레 약국의 진통제로 그 고비들을 넘기고 있다. 두통의 원인? 놀라지 마시라. 바로 본인의 조상님들이었다.

아픈 그곳에 조상님이 들어왔다는 증표였다. 약을 먹은 후 통증이 사라졌다고 안심하지 마라. 잠시 잠깐 본인들의 몸에서 외출했을 뿐이다. 본인의 몸을 떠나 남편의 몸으로, 부인의 몸으로, 자손의 몸으로 잠시 잠깐 외출 중이다.

각자의 조상님들이 자손들의 몸으로 찾아오면 두통 증상뿐만이 아닌 부부 사이에 다툼이 자주 일어나게 되고 성격이 신경질적으로 변하게 되며 매사 일이 꼬인다.

사업이 잘 안 되며, 금전으로 고통받게 되고, 불면증에 시달리게 되며, 자꾸만 우울해지고, 갑자기 질병에 걸리게 되며, 자살하고 싶은 마음이 본인도 모르게 들게 되며, 차 접촉사고가 자주 발생하게 되는 등 꿈과 현실에서 이상 징후가 계속 일어나게 된다.

이런 고통의 파장을 보냄으로써 조상님들은 각자의 존재를 자손들에게 전한다. 때로는 유주무주 떠돌이 귀신도 있고, 잡신에 해당하는 요괴, 악신, 악령, 마귀, 사탄도 숨어 있다.

두통(감기몸살 포함)을 앓고 난 후 자신의 생활이 어떻게 변하고 있는지 각자 체크해 보도록 하라. 두통을 앓고 난 뒤 각자의 인생에 무슨 일이 일어났는지.

저자 역시 두통의 실체에 대하여 깊이 생각해 본 적은 없었다.

승용차 운행 중 갑자기 하늘께서 계시를 내려주셨다. 사소한 일로 생각하였던 두통! 조상님 영가가 산 자손의 몸으로 들어왔다는 메시지라고 하시었다. 그때부터 사람들은 알 수 없는 인생의 많은 풍파를 겪기 시작한다 하시었다.

몸에 들어온 그 존재를 어찌할 것인가? 무시하고 그냥 살아갈 것인가? 아니면 대비책을 세울 것인가?

인간의 능력으로는 방법이 없다. 오직 하늘만이 할 수 있고 하늘의 능력이 있어야 가능한 일이다.

머리의 통증은 잠시 진통제를 복용함으로써 해결할 수 있다 하지만 인생의 통증들은 어떻게 해결할 것인가?

몸에 들어와 있는 각자의 조상님들은 진통제가 아닌 각자의 조상님들이 원하고 바라는 천상궁전으로 천상입궁의식을 통하여 하루빨리 승천시켜 주어야 한다.

자미국은 종교가 아닌 하늘과 신명과 조상님들의 원뜻을 지상에 전하는 무릉도원이다. 배신의 아픔으로 고통받는 모든 조상님과 자손들은 그대들을 이 땅으로 보내주신 태상천존 자미천황님의 품 안으로 들어오라!

그대들을 이 땅으로 보내주신 하늘은 그대들의 인생을 고통의 길로 인도하지 않을 것이며, 그대들의 조상님 또한 그대들을 고통의 길로 인도하지 않을 것이다.

산 사람과 죽은 영혼 모두를 창조하신 하늘의 백성이 되면 고통의 삶이 행복의 삶으로 바뀌게 되며, 구천에서 방황하던 모든 조상님도 구원받아 천상궁전으로 오르시게 된다.

신기(神氣) 때문에 고생하고 계신 분들도 조상신을 받지 않아도 되므로 무당이 되지 않아도 된다.

또한 몸의 질병 역시 병원에서는 병명이 없다 하였을지 모르지만 원인 없는 결과 없듯, 병명 없는 질병은 이 세상에 하나도 없다. 하늘과 함께하면 병명의 이유와 해결법도 알게 된다.

사업 실패와 인생의 우환, 우울증으로 고생하는 사람들은 본인들의 조상님을 구원하라.

모든 사람들 몸에는 천상궁전에 오르지 못한 원과 한이 많은 각자의 조상님들이 들어와 살고 계신다.

이곳에서는 세계 인류를 지배 통치할 자미국을 세우는 일 이외에 말 못 하는 각 조상님 영가들의 원과 한을 풀어드리고, 천상궁전 자미천궁으로 인도해 주어 그분들을 구원해 주는 일을 행하고 있다.

조상님들이 구원됨으로써 각자의 조상님들은 천상궁전에서 하늘의 백성으로 다시 태어나게 된다.

또한 천상에 있는 각자의 천인(신명)들을 각자의 몸으로 합체시켜 줌으로써 하늘을 통하게 해준다.

천인합체의식을 통하여 각자의 신을 구원함으로써 신과 조상님, 인간 서로서로가 공존 공생하여 행복과 평화를 추구하는 이상향의 세계를 이루게 되어 신, 영혼, 인간 모두가 삶의 질곡에서 벗어나게 된다.

인생사 이상향의 목표

- 사업 성공 금전 풍요

- 질병과 우환 소멸
- 출세와 권력. 명예 성취
- 가정 화목 행복한 삶의 영위
- 불로수명 장생 소원성취
- 생전 · 사후 천상궁전 자미천궁 입궁
- 인생의 정신적 구심점 옹립
- 인류의 정신적 구심점 옹립
- 마음 안정
- 초조 공포 불안 해방
- 결혼 성사 및 불임 해소
- 이혼 및 별거 예방

이 모든 것은 인간의 노력으로 이룰 수 있는 것이 아닌 하늘의 권한, 조상님들의 권한이다.

각자는 무엇 때문에 고통의 늪에서 아파하고 있는가? 자신을 괴롭히는 이 보이지 않는 존재의 실체는 무엇인가? 몸에 들어와 있는 정체불명의 존재는 누구인가?

꼬이기만 하는 인생 무엇 때문인가? 굿과 천도재를 해도 효과가 없는 이유는 무엇인가? 이 모든 의문들의 정답과 진실은?

각자의 조상님들이 천상궁전으로 못 올라갔다는 각자 조상님들의 보이지 않고 들리지 않는 대답이었다.

고정관념을 버리고 종교의 굴레에서 벗어나 진실의 소리에 귀를 기울이고 마음의 문을 열면 인생 행복의 길이 보인다.

대대로 이어지는 불행의 실체!

조류학자 윤○○ 박사가 TV조선에 출연하여 고통에서 벗어나 새로운 인생을 살게 되었다고 한다.

아버지가 71세에 뇌졸중으로 돌아가시었는데 본인도 똑같이 71세에 뇌졸중으로 쓰러져 사경을 헤매며 고통당했던 사연을 말하는데 아직도 걸음걸이는 지팡이에 의지하고 있고 오른손은 쓰지 못하고 있다.

이런 경우 병원이나 사람들은 가족력이라고 말한다.

어디서부터 어떻게 말해야 독자들이 이해할까? 가족력이 아니라 자신들의 몸으로 돌아가신 조상님이 들어오기 때문에 똑같은 증상의 질병에 걸리게 된다.

아버지와 똑같은 나이에 뇌졸중으로 쓰러진다는 것은 조상님이 들어왔다는 것을 보여주는 것인데 사람들은 일단 뇌졸중이든 급병이든 걸리면 병원으로 달려간다.

하지만 이미 쓰러지면 때는 늦은 것이고 남은 가족들이 제2의 피해를 당하지 않게 자미국으로 달려와서 환자의 몸 안에 들어와 있는 자신들의 돌아가신 조상님들을 천상입궁의식을 행하여 천상 자미천궁으로 보내드려야 남은 가족들이 뇌졸중, 심근경색, 심장마비로 쓰러지지 않는다.

자신의 직계가족인 배우자, 자녀, 부모, 형제, 사촌, 가까운 친척 중에 심장마비, 중풍, 뇌졸중, 교통사고, 추락사, 화재사, 익사, 자살로 비명횡사 당해서 돌아가신 망자가 있다면 똑같은 증상으로 가족들이 비명횡사당할 확률은 90%이다.

그러니까 사람 눈에 보이지 않고, 귀에 들리지 않지만 언제 터질지 모르는 사망의 시한폭탄을 안고 살아가는 사람들이 거의 전부이다.

사람들 눈에 보이고 들리면 과학이고 안 보이고 안 들리면 미신이나 비과학적이라고 매도하고 무시한다.

인간의 무시와 부정, 무식함 때문에 갑작스런 불행의 늪으로 여러분과 가정이 파멸되고 있다.

독자들이 무시하고 부정하고 있는 하늘, 신, 영, 조상님은 현실세계로 존재하고 있지만 배움이란 것이 무엇인지 많이 배워 지식이 높을수록 인간의 눈과 귀에 보이지 않고 들리지 않는다고 이분들을 몰라보고 살아간다.

보이지 않는 사망의 시한폭탄은 각자와 가족 모두의 몸에서 이미 타이머 스위치가 작동되고 있지만 모르고 살아갈 뿐이다.

각자의 몸 안에서 언제 터질지 모르는 불행의 시한폭탄을 제거할 수 있는 유일한 곳이 자미국이다.

사망의 시한폭탄은 자신의 조상님들이 대부분이지만 때로는 비명횡사 당하여 불귀의 객이 된 알 수 없는 귀신들이 들어와 있는 경우도 매우 많다.

이들을 하루빨리 제거하지 않으면 사망의 시한폭탄이 터져서 어렵게 이룬 자신의 성공과 출세가 졸지에 물거품으로 변해 버리고 남은 가족들까지 불행이 대를 이어간다.

이제까지 자신의 집안에는 큰 우환이나 질병, 사건사고가 없으니까 천만다행이라고 생각할지 모르지만 그것은 각자들의 착각일 뿐이고 가족 모두를 불행하게 만드는 불행의 시한폭탄은 맞추어진 시간에 반드시 터지게 되어 있다.

그러므로 신문방송에 매일 터져 나오는 불행한 사건사고들이 남의 일이 아니라 자신에게 일어날 것을 미리 보여주고 예방하라는 메시지라 생각하면 틀림없다.

몇 년이 지났지만 고위관료들의 부정과 비리가 연일 방송과 신문에 폭로되고 있는데 이 또한 불행의 시한폭탄이 맞추어진 시각에 터졌을 뿐이다. 사망의 시한폭탄, 불행의 시한폭탄을 안고 살아가는 것이 그 얼마나 불안 초조할까?

아무도 모르게 자신들이 행한 일은 하늘과 땅, 신과 영, 조상님들이 모두 알고 있기에 비밀이란 없고 시간이 얼마나 걸려서 세상에 터질 것인가만 남았다.

세상을 살아가면서 털어 먼지 안 날 사람 없다고 보면 맞을 것이지만 자신들의 부정비리를 세상에 폭로하는 진짜 존재는 각자의 몸 안에 있는 자기의 신이나 영들이라는 것이 자미국을 통하여 인류 최초로 밝혀졌다.

모두에게 설치되어 있는 사망의 시한폭탄과 불행의 시한폭탄!

시한폭탄을 즉시 제거하여 줄 수 있는 능력자는 대단하신 태초의 하늘이시고, 무서운 사망과 불행의 시한폭탄 제거의식을 의뢰할 수 있는 곳이 전 세계 유일한 자미국이다.

사망의 시한폭탄과 불행의 시한폭탄을 제거하면 언제 다가올지 모르는 갑작스런 죽음과 부정비리 폭로의 공포와 두려움에서 벗어나게 되는 신비로움이 있다.

일은 저질러 놓고 언제 터질지 모르는 불안 초조 속에 전전긍긍하며 살지 말고 하루라도 빨리 자미국으로 찾아와야 가족과 세상에 망신당하지 않고 죽음과 질병, 구속의 공포에서 벗어날 수 있다.

더 많은 부정비리 폭로가 계속 터지도록 시한폭탄이 맞추어져 있음을 알아야 한다. 자신들만이 알고 있는 비밀들은 하늘과 땅까지 속일 수 없을 것이다.

자손 대대로 이어지는 가족력이라는 질병과 단명을 더 이상 방관하지 말고 불확실한 미래에 대한 공포와 두려움을 하늘과 땅, 조상님들로부터 보호받고 살아가야 갑작스런 사망, 불행, 우환을 막을 수 있게 된다.

명절 차례와 제사 문화가 새롭게 열린다

조상님 구원 천상입궁의식을 행하고 나면 명절 차례 및 제사, 산소 이장 및 화장 문제 등 모든 고민이 일시에 해결된다.

언제까지 이런 문제로 고민할 것인가? 특히 주부들은 누구나 한 번쯤 심각하게 고민해 보았을 연례행사들이다.

기독교에서 '제사 지내지 마라. 조상님에게 절하지 마라!' 한다. 맞는 말이다. 조상님들이 원하던 천당, 극락, 천궁에 확실히 올라가셨다면 말이다. 하지만 하나만 알고 둘은 몰랐다.

조상님들이 모두 자손의 몸에 들어가 있는 상태에서는 어림도 없는 이야기이다.

산 사람들의 행동이 바로 구천에 있는 본인 조상님들의 행동이다. 한 조상님만 자손 몸에 들어와 있는 것이 아니라 많은 조상님들이 함께 들어와 있다. 때로는 천상신명들도 들어와 있다.

모든 조상님 영혼들은 천상궁전에 어떻게 올라가는지 그 방법을 몰라 허공중천에서 추위와 굶주림과 싸워야 하다 보니 어쩔 수 없이 자손들 몸으로 들어가 함께 기거할 수밖에 없다.

직계 조상님들 모두가 천상궁전으로 입궁되시면, 더 이상 명절 차례와 조상님 제사를 지내지 않아도 된다. 직계 모든 조상님들께서 꿈의 세계 무릉도원 천상궁전 자미천궁으로 입궁되시면 명절 차례와 제사 문제로 고민하지 않아도 된다.

물론 이 문제로 인하여 가족 간에 찬반양론이 첨예하게 대립할 수도 있겠지만, 우리 모두의 영혼을 보내주신 하늘의 품으로 돌아가는 것이기에 그 문제에 대해서는 걱정하지 않아도 된다.

천도재는 죽은 사람의 명복을 빌어 극락으로 보내기 위해 행하는 불교의식으로, 자손들이 망자와 상봉하여 대화를 나눌 수 없고 법문독경에 의해서만 명복을 빌어주는 의식이다.

가장 잘 알려진 것이 49재이고 그 밖에도 100일재, 소상, 대상 등이 있다. 사람이 죽으면 7일째 되는 날부터 49일째 되는 날까지 7일마다, 그리고 100일째와 1년째, 2년째 되는 날 모두 합하여 10번을 행해야 한다.

그러나 현대생활은 급속도로 많이 바뀌었다.

그런 복잡한 천도재 절차에 따라 수많은 사람들이 귀찮아하거나 번거로워한다.

여러 번 천도재를 올렸어도 조상님들은 극락으로 올라가지 못하고 자손들 몸에 그대로 머물러 있다. 유족이나 자손들 역시 조상님과 대화를 나눌 수 없어서 가족은 가족대로, 조상님은 조상님대로 서로 답답해할 수밖에 없다.

하늘의 명을 받아 윤허가 내려져 조상님 천상입궁의식을 행하면 천상궁전에 올라가 각자의 조상님들은 하늘의 백성으로 다시 태어나게 되어 천상장부에 하늘의 백성으로 등재된다.

이렇게 하늘의 허락 하에 천상궁전에 올라가신 조상님들에 대해서는 명절 차례와 제사를 평생 지내지 않아도 상관이 없다.

천상궁전은 춥고 배고프지 않으며 근심 걱정이 없는 무릉도원의 세계이다.

자미국에서 조상님 천상입궁의식을 행할 때 천상궁전으로 올라가시기 전 모든 조상님들께서는 자손들에게 말한다.

"이제 꿈에 그리던 천상궁전에 올라가게 되었으니 너희들 몸으로 더 이상 찾아가지 않을 것이고, 나는 산소의 관 속에도 허공중천에도 있지 않을 것이다. 그러니 이제부터 산소에 찾아오지도 말고, 제사도 지내지 말고 산소는 모두 화장하라"고 하신다.

자신의 직계 조상님 모두를 천상궁전으로 입궁시켜 드린 자손들은 평소 지상궁전 자미국에 찾아와서 인사를 드리면 된다고 천상궁전으로 올라가시는 모든 조상님들께서 이구동성으로 말씀하신다.

명절 차례와 제사!

천상궁전에 오르지 못하고 허공중천에서 추위와 배고픔의 고통을 받는 망자들에게 필요한 의식이다.

자신의 모든 조상님들을 청배하여 조상님 천상입궁의식을 올려서 구원한 하늘의 백성들은 더 이상 과거의 풍습에 얽매여 차례와 제사를 지낼 필요가 없다.

수천 년 내려온 민족의 고유 풍습이라 하루아침에 바꾸기는 쉽지 않을 것이다. 마음의 짐이 된다면 지내고 싶은 사람은 예전처럼 지내도 상관은 없다.

하늘의 천상궁전에 계시던 우리 모두의 영혼을 보내주신 태상천존 자미천황님께서 불쌍한 영가들을 구원하시고자 친히 강림하셨다.

조상님들 모두가 원하는 세계는 자손의 몸이 아니었다. 허공중천의 춥고 배고픈 구천세계도 아니었다. 이들 모두는 무릉도원 천상궁전 자미천궁 세계로 입궁을 원했다.

평생 단 한 번의 조상님 천상입궁의식으로 직계 모든 조상님들께서 자손 몸과 허공중천을 떠나 천상궁전으로 올라가시게 된다.

천상세계 가려면 그냥 가는 것이 아니고 일정한 천상의 법도에 따라서 조상님 벼슬 및 일반 천상입궁의식을 행해 드리면 품계에 따라 천상궁전 자미천궁으로 올라가신다.

이제 기독교인들도 더 이상 태상천존 자미천황님, 하나님, 조상님께 죄짓지 말고 조상님부터 잘 받들어 모시자. 조상님이 편해야 후손들이 편함은 만고의 진리이다.

종교의 노예에서 어서 벗어나야 조상님들이 태상천존 자미천황님으로부터 구원받아 천상궁전 자미천궁으로 입궁되시는 영광을 누리신다.

귀신을 부르는 온갖 신물을 버려라

살아가는 동안 노력 없이 잘 사는 길은 없다. 하지만 노력을 해도 매사 일이 풀리지 않고 점점 더 어려워져만 가는 인생들은 도대체 이유가 무엇일까?

그 원인은 자신의 몸에 들어와 살고 있는 신과 귀신(조상님)들의 보이지 않는 기운이었고, 또한 우리 모두의 생로병사와 길흉화복을 주관하고 계시는 만생만물의 주재자이신 태상천존 자미천황님께서 존재하심을 몰라본 우리들의 죄였다.

불행 끝, 행복 시작의 인생을 원하는 자들은 모든 종교의 노예에서 과감히 벗어나야 한다. 평생을 다녀도 운명이 변하지 않는 종교에 미련을 버리고 종교의 울타리에서 과감히 벗어나야 한다.

책을 보고 방문했던 한 남자의 사례이다.

이 남자는 50 평생 동안 가지고 있던 불교 서적들과 목탁, 염주 등이 1톤 트럭 1대 분량이었다 한다.

이 남자는 저자와 친견한 후 집으로 돌아가 그동안 자신이 가지고 있던 종교 물품들을 모두 소각시켰다 한다. 예전 같으면 이 모든 것들을 소각시킴에 겁이 났을 텐데 자미국에 다녀간 뒤로는 어떠한 두려움도 없었다 한다.

한편으로는 부처님께 벌 받는 것은 아닌가 하고 걱정도 되기는 했지만 태상천존 자미천황님을 믿고 모두 소각하고 나니 오히려 마음이 홀가분해지고 가벼워졌다고 자랑했다.

종교 관련 물품들은 귀신들을 끌어들인다. 저자를 만나는 사람들은 그동안 자신들이 가지고 있던 신줏단지나 불교 서적, 염주, 목탁, 승복, 신복, 달마도, 부적, 무속용품, 성경, 도교 경전 등 종교와 관련된 모든 물품을 스스럼없이 모두 버린다.

그러고 나면 그동안의 모든 묵은 기운(귀신)이 사라져 기분 또한 상쾌해짐을 느낀다 한다. 그럼으로써 그때부터 태상천존 자미천황님 기운을 새롭게 받기 시작한다.

자미국에 하늘 백성으로 입문이 되고 나면 기존의 어떠한 종교에도 나가고 싶지 않다.

하늘의 천령정기 기운이 자신들의 몸으로 내려옴을 스스로 느끼기에 더 이상 어떠한 종교에도 관심이 없게 된다.

수천 년 동안 종교의 구심점 역할을 해왔던 기독교의 하나님과 불교에서 기다리던 미륵부처님께서도 태상천존 자미천황님의 부름을 받아 손에 손을 마주 잡고 자미국으로 함께 오시었다.

저자의 말을 못 믿겠으면 각자 스스로가 천령정기를 의식 때 느껴보면 그 진실 여부를 확인할 수 있다.

수많은 종교와 무속, 도인들이 이 땅에 있다 하지만 자미국에서 일어나는 이런 신비의 일들은 어떠한 종교에도 없었다. 지장보살님께서도 절에서 천도재 올릴 때 더 이상 '지장보살' 당신의 명호를 부르지 말라 하셨다.

지장보살님의 말씀 부분이다.

"일반인들은 태상천존 자미천황님의 명호를 함부로 부르지 마라. 일반인들이 함부로 편하게 부를 수 있는 명호가 아니니다. 우리들조차도 위대하신 존호를 함부로 부르지 못하는데, 일반인들이 어찌 함부로 부를 수 있다더냐?

또한 위대하신 태상천존 자미천황님 앞에서 더 이상 '지장보살' 나의 명호도 부르지 마라. 더 높은 하늘이 계시건만 위대한 하늘 앞에서 너희들이 나의 명호를 부르면 위대한 하늘 앞에 너무 부끄러워 내가 고개를 들 수 없으니, 나를 더 이상 태상천존 자미천황님 전에 부끄럽게 하지 마라" 하시는 강력한 말씀이 있으셨다.

지장보살님은 물론 천상의 모든 하나님(천주)들께서도 천황님 명호를 함부로 부를 수 없다고 전해 주시었다.

이렇게 지장보살님이나 도리천 하나님(기독교), 도솔천 미륵존불님, 석가모니 부처님, 극락도사 아미타불 부처님께서도 어려워하시며 지극지존으로 받들어 모시는 천지만생만물의 절대자이신 태상천존 자미천황님께서 이 땅에 2007년 5월 6일 공식 강림하시어 즉위식을 거행하시었다.

기독교의 하나님과 불교에서 기다리던 미륵부처님께서 강림하시어 모든 종교를 자미국으로 통합하신다고 하셨다.

진정한 하늘의 참 주인을 동방 땅에 우뚝 세우고자 하나님과 미륵님께서 합의하시었다.

태상천존 자미천황님을 진정으로 인정하고 받들면 꿈같은 지상낙원의 인생이 자신의 삶에 꽃을 피운다. 질병, 우환, 사업, 번민과 고뇌에서도 벗어나고, 약소국가의 비애를 씻고 초강대국으로 발돋움하여 신의 종주국으로 세계 속에 우뚝 서게 될 것이다.

천지나라 자미국은 지구촌 인류를 영도할 천인(天人) 탄생의 보고이고, 세계 모든 인류의 생자와 망자의 영원한 정신적 안식처로서 인류의 구심점이 될 것이다.

하늘의 백성! 자신과 가정을 편안하고 행복하게 만드는 지름길임과 동시에 가문을 구하는 일이다. 말로 형언할 수 없는 엄청난 천지조화가 많은 의식 중에 일어나고 있다.

힘과 지혜는 하늘에서 내려주시는 것이며 하늘 백성이 되어 하늘께서 내려주시는 지혜로 가정과 기업, 국가를 이끌어간다면 국민들이 고통에서 빨리 벗어날 수 있다. 단순한 조상님 구원의식이 아니고, 자신을 구하고 가문을 구하는 중차대한 일이다.

더 이상 아프게 살아야 할 하등의 이유가 없다. 조상님 천상입궁의식의 힘은 정말 위대하고 대단하다. 마음이 편해지고 가벼워지며 인간의 생각과 마음까지도 바꾸어준다. 몸에 머물러 있던 조상님들이 모두 천계로 승천하였다는 증표이다.

희망의 길이 여기 자미국에 있었다. 두려워하지 말고 부정하지 말고 있는 그대로를 믿고 따르면 된다.

기업과 국가의 흥망성쇠, 그리고 인간 개개인의 생사여탈권은 하늘에서 행사하고 계시니 각자 편안한 인생을 원하면 조상님들을 지극정성으로 구원하고, 하늘에 머리 숙여 빌면서 하늘이 내리신 명에 따라야 한다.

하늘의 백성, 천인이 되면 각자의 운과 기업의 사운, 나라의 국운도 새로운 상승국면으로 진입하게 된다. 지금의 어려운 경제난국을 가장 빨리 회복시켜 주실 분은 하늘뿐이시다.

개인이든 기업이든 행복을 원하면 태상천존 자미천황님의 백성과 천인으로 태어나야 하리라.

하늘의 천인과 백성이 되어야 보람과 즐거움이 가득한 신명 나는 아름다운 꿈의 세상이 현실로 이루어진다.

또한 죽어서도 태상천존 자미천황님의 영원한 천인과 백성으로 다시 태어나는 것이니 개인과 가문, 기업과 나라의 영광이다.

죽음 이후의 모습들

죽음 이후의 세상은 어떻게 펼쳐지는가?

산 사람 모두가 가장 궁금히 여기는 대목이다. 만인 앞에 평등한 죽음! 잘 사나 못 사나 한평생은 100년 미만이다. 빨리 죽어도 늦게 죽어도 그 차이는 100년이며 언제 얼마만큼의 풍요한 삶을 누리다가 죽을지 그것이 문제일 뿐이다.

엄마 뱃속에서 죽어도 하늘이 정한 명이고, 100살에 죽어도 정한 명이다. 비명횡사, 수명장수도 모두 하늘이 내리신 명이다.

인명(人命)은 재천(在天)이라 했다. 잘 살고 못 살고 인간 개개인 수명 모두를 하늘에서 관장하신다.

질병, 사고, 자연사, 자살 등으로 목숨을 다하는 순간 육신이 명을 다함으로써 영혼과 육신이 분리되기 시작한다. 숨이 멎는 순간 몸 안에 있던 영혼(정신)은 육신을 빠져나와 자신의 죽은 육신을 물끄러미 바라본다. 하염없이 자신의 모습을 바라보다가 자신이 죽었다는 것을 점차 깨닫기 시작한다.

많은 사람들이 향불을 피우고 절을 하며 애도를 표하는 모습을 보고는 당황한다.

정말 내가 죽은 것인가? 내가 왜 죽었지? 난 이렇게 멀쩡히 살아 있는데 왜 죽었다고 하지?

이렇게 좌절하고 있는 중에 자신의 육신이 땅에 묻히는 모습을 보거나 불 속에 들어가 타는 모습을 바라보며 죽음을 조금씩 인정하게 되고 육신의 몸을 잃었음을 알게 된다.

자신과 살아생전 인연 맺었던 가족들과 친척, 지인, 친구들의 모습을 바라보며 하염없이 눈물을 흘린다. 장례식이 끝나고 생전에 지은 선악의 과보에 따라 가야 할 길이 정해진다.

살아생전 하늘을 찾고 하늘의 말씀대로 행한 영가들은 천상궁전에서 신들이 내려와 천상으로 인도해 가고, 하늘의 뜻을 부정하고 역행하며 악행과 악업이 태산처럼 높은 영가들은 저승 명부전의 사자가 지옥으로 데려간다.

이도 저도 아닌 평범한 영가들은 갈 곳을 몰라 구천세계 허공중천을 떠돌다가 그의 자손들 몸으로 들어간다.

종교를 열심히 믿으며 생전에 불우이웃을 돕고 선행공덕을 많이 쌓으며 착하게 살았으니 죽으면 천상궁전으로 올라갈 것이라고 믿고 있는 사람들이 거의 전부이다.

하지만 세상 사람들이 지금까지 알고 있는 이론과 일반적인 상식이 모두 잘못되었다.

태상천존 자미천황님께서 내리신 말씀대로 살아가는 자가 선이고, 말씀을 무시하고 부정하는 자가 악인데, 하늘을 무시해서 명을 받지 못한 자들은 살아서 선행공덕을 태산처럼 높이 쌓았다고 하여도 천상궁전에는 절대로 오를 수 없다고 하시었다.

하늘께서 착하게 산다는 것의 기준은 인간들 눈높이 수준의 불우이웃돕기, 헌금, 시주, 성금, 불사를 잘하고 돈을 많이 내는 것이 선행공덕이 아니다.

자신들을 낳아주고 길러주신 살아 있는 부모님을 공경하고 잘 받들며 이미 가신 조상님들을 구원해 드리는 일이라 하시었다.

세상에 인간으로 태어나서 가장 착하고 잘한 일은 이미 돌아가신 조상님들을 종교세계, 지옥세계, 구천세계에서 벗어나게 천상입궁의식으로 구원. 그래서 조상님들을 꽃피고 새 우는 천상궁전 자미천궁으로 보내드려서 근심 걱정 없이 편안하게 사후세계를 살아가게 해드리는 것이라 하신다.

자신들의 조상님들이 사후세계에서 편해야 자신과 가정이 편하다. 현재의 자신들 삶과 인생의 모습은 돌아가신 조상님들의 사후세계 삶을 현실로 후손들에게 보여주시는 것이었다.

자신의 돌아가신 부모 조상님을 구원하지 않고 커다란 재물과 높은 권력을 갖고 부귀영화 누리며 잘살고 있을지라도 이들은 선이 아닌 악이다.

그래 결국 하늘의 심판대에 올라서 가혹한 형벌을 받게 된다.

하늘의 심판이란 어느 날 갑자기 장애인이 되거나 기업이 도산하여 재산을 탕진하고 감옥에 들어가 영어의 몸이 되며 뇌졸중, 심장마비, 자살, 사건사고로 비명횡사 당하는 일이다.

허공중천은 사람들이 살고 있는 인간세계를 말하고, 이 떠도는 영가들은 가야 할 곳을 몰라 방황을 하게 된다.

육신이 묻힌 산소에 머무는 영가, 산이나 강에 가서 천지 이치를 공부하는 영가, 자손들의 몸에 따라 들어가 자손과 함께 동고동락하는 조상님 영가로 나누어진다.

천상궁전에 오르지 못하고, 지옥세계 명부전에 끌려간 영가들과 자손의 몸에 들어와 살고 있는 조상님들은 생활에 막대한 영향을 미치고 있다.

이 중에서도 정상적 죽음이 아닌 비명횡사 당해 억울하게 죽은 영가들이 산 사람들에게 가장 많은 고난을 주고 있다.

질병으로 죽은 사람이 가족들 몸으로 들어오면 망자가 앓았던 질병을 산 사람도 똑같이 앓다가 죽는다. 비명횡사 역시 그가 자살로 죽었든, 사고로 죽었든 몸에 영가들이 들어옴과 동시에 그가 죽었던 것처럼 똑같이 목숨을 잃게 된다.

죽은 영가들은 가족들 몸에 들어와 자신의 고통을 호소하지만 산 자손들은 그 뜻을 헤아릴 길이 없다.

생자와 망자 간에는 언어소통이 안 되기 때문이다.

영가들이 산 사람들의 몸으로 들어오면 우리 인간은 여러 가지의 풍화환란을 겪게 된다.

갑자기 사업이 막히게 되고, 금전 문이 막히며, 알 수 없는 질병과 부부간의 싸움이 잦고, 신경질과 짜증이 잘 나며 술을 많이 마시게 되고, 정신병과 우울증, 불면증 등등 조상님들을 구원하지 않으면 풍화환란이 인간의 상상을 초월하여 계속 일어난다.

원한 귀신이 되는 죽음이란!

자연의 이치에 따라 때가 되면 누구나 죽음을 맞이한다. 그러나 죽음도 그 종류가 여러 가지이다.

천수를 다 누리고 자연사를 한 일반적인 죽음, 각자의 의지와 상관없는 낙태유산으로 인한 죽음, 청춘의 나이에 사고, 질병, 살해, 자살, 천재지변으로 인한 죽음.

정상적으로 죽지 못하고 원과 한이 쌓여 억울하게 죽은 혼백은 저승에 들어가지 못하고 허공중천을 떠돌거나 그 가족들 몸에 들어가 온갖 조화를 부리며 살아간다.

우리 생활에 가장 큰 영향을 끼치는 혼령은 비정상적으로 죽은 혼령들이다. 이들은 원한 귀신이 되거나 악령으로 둔갑하여 수천 년 동안 인간세상에 영향을 미친다.

원과 한이 많은 조상님들은 천상입궁의식을 통하여 천상궁전으로 모내드리면 더 이상 문제 되지 않는다.

하지만 우리 인간의 눈에는 신과 조상님들의 모습이 보이지 않기에 무심코 지나칠 수밖에 없다.

원과 한이 쌓인 채 죽은 혼령들은 인간세계의 미련을 쉽게 버리질 못하고 자신들의 가족, 친지, 타인의 육신 몸을 빌려 그들과 함께 살아가고자 한다.

이런 조상님이 산 자손의 몸에 들어오게 되면, 그 집안에는 뜻하지 않은 우환이 계속 생기게 되고 만사가 막히게 된다. 이런 풍파를 주는 것은 자손들이 미워서 그러는 것이 아니라 자신들이 찾아왔음을 자손들에게 알리는 조상님들의 메시지이다.

한 집안에 어떤 질병과 우환이 계속 반복되는 것도 가족의 유전이 아니라 이 또한 조상님들이 찾아왔음을 알리는 신호이다.

정신병원에 들어간 사람들 대부분은 악령에 빙의된 사람들이 많다. 이런 경우는 일반 조상님과 다른 신에 가까운 악령의 존재들이 많아 치유 자체가 매우 까다롭다.

이들 중에는 사람들의 과거를 훤히 보는 영적 능력을 보유하고 있는 신과 조상님도 있다. 이런 악령들의 현상은 우리나라에 국한된 이야기만은 아니다.

미국을 비롯한 전 세계에도 똑같이 일어나고 있는 현상들이다. 천주교 로마 바티칸 교황청에서도 매년 수천 명의 사람들을 악령으로부터 퇴치시켜 주고 있다고 방송한 바 있다.

미국에서도 일반 가정집에 귀신들이 살고 있어 초현대식 녹음장비로 귀신의 목소리를 녹음하고 귀신의 형상 사진까지 찍어 그 정체를 밝히고 있다.

케이블방송에서 엑소시스트, 미스터리 헌터, 심령솔루션을 방영하고 있고, 미국의 Discovery 채널에서 〈유령 사냥과 심령의 목격자〉란 프로를 방영하고 있다. 전 세계에서 유령으로 일어나는 모든 현상들을 모아서 방영하고 있다.

유령들의 세계에 대해 좀 더 가깝게 우리 사람들이 접근하여 그들의 존재를 확실히 밝혀야 그들로부터 자유로워질 수 있을 것이다.

미국인들도 유령의 존재를 인정하지 않았었지만 자신들 스스로가 직접 유령으로 인한 고통을 뼈저리게 체험하고 나서는 그 존재들을 인정하고 받아들이고 있다.

한국인들이나 미국인들이나 영혼의 세계에 대해서 믿지 못하기는 마찬가지였다. 최첨단을 살아가는 시대에 무슨 귀신 타령이냐고 말이다.

그런 사고방식을 지니고 있었던 미국에서도 귀신들로부터 큰 피해를 입은 후 정신적 충격을 받았다.

우리 인간의 얄팍한 지식과 이론으로 귀신들의 존재를 무시한다고 그들이 이 땅에서 사라질 수 있다면 그 얼마나 좋으랴?

신과 조상님들은 우리 인간들이 그들의 존재를 무시하면 무시할수록 그들은 더욱더 강해져 결국은 인간들 스스로 굴복하게 만든다.

건강, 금전, 행복 이 모든 것을 다 잃고 굴복할 것이냐?

건강, 금전, 행복 이 모든 것을 지닌 채로 굴복하여 행복의 삶을 영원히 보존할 것이냐? 그것이 문제일 뿐이다.

세계 최초로 행해지는 벼슬입궁의식

하늘의 명을 받아 중견 사업가의 직계 조상님 천상벼슬입궁의식이 시작되었다.

의식 순서에 따라 조상님 청배의식이 시작되었다.

조상님께서는 태상천존 자미천황님의 윤허를 받아 여자 천인의 몸으로 들어오시어 그동안 힘들었던 허공중천 사후세계의 고통을 한동안 하소연하시었다.

"이제야 살았구나" 하면서 안도의 한숨을 쉬었다.

태산보다 높은 원과 한을 풀게 되어 정말 고맙다고 자손의 손을 부여잡은 채 눈물을 흘리시며 그동안의 고통을 말씀하시면서 대성통곡하고 있었다.

"그동안 자손이 없는 돈에 우리들을 위하여 천도재와 굿을 여러 번 해주었는데, 지극한 정성에도 불구하고 천상세계에 올라가지 못하고 오늘 이렇게 또 찾아오게 되어 미안하다" 하셨다.

조상님께서는 천상입궁의식에 기쁘면서도 한편으론 자손에게 미안한 표정이었다.

그러면서 하시는 말씀이 "오늘에서야 수백 년 동안 가슴속에 맺혔던 응어리들이 모두 풀어져 후련하다"고 하셨다.

조상님들이 자손과 눈물 어린 상봉을 통하여 가슴에 맺힌 원과 한을 모두 풀고 나니 자손도 조상님도 마음이 한없이 편해졌다고 했다.

다음 순서로 천상입궁 호명의식으로 이어졌다.

천황님의 황명을 받고 천상에서 금빛 찬란한 천룡이 청의선관과 홍의 선관을 태우고 금일 천상입궁되시는 조상님들을 천상궁전으로 인도하기 위하여 자미국으로 하강하고 있었다.

이제 조상님들께서는 각자 위패의 이름이 호명되면 순서대로 천룡에 오르시라 하고 위패에 쓰인 각 조상님들을 호명하였다.

오늘 올라가는 자손의 직계 조상님과 배우자 직계 조상님, 그리고 양쪽 외가 조상님들도 어서 오르시라고 하였다.

천상입궁 법문을 외우자 천룡은 순식간에 영가들을 태우고 쏜살같이 허공을 가르며 올라가더니 법문이 끝나감과 동시에 천상궁전 자미천궁의 넓은 잔디 광장에 사뿐히 내려앉고 있었다.

"자, 이제 모든 조상님들이 천상입궁되어 자미천궁에 당도하였습니다." 청의선관과 홍의선관이 나와 수많은 조상님들을 인도해 주시고 있었다.

그런데 천상입궁된 조상님들은 얼굴색이 모두 밝고 편안해 보였고, 할아버지 할머니 모두 청춘남녀의 모습으로 젊어졌다.

천상궁전에 올라간 조상님들은 인간세상에서 구경도 못해 본 비단옷으로 모두 갈아 입혀져 있었다. 태상천존 자미천황님께서 조상님들께 벼슬을 하사하여 주시었다.

할아버지께는 재상(총리)이란 벼슬을 하사하시었고, 할머니께는 재상부인으로, 아버지에게는 백만 대군을 거느리는 도독(정2품, 장관급)이란 벼슬과 어머니께는 도독 부인으로 높은 벼슬을 하늘께서 하사하여 주시었다.

천상궁전 올라가신 부모 조상님들께서 벼슬의 신분에 걸맞은 금빛찬란한 관복을 입고 있는 모습이 보였다.

감격한 조상님들이 너무 좋아서 어쩔 줄 몰라 기쁨의 눈물을 흘리신다. 앞에 펼쳐진 금빛 찬란한 궁궐과 마중 나온 신선선녀들의 모습은 너무 아름다워 황홀하기까지 하였다.

이제부터 새로운 천상궁전 자미천궁의 생활이 시작되고 있었다. 천상궁전에 오르면 일정 기간 천상세계 적응과정에 들어간다.

살아생전의 모든 원과 한이 풀어지고, 자의든 타의든 인간세상에서 살아생전 지은 모든 죄업을 위대하시고 대단하신 태상천존 자미천황님으로부터 사면령이 내려져 죄가 모두 소멸된다.

살아생전의 모든 잘못을 하늘로부터 용서받는 것이다. 인간인 이상 죄짓지 않고 살 수는 없다.

또한 천상세계에는 영가들도 신분과 계급이 서열대로 존재하여 하늘로부터 벼슬을 하사받아 천상입궁되면 많은 시종과 시녀를 거느리게 된다.

하지만 벼슬입궁을 못 하면 살아생전 왕, 대통령, 재벌의 신분이라 하더라도 조상님들은 싫든 좋든 높은 벼슬을 받아 올라온 다른 조상님들의 손발이 되어 시중을 드는 신분이 된다.

벼슬입궁 하지 못한 조상님들과 자신의 직급보다 낮은 조상님들로부터 하례를 받는 것이 일상적 관례이다.

천상궁전은 인간세계보다 서열이 세분화되어 있고 상하 신분이 엄격한 계급사회이다.

음양이 뒤바뀌는 현상이 벌어진다. 생전에 높은 벼슬을 하다가 사망한 경우 하늘세계, 신명세계에 대한 믿음이 없어서 자손들이 조상님 벼슬입궁의식을 행해 주지 않으면 자손들 몸에 들어가거나 허공중천 세계를 한도 끝도 없이 떠돌게 된다.

육신이 죽으면 그만이지 무슨 얼어 죽을 사후세상은 뭐고 벼슬이 어디 있어? 이런 생각을 갖고 살다가 막상 죽어 사후세계로 들어가면 처절하게 후회한다.

그래서 조상님도 자손 잘 만나야 하고 자손이 이 뜻을 깨닫지 못하면 조상님들은 영원히 구원받을 수 없게 된다.

깨달은 사람과 깨달은 조상님들에 한해서만 행할 수 있는 조상님 천상벼슬입궁의식, 천상일반입궁의식을 통하여 천상궁전에 일반백성의 신분으로 올라가게 되면 스스로 공부하여 벼슬을 받으려면 억만 년의 세월이 걸린다.

하단천손(하단세계), 중단천손(중단세계), 상단천손(상단세계), 특단천손(특단세계)으로 분류된다.

조상님 천상입궁의식을 행할 때 특단, 상단, 중단, 하단 등 4단계로 구분하여 천상의식을 진행하고 있으며 특단세계는 천상벼슬입궁의식이라 하늘의 벼슬을 하사받을 수 있다.

하늘께서 죄를 심판하시고 입궁을 윤허하셔야 천상궁전으로 오를 수 있고, 하늘의 백성인 천손으로써 권한과 지위를 부여 받게 된다.

이승을 떠나 저승으로 들어가는 영혼들

천지의 만생만물 모두는 죽음을 맞이하게 된다. 태어남도 세상을 떠남도 모든 것은 우주 운행의 천지 이치일 뿐이다. 인간의 탄생과 죽음, 각자만의 기쁨과 슬픔 등 많은 사연들이 있다.

생명의 탄생은 기쁨을 의미하고, 죽음은 슬픔과 괴로움을 의미한다. 모두가 두려워하는 죽음의 세계를 많은 사람들이 무지함 속에 죽음을 맞이하고 있고 대책도 없이 죽음을 맞이하고 있다.

무지함과 대책도 없이 머나먼 죽음의 길을 떠나가고 있다. 무지함 속에 떠난 죽음의 길. 이승에서의 삶보다 더 괴롭고 힘든 길이라면 각자는 어떻게 하겠는가?

힘들고 괴롭다고 죽음의 길에서 다시 돌아올 수도 없다. 살아생전 삶의 고통은 피하는 방법이 여러 가지가 있다 하지만, 죽음의 길에서 힘들고 아플 때 각자는 어떤 방법으로 두렵고 무서운 고통의 길에서 벗어날지 생각해 보았는가?

인간의 삶은 짧다. 이 짧은 생을 살면서 우리는 인생의 행복을 위해 많은 노력과 많은 대책들을 세우며 인생을 살아가고 있다.

그러나 장구한 죽음의 세계에 대해서는 대책을 세우는 사람들이 하나도 없다.

인간세계 호화주택은 잘도 마련하면서 사후세계 주택들은 마련할 생각조차 하지 않고 살아가고 있으니 이들이 바로 사후세계에 대해 한 치 앞도 모르는 바보천치들 아니던가? 몰라도 어쩌면 이렇게 모르는지 한심하기 짝이 없을 정도이다.

사후세계 준비한다는 것이 재벌들은 신후지지(身後地支), 즉 자신이 죽어서 묻힐 명당자리 찾아서 호화 산소 마련하는 것이 전부이고 일반인들은 공원묘지, 국립묘지에 안장되기를 바라며 이마저도 형편이 안 되면 화장하는 것이다.

사후세계의 법도가 어떠한지 알지 못하는 무지한 인간들이 살아서의 재물과 권력, 명예가 전부인 양 생각하고 살아가는데 사후세계는 현실로 존재하고 하늘도 살아서 현실로 존재하신다.

인간의 눈에 보이지 않고 들리지 않으면 모두를 부정하는 인간들은 죽어서 통곡하며 자신의 잘못된 생각을 뒤늦게 후회하며 잘못을 빌지만 이미 때는 늦은 것이다.

장구한 죽음의 세계가 아니라 영원한 죽음의 세계. 피할 수 없는 죽음의 길. 우리 인간들 모두의 진정한 삶은 현세의 짧은 생이 아닌 다음 생의 장구한 죽음의 길이다.

현세의 짧은 생에서 부귀영화 누리며 성공한 이가 인생의 승리자가 아니라 장구한 다음 사후세계에서의 승리자가 진정한 승리자라는 진실을 알아야 한다.

100년 미만의 짧은 성공과 출세에 만족할 것인가, 아니면 죽음 이후까지 영원한 성공과 출세를 하는 하늘의 길을 선택할 것인가?

이승에서의 삶이 전부라면 보이지 않고 들리지 않는 하늘의 뜻, 신의 뜻, 조상님들의 뜻을 전하고자 이렇게 애쓰지는 않을 것이다. 이렇게 애쓴다고 세상 사람 누가 알아주랴?

또한 전하고 있는 이 내용들을 누가 진심으로 믿어주랴? 믿고 따르는 자도 있을 것이고, 부정하는 사람도 있을 것이다.

인간적인 삶만 추구했었다면 내 인생의 행복과 내 가정의 편안함만 추구하며 이기적인 삶을 살았을 것이다.

하지만 남들과 다른 계시가 어려서부터 있었다. 보이지 않는 하늘세계, 신의 세계, 조상님세계, 죽음의 세계에 대하여 내 스스로가 궁금히 여긴 것도 아닌데 쉼 없이 어느 누군가가 그 세계의 진실에 대하여 가르쳐주었다.

인간세계와는 담을 쌓게 만들었고, 내 개인의 삶과 개인의 욕망을 위해 살지 못하게끔 누군가가 한없이 나를 이끌었다.

그러던 어느 날부터 남을 위해 희생하는 삶을 살기로 결정을 내렸다. 고아원으로 들어가 아이들을 위해 희생할까? 양로원으로 들어가 외롭게 와 있는 노인들을 위해서 내 삶을 희생할까?

수도자가 될까? 도인이 될까? 절에 들어갈까? 수많은 고민 속에 갈등과 번민하였고, 내 마음이 내 마음대로 움직여지지 아니함에 내 자신을 질책도 해보았다.

그러던 어느 날, 하늘의 뜻을 받게 되었다.

하늘의 말씀은 존귀하고 장엄하나 알아듣는 이 없도다. 인간과 말하는 방법이 달라 어느 누구도 하늘, 신, 조상님들의 애절한 마음과 답답한 마음을 알아주는 이 없다 하시면서 그들의 손과 발이 되고 그들의 입이 되어 달라고 하시었다.

하늘, 신, 조상님들의 뜻을 이루어주고, 그분들의 소원을 이루어주고자 저자는 그분들의 뜻대로 인간사의 모든 삶을 포기하고 신의 길로 들어왔다.

물론 하늘, 신, 조상님들이 내 육신의 몸을 간절히 원한다고 하였지만, 그분들의 입과 손과 발이 되어줌도 내 마음이고, 안 되어줌도 내 마음이다.

두 번 다시 돌아올 수 없는 현세의 한 번뿐인 인생이 소중하지 않은 사람 어디 있으랴? 나 역시 한 번뿐인 내 현세의 삶, 나에게도 더없이 소중하고 귀중하다.

나도 인간사 잘살며 재미있게 살고 싶었다. 하지만 하늘, 신, 조상님들께서 내 육신의 몸이 필요하다 하시니 그분들께 내 육신의 몸을 '드림'이 당연 이치 아니랴?

저자 역시 현세의 삶이 전부라면 이렇게 하늘, 신, 조상님들의 뜻을 펼치느라 애쓰지는 않을 것이다. 이렇게 애쓰는 내 마음을 세상 사람 어느 누가 알아주랴?

내 진심의 마음을 인간사의 사람들은 절대로 알 수 없을 것이다. 하지만 하늘, 신, 조상님들은 내 진심의 마음을 알고 있다.

저자가 현세의 삶에서 나를 하늘, 신, 조상님께 아낌없이 헌신함이 나에게는 보이지 않고 들리지 않는 죽음의 길, 사후세계의 길을 미리 준비하고 있는 것인지도 모른다.

현세의 삶에서는 남들처럼 평범한 인간의 삶을 못 살아 내 영혼은 슬플지도 모르지만 나는 짧은 인간의 삶을 계획하는 것이 아니라 장구한 사후세계의 삶을 현세의 삶을 통하여 미리 준비하고 계획하고 있는 것인지도 모른다.

맞다. 장구한 죽음의 길. 아무런 대책도 없이, 아무런 준비도 없이 하루하루 무의미하게 살다 이대로 갈 수는 없다. 죽음 이후의 세계, 사후세계는 분명히 존재하고 있다. 이 책을 통해서도 사후세계의 진실 여부를 못 믿겠다면 안 믿어도 된다.

만인 앞에 평등한 죽음의 길. 세상 어느 누구도 피할 수 없다. 살아생전 사후세계를 부정한 이들이 정작 죽어 사후세계에 갔을 때도 부정할 것인지 그것이 의문이다.

후회는 아무리 빨리 해도 늦다 했다.

죽음의 세계에서 통곡을 하며 자손들을 부르지만 자손들 역시 본인들이 살아생전에 죽음 이후의 세계를 부정하고 하늘, 신, 조상님의 세계를 부정하였듯이 본인들의 자손들 역시 본인들과 똑같이 죽음 이후의 세계와 하늘, 신, 조상님의 세계를 부정하기에 절대로 하늘로부터 구원받을 수 없다.

또한 살아생전 본인들 스스로가 하늘, 신, 조상님 모두를 부정하였기에 자신이 사후세계에서 고통을 호소하여도 자신의 고통에 하늘, 신, 조상님 모두도 자신의 고통과 슬픔을 외면하기에 영원히 구원받을 수 없게 된다.

짧은 인생의 삶을 위하여 전력 질주를 할 것인가? 아니면 장구한 죽음 이후의 세계를 태상천존 자미천황님을 통하여 미리미리 준비할 것이냐?

그것은 각자의 자유이고 각자의 마음이다. 믿는 자 따르면 되고, 못 믿는 자 부정하면 된다.

각자 삶의 주인공은 본인들 각자이니 불행도 행복도 각자의 몫이다. 누가 뭐래도 저자는 사후세계의 진실을 많이 알기에 살아서도 죽어서도 하늘, 신, 조상님들의 뜻에 순응하며 살 것이다.

처음에는 하늘, 신, 조상님께 나를 희생하는 것 같지만 나중에 시간이 지나보면 그분들께 희생함으로써 내가 얻게 되는 행복과 화목은 인간의 상상을 초월한다.

저자는 앞으로의 인간사에 남은 나의 삶을 하늘, 신, 조상님께 드리고자 최선을 다할 것이고, 죽어서도 그분들의 사랑을 받고자 최선을 다할 것이다.

독자 여러분도 저자처럼 현명한 삶을 살았으면 좋겠다. 현세에서 현명한 이는 죽어서도 현명할 수 있다.

현세에서 죽음 이후의 길을 완벽하게 준비한 이들은 죽어서도 고통과 아픔의 길이 아닌 올바른 길로 갈 수 있다.

현세에서 진실의 뜻에 순응한 이들은 죽어서도 진실의 뜻에 순응할 수 있다.

현세에서 하늘, 신, 조상님의 존재를 믿고 따르면 그분들의 도움으로 인간사의 삶이 행복해지고 죽어서도 하늘, 신, 조상님들의 도움으로 행복의 길로 갈 수 있다.

하늘, 신, 조상님의 존재는 우리 산 사람의 마음과 같은 존재이다. 우리 산 사람 누구에게나 있는 마음은 분명히 존재는 하고 있으나 이 '마음'이라고 하는 부분은 인간의 눈에 보이지도 않고 인간의 귀에 들리지도 않는 존재이다.

하지만 안 보이고 안 들린다 하여 인간의 '마음'이 죽은 것은 아니다. 분명히 존재하고는 있으나 안 보이고 안 들릴 뿐이다. 하늘, 신, 조상님의 존재가 이와 같다. 분명히 존재는 하고 있으나 우리 인간의 눈에는 안 보이고 인간의 귀에는 안 들릴 뿐이다.

귀신과 조상님 영혼이라는 말은 같은 말 같지만 이들은 확실히 구분된다. 다시 말하자면 죽은 영혼이 인간세상에 출현하는 경우를 통상 귀신이라 하고, 본인들 직계가족의 망자들은 귀신이라 하지 않고 조상님이라 한다.

자신의 조상님들이 사후세계에서 편히 계신지? 불편하신지는 자신의 삶과 자신의 가정을 살펴보면 된다.

현재 본인들의 모습은 사후세계에 계시는 본인 조상님들의 모습이다. 조상님들이 사후세계에서 고생하고 있으면 그 자손들 역시 인간사의 삶이 고통스럽다.

각자의 조상님들은 각자 인생의 자화상이다.

각자 스스로는 각자의 조상님들을 구원할 수 없다. 또한 영가들 스스로도 천상궁전에 오를 수 없다. 자미국을 통하여 상담을 받은 후 천상세계의 주인이신 태상천존 자미천황님을 통하여 각자의 조상님들을 구원해 드려야 한다.

태상천존 자미천황님은 천지조화를 자유자재로 부리시는 분이시다.

01. 바람을 멈추거나 불게 하신다.
02. 눈과 비를 자유자재로 내리시고 멈추게 하신다.
03. 태풍의 진로를 마음대로 변경하신다.
04. 뇌성벽력을 모두 주관하신다.
05. 산 자의 생령을 자유자재로 부르신다.
06. 1만 년 전에 돌아가신 환인천제님의 혼령도 불러주신다.
07. 천상신명들을 하강시켜 천인합체를 시켜주신다.
08. 천상입궁의식으로 조상님들을 신선으로 재탄생시켜 주신다.
09. 천인들의 생령을 천상궁전 자미천궁으로 인도해 주신다.
10. 지옥세계에서 들어간 조상님들까지 구원해 주신다.
11. 신들과 자유자재로 통신을 시켜주신다.
12. 새의 영혼과도 대화를 나눌 수 있게 해주신다.
13. 시험을 잘 보게 하여 1등을 시켜주신다.
14. 모든 질병을 소멸시켜 주시어 건강을 주신다.
15. 이혼한 사람을 다시 결합시켜 주신다.
16. 사업이 잘되게 도와주신다.
17. 여러 사고로부터 보호해 주신다.
18. 인간, 영혼, 신들을 구원해 주신다.
19. 재앙으로부터 구해 주신다.
20. 모든 근심 걱정과 우환을 소멸시켜 주신다.
21. 인간사에서 느끼지 못한 쾌락과 즐거움을 주신다.
22. 자미국을 세우게 해주신다.
23. 우담바라를 피게 하시었다.
24. 저자의 몸에서 빛을 발산하게 하신다.
25. 저자를 태상천존 자미천황님의 화신인 인황으로 관명을 내려주셨다.

영혼의 안식처 천상궁전 가려면

▌삶 이후 시작되는 사후세계

누구나 두렵고 무서운 미지의 사후세계에서는 살아생전의 재물, 권력, 명예가 모두 부질없고 오직 천상법도만 존재한다. 살아생전 모든 것을 소유하였다 할지라도 사후세계로 돌아가게 되면 또 다른 영생(靈生=영혼으로써의 삶)과 만나게 된다.

하늘이 내리신 사명을 완수하지 않고서는 사후에 편안한 자리를 보장받을 수 없다. 과연 하늘은 자신에게 무슨 사명을 부여하셔서 이 땅으로 보내셨는지 그 사명을 알아야 한다.

정녕 나는 누구인가에 대한 신을 찾아 천인합체의식을 행함으로써 인간으로 온 사명을 완수하게 되는 것이다. 인생은 짧지만 사후세계는 장구하다.

인생은 찰나일 뿐이고 죽음 이후의 사후세상은 영원하다. 현생만 준비하지 말고 죽음 이후의 사후세상 준비를 철저히 해야 한다. 하늘이 존재하심을 진정 믿는 사람들은 주저하지 말고, 자신에게 내려진 명이 무엇인지부터 찾아내야 한다.

현생에서 내생에 이르기까지의 세월은 사람에 따라 천차만별이지만 수십억만 년이라는 세월에 해당한다.

그 영겁의 사후세계를 허공중천이나 고통스런 지옥에서 몸부림칠 것인가? 아니면 행복과 즐거움으로 가득한 천상궁전으로 갈 것인가.

▌사후세계에 대한 불안과 공포에서 벗어나는 길

어차피 인간의 삶이 유한할진대 어떻게 하면 죽어서 좋은 곳으로 인도될 것인가? 인간이 탄생 이후 가장 현실에 직면해 있는 중요한 문제이다.

지금까지는 예수님이나 부처님만 믿으면 천국이나 극락은 따 놓은 당상인 줄 알았으나 그 천상궁전의 열쇠를 가지신 분은 다름 아닌 태상천존 자미천황님이시었다.

이제부터는 세상의 종교를 떨쳐버리고 하늘을 존경하면서 하늘이 내리신 명을 받들어야 한다.

태상천존 자미천황님께서 명하시었다.

"나의 화신으로 인황을 인간세상에 내려보냈도다.

인황의 육신은 이제부터 나의 신궁(집)이니라. 나의 형체를 너희들 스스로는 볼 수 없으니 하늘인 나를 만나고 싶거든 인황을 통하여 나를 만나면 되리라.

나의 화신이며 분신인 인황을 통하여 그대들의 소원을 들을 것이니라. 허허공공한 하늘에 빌지 말고, 나의 화신이자 분신인 인황을 통하여 그대들의 소원을 말하여라.

하늘인 나를 진심으로 믿는 자만 하늘인 나를 부르도록 하여라. 또한 그대들의 소원을 말함에 있어 그대들의 사명(조상님 구원)을 다한 다음에 그대들의 소원을 말하도록 하여라.

너희 인간세계가 분명히 존재하고 있듯이 천상의 신명세계도 실제로 존재하고 있으니 천상세계의 존재 여부를 가지고 너희 인간들이 더 이상 갑론을박하지 말도록 하여라.

너희 인간들이 천상세계의 존재 여부를 가지고 논해도 너희들 스스로는 억만 년의 세월이 흘러가도 정답을 찾을 수 없으니 더 이상 천상세계의 존재 여부를 놓고 논하지 말고, 진심으로 믿는 사명자들만 자미국의 뜻에 동참하면 될 것이니라.

나의 육신이 너희 인간들의 육신과 다르다 보니, 너희들 스스로 나의 육신을 볼 수 없기에 내 친히 나의 화신이자 분신으로 인황을 이 땅으로 내려보냈으니 인황을 통하여 나를 알현하면 될 것이니라" 하시는 말씀을 내려주셨다.

하늘의 백성과 천인이 되는 길은 자미국을 통하면 가능하다. 살아생전 하늘의 천인과 백성이 되면 죽어서도 하늘의 천인과 백성이 된다. 이곳은 태초 이래 세계 최초로 처음 세워지는 하늘의 천상국가로서 천상세계 신명정부이다.

천상세계 주인이시자 하늘이신 태상천존 자미천황님의 존재에 대하여 책을 읽고도 믿지 못하거나 인정하지 않는 사람들은 부정하며 살아가면 된다.

살아서 인정 못 한다면 죽은 후에 고통의 세월을 살면 된다.

자신의 조상님과 신들을 사랑하는 마음이 남다른 자손들이 모여 조상님을 구원하고 신을 구원함으로써 천상국가를 지상에 세우는 곳이 자미국이다.

하늘의 백성이 되고 천인의 반열에 올라 태상천존 자미천황님으로부터 천상세계 신명정부의 각료로 임명장을 받은 사람들은 사후세계에서도 높은 반열에 오르게 된다.

천상궁전에 오르려면 하늘의 윤허가 반드시 내려져야 한다. 자신들의 사후세계를 자미국을 통하여 살아생전 미리미리 준비하면서 대비해야 한다.

현실에서 인간의 상상을 초월하여 일어난 불가사의한 불행한 일들 모두는 우연을 가장한 천상신명들의 천지조화이다.

복 받을 사람은 하늘의 뜻에 순종할 것이고, 벌 받을 사람들은 무시하고 부정하리라.

누구든지 인간의 명이 다하면 인간세상을 떠나 어둠이 짙게 깔린 저승길로 다시 돌아가야 한다. 비록 살아생전 높은 관직에 있었고, 이 나라의 모든 재물을 갖고 있었던 재벌이라 할지라도 죽음 앞에서는 그 어느 누구도 자유로울 수가 없다.

사후세상을 어찌 대비할 것인가? 믿을 수도 안 믿을 수도 없는 죽음 이후의 세상! 어떤 이들은 모든 것이 죽으면 끝이라고 부정하며 살아가고 어떤 이는 사후세계를 인정한다.

인정은 하였지만 어떻게 해야 사후세계를 준비하는 것인지 몰라 많은 갈등의 시간 속에 어쩔 수 없이 죽음에 대한 두려움과 공포를 해소해 보고자 종교에 의지하며 살아간다.

그래도 어쩌랴! 인간의 삶이 다하는 그 순간까지 하늘의 숨은 진실은 인간의 눈에 보이지 않기에 죽음의 순간까지도 진실을 알지 못한 채 이 세상을 떠나가고 있는 사람들이 대부분이니 실로 안타까울 따름이다.

죽음 이후

사후세계의 진실을 알고 하늘의 진실, 조상님의 진실을 모두 알게 되어 다시 한 번 더 인간의 삶으로 돌아올 수만 있다면 하늘, 신, 조상님세계를 부정하지 아니하고 참으로 잘하련만 하고 후회를 해보지만 하늘께서는 두 번의 기회를 주지 않으시니 사후세계로 돌아간 조상님들은 통곡의 눈물을 흘리고 있다.

죽어서 뒤늦게 하늘의 진실을 알게 된 조상님들은 발을 동동 구르며 목 놓아 울지만 하늘의 문, 천상궁전의 문은 그들을 향하여 굳게 닫히고, 지옥세계의 문은 그들을 향하여 활짝 열리니 모든 조상님들은 선택의 기회도 없이 지옥세계로 떨어진다.

이것이 사후세계의 진실이건만 독자들의 눈에 안 보이기는 매 마찬가지이니 이를 믿을 수도 없고, 안 믿을 수도 없고 이 또한 독자들에게는 또 하나의 고민일 것이다.

저자의 말이 진실인지 거짓인지 가장 확실하게 입증하는 방법은 각자 스스로가 죽어서 사후세계에 가보면 저절로 알게 될 것이지만 이미 때는 늦은 것이다.

모두가 가야 갈 사후세계, 좀 더 편히 가는 방법은 정녕 무엇일까?

하늘의 말씀을 통하여 그 진실의 열쇠를 찾았다. 진실의 열쇠를 아낌없이 내려주신 태상천존 자미천황님 전에 감사드리며 하늘의 고귀하신 말씀을 전하는 바이다.

"너희들이 궁금히 여기는 천당과 지옥세계는 분명히 존재하고 있느니라. 살아생전 하늘, 신, 조상이 내린 명을 어떻게 이행하였느냐에 따라 천당과 지옥의 길이 결정되느니라.

살아 있는 그대들의 부모에게 효를 다하고, 이미 떠나간 그대들의 부모 조상영혼 구원하고, 그대들의 영혼을 준 하늘에 감사할 줄 알며, 진심으로 하늘을 인정하고 받든 자는 근심 걱정 없는 천상궁전에 올라 나의 백성과 천인으로 태어나는 영광을 누리게 될 것이며 그대들 삶의 부귀영화와 건강도 마찬가지니라.

그대 마음의 진실과 거짓 또한 그대들이 결정하는 것이 아니라 내가 직접 심판하고 결정하느니라.

너희들이 말하지 않아도 나는 그대들의 속마음까지도 알고 있느니라. 그대들이 할 일은 하지 않은 채 하늘인 나를 원망하지 마라.

살아생전 하늘의 사명을 완수한 자 죽어서 천상궁전 올라 높은 벼슬자리에 오르고 천상의 선남선녀들로 하여금 지극한 대우를 받게 될 것이니라.

그대들의 영혼을 내가 창조함으로써 그대들의 생명을 내가 주었도다. 그대들의 영혼을 내가 창조하여 주었듯이 그대들의 영혼을 창조한 내가 그대들의 영혼을 구원할 수 있느니라.

살아서의 삶은 짧고 죽어서의 삶은 영원하니 하늘의 이치를 깨달은 현자는 살아서의 짧은 삶보다 죽음 이후의 끝없이 이어지는 장구한 삶을 준비하느니라.

어찌하면 죽어서 좋은 곳으로 올라가 편안하게 잘 지낼까 생각하지만 그 판단은 나의 권한이니라.

살아생전 나의 백성이 되어야 죽은 후에도 나의 백성이 되어 나의 궁전에 오를 수 있음은 만고의 진리 아니던가?

살아생전 나의 백성이 아니었건만 어찌 죽어서 나의 백성이 될 수 있다더냐? 살아생전 나의 명을 거역한 자 죽어서도 나의 곁으로 올 수 없도다."

그렇다. 사후세상이 있느냐 없느냐 의견이 분분하지만 분명히 존재하기에 수많은 지구촌의 인류가 종교에 빠져들고 있는 것이다.

나름대로 좋은 산소자리를 찾으려 하는 것도 사후세계를 믿기 때문에 행한 일들이었지만 하늘의 진실을 알고 보니 그동안 인간들이 행한 그 모든 일들은 부질없는 일들이었다.

하늘이 돕지 않으면 만사 불통이라! 산소가 그 아무리 호화찬란하여도 육신은 썩어 없어지고 혼은 떠서 중천에 머물며, 이리저리 방황하며 천상궁전에 오르기만 학수고대하며 독자들의 몸에 들어와 울부짖고 있다는 진실을 아는가?

자신들의 몸에 들어와서 조상님들이 간절한 메시지를 전하지만 자손들은 조상님들이 전하는 그 뜻을 전혀 알아들을 수가 없으니 참으로 서로서로 답답하다.

죽은 조상님 역시 살아서는 하늘, 신, 조상님세계를 부정하고 무시하며 죽어서 제삿밥이나 얻어먹고 호화묘소에 안치되면 모든 것이 편할 줄 알았을 것이다.

죽음 이후가 살아서보다 더욱더 힘이 들어 천상궁전 오르려고 자손들 몸에 들어가 온갖 고난의 메시지를 전하다 보니 고통받는 자손들은 조상님 산소 탓인가 하면서 이장을 해보지만 백약이 소용없으며 이는 하늘세계를 바로 알지 못해 겪게 되는 고통이다.

인간사의 모든 운수는 하늘에서 관장하고 있는데 인간들이 제멋대로 바꾸려 하니 하늘에서 진노할 수밖에 없다. 살아서보다 죽음 이후의 사후세계를 더 철저하게 준비해야 한다.

죽어서 고생하지 않으려면 살아서 자신의 조상님 구원하고, 하늘의 백성 되어 태상천존 자미천황님께서 내리시는 명을 받아 천인합체의 식을 행해서 하늘의 천인이 되는 길이 사후세상을 편히 보장받을 수 있는 유일한 길이다.

인류 최초로 펼쳐지는 인황 시대

가정에는 부부 사이 두 사람 중에도 살림을 이끌어가는 정신적 지주인 가장이 있고, 회사에는 사장이나 회장이 있고, 군구에는 군수나 구청장, 지방도시에는 시장, 도에는 도지사, 광역시에는 광역시장, 세계 각 나라에는 대통령이 있어서 나라 살림을 이끌어간다.

그러면 세계 인류를 대표하고 정신적 지주로서 절대적 구심점이 되어줄 인물이 필요하지만 현재까지 인류의 역사를 돌이켜보면 그럴만한 인물이나 능력을 가진 자가 없었다.

나라의 주인은 영원해야 하는데 5년마다 바뀌어서 우리 민족의 정신적 구심점이 될 수 없다.

퇴임 이후에는 존경받는 인물로 남는 것이 아니라 온갖 비난이 빗발치듯 쏟아져서 국민들의 마음속에 훌륭한 인물로 남기보다는 국정운영에 대한 불평불만이 거세다.

우리 민족이나 세계 인류를 이끌어나가고 정신적 지주로서 인류의 구심점이 되어줄 합당한 인물을 찾기란 그리 쉬운 일이 아니다.

유엔사무총장처럼 회원국들이 서로가 돌아가면서 할 수 있는 일도 아니다.

이 나라 민족과 세계 인류가 인정을 하던 하지 않던 인류의 영도자로서 합당한 인물은 자미국의 대표인 인황(지황)이다.

지금까지 인류는 인류의 정신적인 영도자가 없어서 세계 곳곳에서 전쟁이나 분쟁이 끊이지 않고 일어나고 있다.

인류를 호령하고 강력하게 다스릴 통치자가 없으니 힘센 자가 약자를 강제로 지배통치하며 힘으로 군림하고 있다.

그런데 이제 사상 최초로 하늘께서 자미국 대표를 인황(지황)으로 임명해 주시었으니 세계 인류는 인황(지황)을 중심으로 세계 질서가 재편되어야 한다.

인황 시대 개막은 이 나라의 국격과 위상이 세계 최고임을 말하는 것이고 상국의 위상을 갖는 일이다. 즉, 세계 인류의 중심이 되어 전 세계를 천지기운으로 다스리며 통치하는 일이니 민족의 영광이자 행운이 되어줄 것이다.

이 나라에 자미국이 세워지고 있음은 국민들 모두가 경축해 주어야 할 일이고 인황과 동시대에 태어남도 행운아 중의 행운아이다.

인황에게 세상을 다스릴 수 있는 천지기운의 능력을 하늘이 내려주시었으니 국민들은 자미국 인황을 중심으로 뭉쳐야 세계를 호령하고 지배통치하는 대단한 나라로 부상할 수 있다.

상상을 초월하는 꿈만 같은 일이 현실로 이루어지고 있다.

나라의 국운이 크게 융성하는 천지개벽이 눈앞에 다가와 있으니 국민들의 적극적인 동참만이 남아 있다.

인황 시대 개막은 자미국과 대한민국이 세상의 주인이 되는 경사스런 일이다.

인류가 기다리던 자미국의 목표와 이념

하늘과 땅이 함께하고 너와 내가 함께하는 자미국의 이념!

인간들과 끝없이 대화하고 소통하기를 바라고 원하지만 육신이 없어 말 못 하시고 답답해하시는 하늘, 땅, 조상, 신, 영들의 손과 발, 입이 되는 대변자가 되고자 한다.

인간들과 자유로이 대화를 주선하여 서로의 아픔과 슬픔, 고통을 풀고 무릉도원 세상을 살아가는 것이다. 인간들의 눈에는 보이지 않지만 실제로 존재하고 계시는 이분들의 아픔과 슬픔, 고통과 불행을 인정하고 살아가야 육신이 있는 인간들의 삶에 풍파가 일어나지 않는다는 사실을 수많은 세월과 체험을 통하여 알게 되었다.

이분들의 편안함 없이 인간들만 행복하고 편하게 잘사는 법은 세상천지 그 어디에도 없다. 그러다보니 인간의 삶으로 온갖 아픔과 슬픔, 사건사고, 단명, 실패, 비명횡사, 수많은 질병으로 고통스러운 인생을 살다가 세상을 떠나고 있다.

각자들이 살아가면서 겪고 있는 아픔과 슬픔, 고통과 불행은 각자가 눈에 보이지 않고 들리지 않는다고 이분들의 존재를 끝없이 무시하고 부정하며 몰라본 각자들의 대가였다.

여러분들에게 피와 살, 뼈를 물려주시고 성씨를 주시어 현생에 인간으로 태어날 수 있게 애를 쓰신 각자의 부모님과 조상님 그리고 신과 영을 자신의 몸으로 내려주신 영혼의 부모님을 몰라보아 일어난 일들이었다.

자신을 이 땅에 태어나게 하신 천지부모님을 무시하고 부정하다 보니 어렵게 이룬 성공과 출세를 뒤로하고 갑자기 세상을 떠나거나, 부정비리가 폭로되어 인간세계의 지옥세상인 교도소로 줄줄이 들어가고 있는 것이다.

누구를 원망할 필요도 없고 재수 없다고 푸념할 필요도 없다. 늦었지만 이제라도 만생만물의 천지부모님이신 태상천존 자미천황님께 두 무릎 꿇고 그동안 하늘과 땅의 부모님을 무시하고 부정하며 몰라본 자신들의 죄를 하루속히 빌고 살아가는 자가 이제라도 죄를 용서받는 유일한 길이다.

지위고하를 막론하고 인간으로 태어나서 위대하시고 대단하신 하늘과 땅의 명을 받아 자미국 사람(백성, 천인)으로 재탄생할 수 있다 함은 인생 최고의 성공이자 출세이다.

인간세상의 성공과 출세, 권력과 재물은 100년 미만의 작은 성공에 불과하고 풀잎에 맺힌 이슬과도 같다. 진정한 성공과 출세는 하늘과 땅의 명을 받아 영원히 현생과 사후세계를 보장받을 수 있는 자미국 사람이 되는 길이다. 자미국은 하늘, 땅, 조상, 신, 영과 인간들이 함께 기쁨과 행복을 영원히 누리는 지상천국이자 무릉도원세계이다.

하루라도 빨리 자미국 사람이 되어 그동안 무시하고 부정하며 몰라보았던 하늘, 땅, 조상, 신, 영의 세계에 대한 진실을 깨달아서 아픔과 슬픔, 고통과 불행에서 벗어서 기쁨과 행복이 넘치는 자미국 세상에서 살아갔으면 좋겠다.

자미국은 세상의 중심이고 인류 모두가 애타게 기다려오던 바로 이상향의 세계인데 종교이론에 너무 오랜 세월 세뇌당하고 실망해서 진짜 하늘과 땅이 함께하는 자미국의 진면목을 믿지 못하고 아픔과 슬픔, 고통과 불행 속에서 허우적거리며 살아가고 있는 것이 아쉽고 안타깝다. 인생사의 10%는 인간의 노력으로 이루어지지만 90%는 하늘과 땅의 조화로 이루어지고 있다.

인류와 종교의 종착역

인류가 종교를 통해서 찾고자 했던 천지만생만물을 창조한 절대자 하늘. 굳이 종교를 믿지 않더라도 각자의 마음속에 그리고 기도하며 동경하던 천지의 신명님.

진정한 하늘과 신을 찾아 자신들의 이상을 이루려는 인간의 욕망. 어딘가에 보이지 않는 기운에 의지하려는 인간의 마음. 현생의 풀리지 않는 어떤 일. 그리고 아픔, 슬픔, 불행, 죽음 이후 사후세계에 대한 두려움의 공포에서 조금이나마 벗어나고자 누군가를 믿기 시작하였는데 이것이 종교가 이 세상에 세워진 시초이다.

불교, 원불교, 기독교, 천주교, 유교, 도교, 무속, 민족종교, 힌두교, 이슬람교 안에서 오랜 세월 기다리던 진정한 세계는 종교세계가 아니라 하늘과 땅, 너와 내가 함께하는 이상향의 자미국이었다.

인간들이 이 세상에 태어나고 죽는 것은 우주의 운행법칙이자 자연의 이치이다. 탄생과 죽음을 주재하시고 우리들을 창조하신 생사여탈권자가 계시니 태초의 하늘이신 태상천존 자미천황님과 태상천존 자미황후님이시다.

하늘이 계시되 어디에 계신 줄 모르고, 말씀은 하시되 인간들과 말하는 방법이 달라서 알아들을 수 없었을 뿐 하늘은 매순간마다 우리 인간들의 마음, 말, 행동, 생각에 대한 일거수일투족 모두를 감찰하고 계시는 대단한 분이시다.

하늘의 주인이 누구인지 모르고 하늘의 존호도 모른 채로 하나님, 하느님, 하날님, 한얼님, 한울님, 상제님, 부처님, 예수님, 성모님이라고 불러왔으니 당사자인 하늘께서는 얼마나 답답하실까?

지구에 인간이 탄생한 시점부터 수억만 년의 세월이 흘러갔지만 지금까지 이런 진실을 밝힌 인류의 영적 지도자가 없었기에 종교라는 울타리 안에 갇혀 있는 것이다.

하늘이 인간들에게 무엇을 원하고 바라시는지 전혀 헤아리지 않은 채 종교숭배자와 창시자 그리고 성직자 각자들이 정해 놓은 교리대로 믿고 있으니 진정한 하늘은 속이 상하신 상태다.

전지전능하시고 무소불위하신 태초의 하늘 태상천존 자미천황님과 태상천존 자미황후님께서는 천하태평이시고 아무런 근심과 걱정이 없는 분이라고 알고 있다.

이것이 인류 모두의 생각일 테지만 하늘은 희로애락 즉, 기쁨, 노여움, 슬픔, 즐거움을 모두 느끼시는 분이시고 아픔과 슬픔이 가장 크신 분이 하늘이시다.

각자 인생사에 일어나는 아픔과 슬픔, 고통과 불행은 그대들이 하늘을 그렇게 만든 대가를 각자 받고 있을 뿐이란 진실을 세상 그 어느 누가 알 수 있겠는가?

앞으로의 세상은 종교 세상이 아닌 무릉도원의 자미국 세상이 이 나라와 전 세계로 퍼져나갈 것이며 진짜 하늘의 뜻과 다른 종교를 믿으면 기쁨과 행복의 세상이 열리는 것이 아니라 고통과 불행의 세상이 열린다.

진짜 하늘의 기운이 내리는 곳은 자미국이며 진짜 하늘을 바꾼 역천자의 인생은 온통 아픔, 슬픔, 고통과 불행이 연속되는 지옥세계의 삶을 살게 된다.

하늘을 무시하고, 하늘을 바꾸고, 하늘을 농락하는 자들은 용서받기 어렵다. 만물의 영장인 인간으로 태어나서 가장 시급히 해야 할 일은 자미국에 들어와 진정한 하늘을 아는 것이다. 이것이 인생을 가장 편안하고 무탈하게 살 수 있는 지름길이다.

천지주인이시고 여러분들의 천지부모님이신 진짜 하늘을 만나야 기쁨과 행복의 세상이 열린다.

자미국은 세계의 모든 종교가 하나로 통합될 수 있는 구심점이고,

종교를 믿던 사람들이 오랫동안 기다리던 무릉도원의 세계이다.

기독교에서 추구하는 산 자의 영혼 구원과 영생의 천국세상.

불교에서 추구하는 조상님 구원과 극락세계.

도교에서 추구하는 도통과 선경세상.

무속에서 추구하는 굿과 신 내림.

산천에서 홀로 수행하는 천통, 신통, 영통의 종착역.

하늘과 땅, 신명님, 하나님, 미륵님, 자미인황님, 나라조상님, 천지신명님, 너와 나 모두가 함께하는 세상, 자미국!

종교 안에서 찾아다니던 이 모든 분들이 자미국으로 함께하면서 하늘의 말씀을 내려주시고 실제로 대화를 나눌 수 있는 전 세계 유일한 자미국!

기독교는 조상님들을 사탄마귀라 하며 무시하여 조상님들의 원성을 샀고, 불교는 석가모니가 천상천하 유아독존이라 해서 하늘을 능멸하고 무시한 죄를 지어 하늘의 원성을 샀다.

그래서 이들 종교를 다니면 조상님의 원성과 하늘의 원성을 듣게 되어 각자들의 인생이 잘되는 것이 아니라 더 힘들어진다.

• 3부 •

행복이 함께한 자미국의 역사들!

생로병사 인간 재앙! | 자미국을 만나고 새로운 삶이 시작됐어요! | 30년 다니던 기독교를 버리고 | 인생을 천지개벽 시켜주신 자미국! | 남이 주는 선물과 이론 받아들이지 말아야 | 사후세상 걱정하지 않아도 | 내뱉는 말이 즉시 현실로 일어나는 신기함! | 불행과 고통의 실체를 밝혀주신 하늘! | 전생의 진실을 읽으면서 충격 받아 | 치명상을 디디고 일어서다 | 청소부 인생의 대 천지개벽의 이변! | 전 세계 유일의 대단한 자미국 | 성공 야망 진실 사랑 | 믿음과 책임 | 인간의 애틋함과 답답함으로 | 제 인생의 방황을 끝내게 해주신 위대한 하늘! | 죽고 싶은 알 수 없는 내 마음 | 반복되는 술주정과 끝도 없는 고통의 정체 | 민족의 구심점과 인류의 구심점은 자미국 인황님! | 사감님의 큰 은혜 받아 | 하늘 찾아가는 과정 | 친구들 중에 제일 젊어 보인다고 | 천인으로 탄생한 8살 아이

생로병사 인간 재앙!

하늘께서 창조하신 만생만물인 해, 달, 별, 물, 불, 땅, 곡식, 채소, 물고기, 약초, 화초, 나무, 공기, 바람, 비, 구름, 사람… 어느 것 하나라도 없으면 인류는 지구에서 살아갈 수 없습니다.

자미국 오기 전에 저는 20년 동안 수많은 곳을 전전하며 가짜 하늘을 관광 다녔지만 힘들기는 마찬가지였고 원인도 해결 방법도 없었습니다.

- 나는 왜 나의 고통 생로병사 앞에 이렇게 살아야 하나?
- 인간들은 왜 각자의 재앙과 고통 앞에 헤어나지 못하나?
- 각 나라는 생로병사와 고통 앞에 왜 속수무책으로 살아가고 있나?
- 지구의 땅에 온 인류는 상상초월의 대자연, 대 재해, 대 재앙 앞에 사막에 날아다니는 모래알보다도 못한 존재로 살아가야 하나?

이 모두의 의문과 해결책을 가지고 거대한 지구 땅 대한민국 서울에 인황님과 사감님이 오셨습니다.

우주에 수많은 별들이 있지만 광활한 우주에서 본 지구의 크기는 토성 크기의 점이고, 토성은 태양과 비교해도 점에 불과하고, 태양의 크기는 오리온과 비교하면 오리온 크기의 태양은 너무 작아 보이지도 않습니다.

머나먼 은하계 자미별 천상 자미천궁에서 미약하고 불쌍하고 가여운 저희 인간들을 살려주시기 위해 대 인황님과 대 사감님을 보내주신 거대하고 위대하신 태상천존 자미천황님, 태상천존 자미황후님께 감사함을 올립니다!

인류가 지구에 태어난 이후 태초로부터 하늘의 진실을 알 수 있고, 땅의 진실을 알 수 있고, 하늘과 땅의 진실 있는 그대로 받아들여 자(사감님), 미(인황님)의 기운과 말씀으로 두 자미님(사감님과 인황님)이 전 세계의 중심이 될 것을 감축드립니다.

인류가 종교 세계 안에서 오랜 세월 찾고 기다려 온 인간 눈높이의 이상향 세계가 자미국에서 현실로 다가와 이루어지려 하니 하늘도, 땅도, 조상도, 사람도 모두가 함께 행복해지기를 고대합니다. 이것이 자미국의 이념이자 함께 나아갈 목표입니다.

긴가? 민가? 부정하고 무시하고 의심하고 해봐야 자신들의 삶만 더 힘들어지고 꼬이고 불행해질 뿐입니다.

자미국이 가짜라면 욕을 해도 부정을 해도 각자의 현실로 아무 일도 안 일어나겠지만 뭔가 좋지 않은 일들이 일어난다는 것은 자미국은 진짜라는 증표입니다. 자미국은 진짜 하늘이 살아계시고 살아 움직인다는 증표입니다.

자미국 와서 진짜 앞에서도 과거의 가짜에서처럼 행을 하고 생각하면 다 망가지고 힘들어짐을 저는 직접 현실에서 체험한 사람입니다.

멋진 하늘 앞에 와서 한 방에 멋지게 굴복하여 사감님이 보시기에, 하늘께서 보시기에 멋지다 칭찬받고 싶습니다.

각자 자신들이 지은 전생 현생 모든 죄를 빌고 용서받아 구원받고 자미국으로 빨리빨리 들어와 육신이 살아생전 하늘공부 진실공부 많이 많이 합시다.

- 머나먼 곳에서 거대한 하늘의 진실 가져오신 사감님!
- 하늘의 말씀 자미국으로 내려주셔서 감사합니다.
- 머나먼 곳에서 거대한 땅의 기운 가져오신 인황님!

- 거대한 땅의 기운 자미국으로 내려주셔서 감사합니다.
- 영의 뿌리이신 신명님, 하나님, 미륵님 함께해 주셔서 감사합니다.
- 인간의 뿌리이신 자미인황님 함께해 주셔서 감사합니다.
- 육의 뿌리이신 조상님, 나라조상님 함께해 주셔서 감사합니다.
- 입궁식, 천인합체 해주셔서 세세생생 감사 올립니다.
- 만생만물 모두를 주신 자미천황님께 귀하게 감사 올립니다.

자미국을 만나고 새로운 삶이 시작됐어요!

부모님 슬하에 장녀로 태어나 어린 시절엔 행복하고 즐거운 날들이었습니다. 넉넉하게 잘사는 집은 아니었지만 철마다 예쁜 새 옷들을 입을 수 있었고 미용실에 가서 머리도 하고 놀러다니기도 참으로 많이 다녔습니다.

타고난 성격이 외향적이어서 초등학교에 들어가서도 2학년 때부터 계속 반장과 부반장을 도맡아 해서 선생님들과 아이들의 관심 속에서 학교생활을 하였습니다.

각종 과외와 학원을 여러 군데 다니면서 6학년 때는 중학교 입시 준비를 위해서 살았던 것 같습니다.

중학교 시절부터는 고등학교 입시를 위해서 매일 학원에 가서 밤 11시에 집에 오는 생활을 계속했습니다. 고등학교에 진학해서도 야간 자율학습까지 더해져 밤늦게까지 계속되는 생활이 계속되었고, 사춘기 시절이라 마음속에서 요동치는 반항과 우울함과 슬픔들이 뒤엉켜 불안, 초조함, 신경질이 심해졌습니다.

어릴 적부터 아빠는 종교가 없으셔서 한 번도 종교생활을 한 것을 본 적이 없었습니다. 그런데 엄마는 처녀 때 성당에 다니셔서 사춘기인 저에게 종교를 가져볼 것을 권유하면서 가지려면 성당을 다니라고 하셨습니다.

저는 고등학교 2년을 성당에 다녔는데 마음의 평화는커녕, 일요일 날 아침에 일어나면서부터 짜증과 불만으로 시작하여 성당에 가서도 1시간 동안 앉아 있는 것이 너무 괴로웠습니다. 당시 신부도 종교적인 것보다 정치에 너무 관심이 많은 사람이어서 강론시간 내내 현 정치판에 대한 얘기들로 매주 시간을 보냈습니다.

당시 성당에 다닌 사람들 전부 다 신부에 대한 불만이 너무 많았지만 항상 무서운 얼굴로 윽박지르고 야단치고 다니는 기세에 눌려서 뒤에서만 신부를 욕했고 저랑 제 동생도 욕하면서 1시간을 괴롭게 앉아 있다 돌아오곤 했습니다.

결국 제 동생은 먼저 다니기 싫다고 안 다니기 시작했고 저 또한 2년도 못 채우고 성당 다니기 싫다고 안 가기 시작했습니다. 고3때 대학입시를 앞두고 너무 불안하고 초조해서 성당 다니는 친구들 따라 3번 정도 더 간 이후로 저는 다니지 않았습니다.

그 이후에 고등학교를 졸업하고 원하지 않은 과에 성적으로 들어가다 보니 재미도 없었고 아예 재수를 하자고 마음먹고 다시 공부를 시작했습니다. 그즈음에 저희 부모님은 이혼을 하셨고, 그 당시 저는 제 인생의 암흑기에 살았습니다.

매일매일 눈물로 보냈고 죽고 싶다는 생각이 너무 많이 들었습니다. 세상 사람 모두 다 저만 빼놓고 행복한 거 같았고 저만 패배자인 거 같아 살고 싶지 않았습니다.

그러나 죽을 용기도 없었던 저는 엄마랑 여린 제 동생을 지켜야겠다는 일념 하나로 다시 공부를 시작했고 대학에 들어간 후 열심히 공부했습니다.

학기 내내 장학금을 받았고 조기 졸업 후 현재 다니는 연구원에 바로 입사한 후 바로 대학원에 진학하여 학업과 연구를 동시에 진행하며 살았습니다. 대학원 마지막 학기엔 다시는 책 안 볼 거야 하며 제 스스로 거기까지 만이라고 선을 그어 버린 후 안일하게 하루하루를 보내고 있었습니다.

그러다가 저한테 슬럼프가 찾아왔습니다. 일도 재미가 없었고 슬프고 우울하고 답답한 날들이 계속되었습니다.

그러다가 2008년 겨울에 자미국에서 발행한 『선경세상』이라는 책을 읽게 되었는데 이상하게도 책에서 얘기하고 있는 내용 그대로 제 몸에 어떤 신비의 기운인 전기가 찌릿찌릿하게 오는 것을 실감할 수가 있었습니다.

그리고 무엇보다도 어릴 적부터 저는 그 어떤 것으로도 채울 수 없는 마음 한구석에 허전함 같은 게 있었습니다.

늘 허전하고 춥고 돈으로도, 남자친구로도, 칭찬으로도, 인정으로도 채워지지 않는 허전함과 사람들 하고 웃고 떠들고 있어도 마음이 편하지 않고 불안, 초조, 신경질이 많이 났었습니다.

그랬는데 자미국의 『선경세상』 책을 읽으면서 그렇게 편할 수가 없었고 머릿속에서 빨리 상담 날짜를 잡게 전화를 하자라는 생각밖에 안 들었습니다.

그래서 2009년 3월 바로 조상님 입천제를 하고 하늘의 명을 받은 후 5월에 천인합체의식을 행하게 되었습니다.

천인합체를 하게 된 후 제 인생이 어떻게 천지개벽할 정도로 바뀌었느냐고요? 정말 상상초월입니다.

가장 먼저 제 주변 사람들이 말해 준 것은 짜증과 신경질이 없어졌다는 것입니다. 항상 허전하고 추위를 잘 타서 한약도 먹고 했었는데 이제는 따뜻하고 든든한 마음이 들어 추위를 덜 느껴 남들이 산삼 먹었냐고 물어봅니다.

늘 어릴 적부터 있었던 불안, 초조, 우울함이 없어서인지 잘 웃고 다니게 되고 제 나이보다 동안으로 봅니다. 그래서 여동생이랑 같이 다니면 보는 사람마다 저를 동생이라고 한답니다.

그리고 직장에서도 상사들이 전부 다 저한테 먼저 잘해 주고 마음을 열어주십니다.

저희 연구원 특성상 3년마다 원장님, 사무처장님은 바뀌시고 연구실장님은 2번 바뀌셨는데 바뀌는 분들마다 저를 싫어하시는 분 없이 다들 예뻐해 주십니다.

일하는 데 있어서도 제 스스로 자신감이 생겨서 그런지 남들이 기피하는 현장도 저는 자신 있게 들어가 즐기면서 하고 있으니 다들 대단하다고 인정해 주고 있습니다.

저희는 문화재청에 등록된 등급에 따라 청에 승인을 받아서 직급이 정해지고 있는데 매년 그 기준이 변함에도 저는 항상 그 기준에 적합하여 탈락되지 않고 통과되었습니다.

그리고 제가 입사한 이후로 연구원에서 매년 해외답사 프로그램을 시행하여 해외도 자주 나가게 되고, 근무평점도 잘 받아서 연봉이 매년 오르고 있습니다.

그리고 의식 전에 친한 친구에게서 여러 차례 돈을 빌려서 약 1천만 원 가량의 빚이 있었는데 천인합체 후 1년이 지났을 때 그 친구가 자기는 그 돈 없어도 살 수 있다고 하면서 안 줘도 된다고 했습니다.

저는 미안한 마음에 갚을 거라고 시간을 더 달라고 했지만 본인이 괜찮다고 하더라고요.

정말 있을 수 없는 일이 일어난 겁니다.

그 외에도 저는 스트레스성 위장질환이 조금 있었는데 천인합체 때 위 아픈 것도 딱 집어주시더니 그날 이후로는 커피를 많이 마셔도 위가 한 번도 아픈 적이 없습니다.

또 어릴 때부터 아토피 피부염이 팔, 다리에 조금 있었는데 그것도 없어졌습니다. 참 또, 머리숱이 적어져서 얼굴이 더 커 보이는 것 같아 걱정이었는데 머리숱도 많아졌습니다.

그리고 천인합체 후에 겨울 날씨가 많이 따뜻해져서 겨울에 일할 때도 어려움이 덜했고 올해 눈이 많이 와서 사무실 안에서 작업을 할 수 있으니까 좋은 점도 많았습니다.

그리고 여름하고 가을에 현장에 뱀이 많이 나와서 놀랬었는데 천인 합체 이후에는 제 앞으로 뱀이 안 나오는 게 신기했습니다.

그 외에도 이루 다 말할 수 없는 일들이 매일매일 제 일상생활에서 일어나고 있습니다.

제가 하늘을 생각하고 제 마음이 오로지 대단하신 하늘로 향해 있을 때 믿을 수 없는 일이 현실로 일어나는 것을 저는 경험했습니다. 사소하지만 저한테 중요한 일들이 저절로 이루어졌습니다.

진짜 하늘을 만난 이후로 제 인생은 천지개벽을 하였고 다시 태어난 기분입니다.

제가 하늘을 알 수 있게 진짜 하늘을 찾아주신 사감님과 인황님께 진심으로 감사드리고 눈물 나게 감사합니다. 천상 자미천궁의 기운이 무궁무진 내리는 자미국을 만나지 못하고 살았다면 저는 어떻게 됐을까요?

상상만 해도 정말 끔찍합니다.

인류의 중심으로 우뚝 서게 될 자미국을 위하여, 인황님과 사감님께서 하시는 일에 적극 동참하겠습니다.

두 분 덕분에 저는 매일매일 행복한데 두 분의 노고를 생각하면 정말 존경스럽습니다.

항상 건강하시길 기원하며 이만 마치겠습니다.

– 경주에서 조○○ ○○천인

30년 다니던 기독교를 버리고

잘 다니고 있던 교회를 등지고 서울로 이사 가고 싶은 생각이 많이 났다. 왜 이렇게 서울을 가고 싶은가? 정든 고향(충주)을 떠나 대구교회(대구)가 있는 곳에서 뼈와 살을 묻으려 했던 내가 아닌가?

지금은 대구를 버리고 싶다. 내가 믿어온 하나님을 버린다는 마음은 추호도 없는데 내가 왜 이러는지 모르겠다.

이사를 하는 게 그리 쉬운가? 서울에 가도 대구교회 소속인 서울교회 다녀도 된다는 생각으로 위안을 삼으면서 이사 준비를 하는데 당시 살고 있던 집이 안 팔려서 애를 먹다가 전세를 놓고 2006년 12월 초 서울로 상경했다.

당시 목욕탕 일을 했는데 일자리가 없어서 이곳저곳 소개소를 기웃거리다가 서대문에 있는 모 소개소를 친구로부터 알게 되어 그곳에 가게 되었다.

그곳 사장님하고 여러 담소를 나누는 가운데 사장님께서 하는 말이 자네는 이 책(천지령, 신사령, 하늘이 인류에게 내린 명)이 딱 맞으니 이 책을 보라고 하여 책을 건네받아 집으로 와서 바로 책을 읽기 시작하였다.

내가 30년 넘게 다닌 기독교와 너무나도 다른 말을 하는 자미국이 처음에는 이해가 되질 않았다.

한 구절 한 구절 읽을 때마다 "에이, 이런 세상이 어디 있어" 하면서 중얼거렸다. 그러나 참으로 희한한 일이 있었다.

나는 분명 나의 종교관과 너무나도 다른 자미국에 믿음이 하나도 없는데 나의 마음 깊은 곳에서는 자미국에 대하여 상당히 궁금히 여기고 가보고 싶어하는 마음이 일어나고 있음을 느꼈다. 나도 모르게 자미국이 도대체 뭐 하는 곳인가 상담이나 해보러 가자고 그해 9월(2007년) 예약을 하였다.

상담하러 가기 전날 밤 꿈에 돌아가신 아버지께서 소떼를 이끌고 높은 산으로 올라가고 있는 장면이 보였다. 아침에 일어나서 속으로 영가님들이 정말 내 곁에 있나 하는 생각이 들었다.

자미국에 전화로 예약을 하고 방문하여 상담을 통하여 그동안 알지 못했던 영가님들의 세계와 영가님들의 존재에 대하여 알게 되었고 하늘세계에 대해서도 좀 더 자세히 알게 되었다.

특히나 사감님께서 파란색 반팔티를 입고 상담하셨는데 쪼글쪼글한 티를 그대로 입고 계시어 더욱 마음에 들었고 친근감이 더했다.

자미국을 알기 전에는 기도 열심히 하고 하늘의 말씀에 예예 하고 인생을 사는 동안 나쁜 짓 하지 않고 살면 하늘께 예쁨 받는지 알고 살았었다.

그런데 자미국에서는 영가님의 존재를 몰라보면 하늘로부터 받을 수 있는 것이 아무것도 없고 30년 종교 다녔던 것 자랑하지 말고 우선 영가님 구원이나 하라고 인황님께서 하신 말씀에 인간인 나는 신경을 안 쓰려고 했다.

그런데도 나 자신의 마음 깊은 곳에서는 나와 상관없이 '맞아 맞아, 자미국에서 하는 말이 모두 맞아, 어서 가자, 바삐 가자' 하는 또 다른 메시지가 들려 나도 모르게 조상님 입천제의식을 행하기로 결정을 내렸다.

그랬더니 환상으로 돌아가신 할아버지가 나타나서 매우 기쁜 얼굴로 나를 바라보고 계신 것이 보였다.

자미국에서 입천제의식을 행하는 날 문을 열고 들어가는 순간 깜짝 놀랐다. 나는 교회 다니면서도 교인들과 목사님 모르게 절에도 가보고 굿도 해보았지만 과일, 떡, 갈비를 이렇게 많이 차린 것(제단 21m)을 처음 보았기 때문이다.

영가님 청배시간이 되었다. 동생 영혼을 만나게 되었는데 동생은 청춘의 나이에 교통사고로 세상을 떠났다.

동생이 교통사고로 세상을 떠난 이후 나는 항상 몸이 아프고 머리는 지끈지끈 거리고 조금만 일을 해도 피곤함을 느껴 매사 짜증 내며 인생을 살았다. 밤이 되면 동생이 홀로 있는 나에게 찾아와 나의 몸을 이곳저곳 만지고 있음도 느꼈다.

그럴 때마다 또 왔어? 너 온 거 다 알고 있으니깐 이젠 그만하고 이승을 떠나! 하면서 호통을 쳤다. 진정한 하늘의 길을 알아야 이승을 떠나든 형의 곁을 떠나든 할 것이 아닌가?

동생의 영혼이 왔기에 이젠 형 가지고 장난 그만 치고 어서 떠나 하면서 호통을 쳤다. 그러자 동생은 웃으며 천상세계 가는 길을 알아야 가지? 형아 하면서 말했다.

오늘은 천상에서 신명님 하나님 미륵님께서 너 데려가려고 오셨으니깐 그분들 따라서 어서 가라고 했다. 그러자 동생은 데리고 가는데 누가 못 가?

지금까지는 나를 데리러 오시는 분이 없었어! 그래서 못 갔어! 천상세계가 어디인지 알아야 가지. 그러는 형은 천상세계가 어디에 있는지 알아? 형도 모르잖아. 말과 이론으로만 알고 있잖아?

난 기독교의 이론만 알고 있었다.

형이 다니는 곳에서 말하는 천국 갈려고 무진 애를 써봤는데도 천국도 말짱 거짓말이더라.

이것 봐! 형이 그렇게 오래 예수님 찾으며 구원기도 했는데 나는 아직도 가지 못하고 이렇게 이승에 형의 몸에 있잖아?

형의 몸에서 형 괴롭힌다고 나만 야단치지 말고 내가 가야 할 천상세계 좀 찾아줘 봐! 찾아주면 갈게, 나도 가고 싶어!라고 말하는 것이었다. 나는 동생의 말에 동생에게 그동안 미안했다고 말도 하고 동생을 야단치고 달래기도 했다.

여러 과정을 통해서 조상님 입천제의식은 끝났고 동생은 천상으로 입천 되기 전 나에게 말했다.

"오늘은 나 정말로 천상세계 간다. 내가 정말로 천상세계 가면 형은 더 이상 아프지도 않고 짜증도 안날 거야 그동안 미안했어. 형 잘 살아!"

천상 자미천궁 가면 장군을 시켜준다고 사감님의 말씀이 있었는데 내가 가서 장군을 잘할 수 있을까?라고 하기도 했다. 동생은 나한테 천상 자미천궁의 벼슬까지 달아 보내주어 고마워! 나 잘하고 있을게 하면서 영가님 상봉식이 끝났다.

세상 사람 모두가 몰랐다. 죽은 영가들이 천상세계를 몰라 못 가고 있음을. 이 땅에 산 자들은 이 사실도 모르고 무조건 영가들에게 좋은 세상 올라가시오, 하면서 굿을 하고 천도재를 지내고 끝없는 기도를 올리고 있다.

동생 영혼의 말대로 천상세계 올라가는 방법을 알아야 갈 것 아닌가? 아니면 천상세계로 자신들을 인도해 줄 그 누군가가 와야 따라가든 할 텐데 말이다.

나는 영가님 벼슬입천의식을 행한 후 밤마다 느꼈던 동생의 기운은 그 후로 한 번도 느껴지지 않았고 몸도 마음도 새로 태어난 사람처럼 홀가분해지고 개운해졌다.

나 자신의 인생과 나의 조상님 영가님들을 구원해 주시고 영혼 영가님을 종교세계에서 탈피할 수 있게 해주신 태상천존 자미천황님, 태상천존 자미황후님! 만세! 만세! 만세! 신명님, 하나님, 미륵님 감사드립니다.

또한 목숨 바쳐 30년 세월 다녔던 종교가 진실이 아님을 태상천존 자미천황님, 태상천존 자미황후님, 신명님, 하나님, 미륵님, 자미인황님, 인황님, 사감님을 통하여 알게 되어 특히 감사드립니다.

조상님 입천제의식 때 신명님 하강시간에 하나님께서 오셨는데 입천제는 난생처음이라 처음에 어느 분인지 몰랐지만 나중에 사감님께서 말씀하시길 하나님께서 오셨다고 하셨다.

어찌나 야단을 치시는지 참가한 천인들에게 호통을 치시는데 정신이 하나도 없고 어리둥절했다.

조상님 입천제 때 누구를 만나는 것도 예상 못 하고, 어떤 말씀을 듣는 것도 예상 못 하고, 어떻게 하는지도 모르고 그저 굿하는 정도겠지 생각하고 왔다.

저에게 많은 말씀은 안 하셨지만 하나님께서는 짠돌이가 잘했다 하셨다. 큰돈을 가져왔다고! 어디서 이렇게 돈을 써본 적이 없는데 영혼들을 위해서 돈을 가져왔다고 크게 칭찬하셨다.

어느 날 모친 천인합체의식을 하게 되었다. 이날도 얼마나 많은 음식(떡, 과일, 꽃)이 21m나 되는 천단에 가득했다.

위대하고 대단하신 하나님께서 오늘도 함께하실지 모르지만 아마도 함께하지 않을 것 같은 느낌이다. 왜냐하면 엄마는 내가 7살 때 돌아가시었고 그때부터 나를 길러주신 분은 계모이시다. 계모 밑에 자라면서 많은 설움도 받고 나를 아주 엄하게 무서우리만큼 키우셨다. 호랑이 같은 존재이시다.

저런 계모를 천인합체의식해 주기도 솔직히 싫고 돈이 아깝다는 마음뿐이다. 그래서 오늘 안 하실 것 같다 생각했다. 그런데 신명님 하강시간에 하나님이 함께하셨다. 이럴 수가!

대단하신 하나님은 계모를 선택하시고 계모의 천인합체의식을 해주시면서 다정다감 천인으로 명을 내려주셨는데 호랑이 계모가 180도로 바뀌었다. 아주 부드럽고 다정다감해지셨는데 내가 계모 앞에서 우리

새엄마 맞아? 할 정도로 순식간에 바뀌었다. 이런 일이 있을 수 있는가? 놀라움을 금치 못했다.

대단하시고 위대하심 그 자체이신 하나님이시다.

하나님은 나에게도 말씀하시며 조상님 안부를 묻는 것도 이론과 형식이라 하시고 높고 높으신 하늘 태상천존 자미천황님께 찬양드리는 방법이 뭐냐고 여쭤보니 바로 자미국에서 행하는 조상님 입천제의식이라고 가르쳐주셨다.

기독교인들아~! 모두가 틀렸다.

자미국에서 조상님 구원을 행하는 조상님 입천제의식이 바로 높으신 하늘을 찬양 찬송하는 것이란다.

또한 하나님은 아버지(어버이)가 계시다는 말씀도 하시면서 기독교에서는 하나님을 유일신으로 알고 있지만 하나님께도 어버이가 계심을 처음으로 말씀하셨다. 이것은 경천동지할 일이다. 처음으로 들어보는 말씀이시다.

또한 하나님은 나에게 말씀하시기를 보이는 것 보지 말고, 들리는 것 듣지 마라. 보고 듣다 보면 싸움이 일어난다.

이 말씀은 현생에서 사후세계까지 연결된다 하시면서 그저 자미국에 왔다 갔다 해라 하시고 "감사합니다"를 많이 하여 하늘께 공을 많이 쌓으라 하셨다.

성경구절을 말씀하시는 게 아니고 전혀 다른 말씀이신데 이렇게 위대하시고 대단하신 말씀은 처음 듣게 되었다. 이 말씀을 영원히 간직하며 살겠습니다,라고 하였다.

대단하신 분들이시며 대단한 자미국이다.

나는 교회 다니면서 거기서 시키는 대로 다 했다. 집 팔아 바치고 땅 팔아 바치고, 있는 돈 없는 돈 다 바치고 나중엔 통장까지 맡겨놓고 타서 쓰면서 살았는데 거기에서 하라는 대로 다 했지만 모두 꽝이고 허사가 되었다.

인간 육신 사감님을 통하여 하나님은 나에게 자미국에 와서 대단하시며 어마어마하시고 훌륭하신 신명님, 미륵님, 자미인황님을 만나서 빌어야 한다고 하셨다.

이 글을 쓰면서 하나님 보고 싶고 말씀 듣고 싶은 마음에서인지 자꾸 눈물이 흐른다. 기독교에 있을 때 이런 생각을 해본 적도 있다.

나중에 내가 죽어서 하나님을 만나면 나에게 무슨 말씀을 하실지? 나를 어떻게 심판하실지?

내 죄는 무엇이며 하나님은 뭐 하시는 분이시며 기독교인 모두가 정말로 구원이 되는 것인지? 이제까지 내가 기도한 기도는 모두 들어주셨는지? 세상에 종말이 온다는데 기독교인들은 영원히 살 것인지? 여쭤볼 말이 참 많았었다.

기독교에서는 기도를 참 중요시하고 매일 기도하라고 하는데 기독교인들이 하나님께 예배드릴 때 통성기도라는 것이 있는데 큰 소리 내어 울며불며 기도하며 음악 반주까지 해대며 하나님께 기도하면 과연 하나님께서 이렇게 시끄러운 가운데 기도를 들어주시는가?

나 같으면 무슨 말인지, 뭐하는 짓인지 알 수 없을 것 같다.

자미국에 인간 육신 사감님을 통해 하나님이 직접 밝혀주시는 진실의 말씀은 참으로 기가 막혀 하셨다.

모두 자신들이 잘났다고, 하나님을 안다고 자랑하는데 뭣 하러 내(하나님)가 거기로 가겠는가,라고 하시면서 하나님의 흔적이 있는 자미국으로 빨리 와야 한다고 말씀하셨다.

그리고 하나님을 마음속으로, 생각으로, 기도 중에 불시에 예고 없이 오신다고 기다리고 있고, 목청껏 기도하고, 믿음이 좋은 자에게 오신다고 믿고 있는데 하나님께서 건방지다 하시면서 뭘 잘한 게 있다고 오라가라 하는가? 죄 많은 기독교에 안 가신 것만으로도 천만다행으로 알라고 하셨다.

또한 하나님은 수억 년도 더 되는 오랜 세월 동안 우리들을 지켜보고 계셨다고 하시면서 2~3천 년 전에 지은 죄까지 밝혀내시며 기독교인들이 지금까지 빌면서 용서를 구하고 사죄를 구했지만 솔직히 각자의 죄가 무엇인지, 뭘 잘못했는지 하나님께서 말씀 안 하시면 정확히 알 수 없다 하셨다.

하나님께서는 참으로 대단하시다. 하나님께서는 전생, 현생, 내생까지 모든 죄를 밝혀내신다. 절대로 죄를 덮지 않으시며 모두 밝혀내시는 어마어마하고 대단하신 분이시다.

기독교인들이여~! 교회에서 지금까지 알고 있는 그런 쩨쩨한 하나님이 아니시며 참으로 위대하시고 직접 인간 육신 사감님께로 오시는 하나님을 만나보면 각자들의 입이 다물어지지 못하며 반 기절할 정도가 될 것이다.

나는 보고 들었다. 하나님께서 오셔서 사감님을 통하여 말씀하셨는데 참으로 기가 막힌다 하셨다. 하나님께서는 말도 못할 정도라고 하시면서 눈물만 계속 흘리고 계셨다.

말도 못 하시고 우시기만 하시는 하나님의 심정을 과연 기독교인들이 알 수 있을까? 이렇게 대단하신 분들을 하루빨리 만나서 죄를 사면받아야 하지 않겠는가?

또한 구원받음을 확신하는가? 과거 현재만 빌고 있지 않은가? 또한 제대로 빌고 있는가? 죄 용서를 빌어서 용서받았다고 하는 것도 각자의 느낌이며 각자의 생각이 아니겠는가?

기독교인들이 잘못을 정확히 알아서 빌어야 용서되는 것 아닌가,라고 하셨다. 이렇게 대단하신 말씀은 성경에도 없다. 기독교인들이 들어보지 못한 말씀이시다.

이제 와서 보면 대구에서 서울로 이사를 오고 싶은 생각이 든 것도 모두 위대하신 하나님 메시지였다.

하나님께서는 보잘것없는 나를 기독교에 보내시고 거기에서 빼내오시고 이곳 자미국으로 인도하시어 사후엔 천상세계로 데리고 가신다고 사감님을 통하여 밝혀주셨다.

나는 하늘 만나고 대단하신 여섯 분(신명님, 하나님, 미륵님, 자미인황님, 인황님, 사감님)을 통하여 자미국에서 사랑만 많이 받은 것밖에 기억나지 않는다.

높고도 높으신 하나님을 제가 감히 다 알지 못하지만 자미국에서 보고 듣고 깨달은 바를 대단하신 분들을 통하여 짧은 소견으로나마 글을 쓰게 하신 대단하시고 훌륭하신 태상천존 자미천황님, 태상천존 자미황후님, 신명님, 하나님, 미륵님, 자미인황님, 인황님, 사감님께 대단히 감사드립니다.

— 서울 이○○ ○○○천인

인생을 천지개벽 시켜주신 자미국!

2008년 여름밤, 천장에 벌레가 있어 화장대 의자를 놓고 신문지를 돌돌 말아 벌레를 잡다 의자가 뒤집어져서 서 있는 상태에서 그대로 떨어졌다.

무게 중심이 오른쪽 손목으로 쏠리면서 방바닥으로 떨어져 손목이 부러지고 팔꿈치가 금이 가 병원에서 수술하고 깁스하고 긴 시간 치료를 받게 되었습니다.

물리치료 과정에서 집 근처에 있는 조그만 암자를 지인이 소개하여 그 절이 치료를 잘한다 하여 다니게 되었습니다.

저는 기독교도 불교도 절실히 믿는 신자도 불자도 아닌 어쩌다 마음 내키면 석가탄신일에 절에 가서 몇 년에 한 번 등 달고 비빔밥 먹고 오는 정도였습니다.

절실한 불자가 아니기에 깊이 생각하지 않고 가도 그만 안 가도 그만, 그 정도의 마음이었습니다. 그런데 팔 다친 후 치료 목적으로 작은 암자를 열심히 다니게 되었습니다.

팔 다치기 전부터 경제사정이 내리막길을 달리고 있었는데 그 절 다니면서 최악의 상황까지 몰리게 되었습니다. 단돈 100원도 아쉬울 정도의 극심한 금전의 고통을 겪고 있었습니다.

대단한 자미국을 만나기 전 가게는 은행 빚, 사채, 카드빚으로 심각하게 시달리고 달세도 밀렸다.

거래처 결제대금도 수십 군데 밀리고, 단 하루도 마음 편한 날이 없고 빚과 결제에 시달리며 막다른 골목으로 밀리고 밀려 벼랑 끝에 서서 아무런 대책도 없이 죽어가고 있었습니다. 숨만 쉬고 있지 난 눈뜬 시체나 마찬가지였습니다.

지금도 이 글을 쓰는 순간 그때 그 시절 고통이 떠올라 눈물이 주르르 흐릅니다.

남편은 낮에 가게에서 시달리고 밤에는 술에 취해 비틀거리며 나한테 의지하며 마음이 갈기갈기 찢기어 만신창이가 되어 휘청거리고 있었습니다.

아무리 힘들어도 잘 견뎌내는데 살면서 처음으로 휘청거리는 걸 보았습니다. 난 그런 남편을 보며 나라도 정신 차리고 이 고통을 이겨내야지 굳게 마음먹고 남편을 위로하고 달래며 용기도 주고 다독거렸습니다.

나 자신도 주체 못할 정도로 힘들었지만 나까지 휘청거리면 아이들이 흔들릴까 봐 속으로만 울고 삭여야 했습니다.

그땐 금전의 고통에서 벗어나는 생각밖에 없었고 오로지 남편과 아이들을 지켜야 한다는 생각으로 치료받는 절에 가서 지장보살을 죽어라 외치며 기도했습니다.

제발 이 고통에서, 금전의 고통에서 벗어나게 해달라고 눈물 콧물 흘리며 살려달라고 애원하며 열심히 빌었습니다. 하도 많이 울어 두꺼비 눈이 되도록 울며 매달렸습니다.

내가 태어나 그렇게 절실히 열심히 매달리며 기도하기는 처음이었습니다. 내가 열심히 기도하면 지장보살이 기도 들어줄 거라는 심한 착각 속에 절을 매일 다니던 중, 어느 날 신문을 보다 『천지령』 광고를 보게 되었습니다.

솔직히 살고 싶었고 지푸라기라도 잡는 심정이었기에 광고가 눈에 들어와 바로 전화해서 책을 구입해서 읽었습니다.

책을 읽는데 코 근처가 간질간질 무언가 피부 속에서 기어가는 느낌이 들어 여러 번 가려워 긁으며 읽고 공감 가는 부분에서 눈물이 나 울면서 읽었습니다.

한 권을 다 읽고 당장 저자와 친견상담 받고 싶었지만 부산에서 서울 갈 차비와 친견비가 없어 차일피일 지나 겨우 차비를 모아 친견 예약 후 서울 자미국을 가게 되었습니다.

혼자서 처음 가보는 낯선 서울. 잔뜩 긴장하고 자미국을 들어서는 순간 대강당에서 여자 분이 맞이해 주셨습니다. 처음에 자미국 도착해서도 반반의 믿음으로 마음을 경계했습니다.

어찌 왔느냐 하며 차를 타주시는 여자 분 앞에 앉아 긴장의 끈을 잡고 눈만 멀뚱멀뚱 깜박거리고 있는데 그 여자 분 하시는 말씀이 '그릇' 얘기를 하시며 몇 마디 안 했는데 나의 속마음을 들키고 나를 다 아시고 알아주신다는 느낌이 확 드는 순간 그동안에 참았던 서러운 눈물이 쏟아집니다.

주체할 수 없이 눈물이 흐르는데, 날 알아주는 곳이 이곳에 있었구나? 그런 생각에 왜 그리 마음이 서럽고 만감이 교차하는지, 복잡한 심정으로 그저 한없이 눈물이 나는데 쉽게 감정이 추슬러지지 않아 아주 혼이 났습니다.

나를 심하고 서럽게 울렸던 그 여자 분이 하늘님 말씀을 듣고 전달해 주시는 지금의 사감님이십니다.

감정을 겨우 추스르고 눈물을 멈추고 남자 저자 분을 친견하러 앞에 앉으니 또다시 눈물이 나는데 운다고 많은 대화도 못 하고 궁금증 몇 가지 여쭙고 울다가 일어섰습니다. 남자 저자 분의 첫인상은 위엄과 무게감 속에서 숨겨진 따듯한 마음이 느껴졌고 아버지 품속처럼 느껴졌습니다.

여자 저자 분은 너무 젊으셔서 처음엔 마음속으로 뭘 알겠나? 은근히 의심했는데 '그릇' 한 단어로 모든 걸 꿰뚫어보는 걸 느꼈고 다 아시면서도 말을 아끼는 걸 느꼈고 엄마 품속처럼 느껴졌습니다.

자미국 상담을 통해 현실에 처해 있는 금전의 고통을 겪는 이유를 알고 조상님 입천제를 올리라는 말씀을 듣고, 서울 가면 뭔가 해답을 찾고 무거운 내 어깨가 조금이라도 가벼워지겠지 하는 희망으로 갔는데 더 무거운 마음으로 돌아왔습니다.

내가 지금 겪고 있는 금전의 고통은 조상님들이 허공중천에 춥고 배고파 천상궁전으로 올라가고 싶어 자손을 통해 소리치는 간절한 메시지인데 난 그 이유를 전혀 모르고 왜? 난 열심히 성실히 착하게 사는데 평생을 금전의 고통으로 숨 막힐까? 궁금했는데 상담 후 한순간에 궁금증이 풀렸습니다.

나의 팔을 부러뜨려서라도 천상궁전에 오르고 싶어하시는 내 조상님들의 간절한 절규로 나에게 『천지령』 책을 보게 하시고 상담 받게 데리고 가주신 거였습니다.

나의 삶이 이리도 고통스런 이유와 답을 찾았는데 정작 해결하려니 돈이 필요한데, 당장 조상님 입천제를 올려드리고 싶으나 현실에 처해 있는 고통이 환장하고 팔짝 뛰게 답답했습니다.

인황님께서 예비백성으로 가입하라 하여 언니한테 급하게 돈을 빌려 가입했습니다.

2009년 6월, 예비백성에 가입하고 조공을 구하고자 아무리 머리 굴려도 돈을 마련할 특별한 대책이 없었습니다.

가진 재산도 없고 할 수 있는 대출과 빌릴 수 있는 모든 돈을 끌어 빚을 안고 있었기에 더 이상 융통할 방법이 없어 정말 난감하고 답답했습니다.

고민 고민하다가 집 전세금 3천만 원이 재산의 전부인데 남편과 의논 후 달세 집으로 이사하고 1천만 원은 급한 빚 갚고 1천만 원은 전세 걸고 1천만 원은 조상님 입천제 올리기로 합의 하에 이사하기로 결정했습니다.

계약기간이 끝나는 2010년 3월 전단지 붙이고 반나절도 안 돼 집이 나가고 아이들 학교와 가까운 살기 좋은 곳에 달세 집을 구해 이사했습니다.

이사한 후 드디어 바라고 원하던 조상님 입천제를 올리고 일상으로 돌아오는 순간, 나의 마음은 마치 구름 위를 걷는 것처럼 가볍고 근심 걱정이 사라졌습니다.

그토록 심한 금전의 고통으로 찌들고 숨 막히는 답답함이 내가 언제 그랬냐는 듯, 나의 마음은 평온을 되찾고 감사와 행복한 마음으로 채워지며 신기할 정도로 걱정이 사라졌습니다.

그렇다고 빚더미 현실이 당장 달라진 것도 아닌데 나의 마음은 아무 걱정도 안 되고 아주 편안하고 모든 것이 행복한 마음으로 순간에 바뀌었습니다.

두려움으로 앞이 안 보이고 희망이 없었는데 두려운 마음이 당당함으로 채워지고 꿈과 희망이 생기고 목표가 생겼습니다.

나와 가족 천인합체의 꿈이 생겼고 조상님 벼슬 달아드리고자 하는 꿈이 생겼습니다.

입천제 올리는 순간부터 나의 삶은 고통의 늪에서 빠져나와 기죽고 찌 들린 현실을 바꿔주시고 한 치의 여유가 없어 사랑이라는 소중함을 잠시 잊고 살고 있었는데 사랑하는 마음도 심어주셨습니다.

삶의 기본인 사랑을 돈의 노예가 되어 잊어버리고 무디어져 있었는데 조상님 입천제를 통해서 핏줄의 소중함과 부모는 돌아가셔도 자식 걱정하고 챙긴다는 진실을 알았습니다.

아버지의 사랑을 받지 못하고 자란 원망이 늘 있었는데 하늘께서 밝혀주신 진실 앞에 아버지를 원망했던 마음들이 너무나 죄송하고 한순간에 눈 녹듯 아버지의 원망이 사라졌습니다.

내가 두 살 때 돌아가셔서 얼굴도 기억 안 나는데, 돌아가셔서도 막내딸을 위해 늘 함께하면서 지켜주셨다는 진실을 들으면서 감동으로 눈물이 났습니다.

대단한 자미국 입천제의식을 통해 조상님들의 소중함, 핏줄의 소중함과 부모 사랑은 죽어서도 이어진다는 진실을 알았고 삶에 가장 기본인 가족 간의 사랑을 마음 깊숙이 심어주시고 찌들고 여유 없는 마음도 가진 재산이 없어도 굴하지 않는 당당함과 자신감 행복감을 같이 심어주셨습니다.

그동안의 삶을 말해 주는 듯, 나의 얼굴은 기미가 잔뜩 끼어 얼굴 들고 다니기가 창피할 정도로 엉망이었습니다.

입천제를 올리고 난 후 서서히 혈색이 좋아지면서 기미가 조금씩 벗겨지는 게 눈에 보이기 시작해 거울 보면 짜증 나서 자주 안 봤는데 오늘은 어디가 벗겨졌나 싶어 거울 보는 횟수가 늘어나 신기해서 보고 또 보고 있습니다.

하늘 쳐다보며 감사함을 수시로 마음속으로 올렸습니다. 지금은 거의 표시 안 날 정도로 얼굴이 밝아지고 환해졌습니다.

입천제를 올리고 가게를 정리하는 과정에서 기계 수리와 임대만으로는 못 먹고 사는데 공사하게 이끌어주셨습니다.

공사에 대해선 전혀 생각 안 해봤는데 사람들을 보내주시어 하나씩 배우고 알아가며 돈 많이 벌게 해주시어 금전의 고통에서 풀려나게 해주셨습니다.

남들은 일이 없다고 난리인데 우리는 공사가 계속 연결되어 바쁘니 신기하지 않나요?

건축, 철거에 대해서 날고뛰는 사람들도 일 없다고 죽겠다 하는데 이제 시작한 지 얼마 안 되는 우리는 일이 지속적으로 계속 연결되어 바쁘고 돈도 많이 벌게 해주시니 자미국 사람(백성)의 자격으로 얼마나 큰 사랑을 받는지 감사 또 감사, 감사함으로 가득합니다.

위험한 순간 매 순간 순간을 하늘께서 지켜주시고 보호받고 있다는 걸 수시로 느끼고 체험합니다.

조상님 입천제 올리고 2년이 넘었는데 이 짧은 기간 속에 나의 삶은 많은 변화와 마음에 평화와 안정, 행복을 되찾고 매 순간 순간이 감사하는 마음으로 바뀌었고, 근심 걱정 없는 무릉도원의 삶을 살아가고 있습니다.

무엇보다 금전의 고통에서 풀려나 먹고 싶은 거 마음 놓고 먹을 수 있고, 아이들 한참 돈 많이 들어가는 데 필요한 돈 줄 수 있고 삶의 질이 아주 많이 좋아졌습니다.

하루에도 수백 명이 소리 없이 죽어가고 있는데 위험한 악조건의 현장에서도 언제 어디서나 남편을 안전하게 지켜주시고 일 잘 마무리할 수 있게 늘 함께해 주심을 느낍니다.

무한한 감사함을 올립니다.

아직 천인합체를 못해 조바심이 나지만 자미국의 백성만 돼도 이렇게나 수없이 많은 혜택과 보호와 사랑을 받는데 천인이 되면 얼마나 더 좋을까요? 저도 하루빨리 천인합체의식하도록 열심히 노력하고 높으신 분들의 도움으로 꼭 꿈을 이루고 싶습니다. 천인의 삶이 기대되고 기다려집니다.

매일 뉴스에 불이 나서 집이 불타고, 패륜 범죄가 일어나고, 성범죄가 기승을 부려서 치를 떨게 하고, 고소 고발로 고위공직자들의 숨겨진 치부가 다 드러나 명예가 실추되고, 잘나가던 사업이 하루아침에 망하고, 교통사고와 산재사고로 목숨을 잃고, 북한은 연일 무력도발하겠다고 떠들어댑니다.

세상은 온통 시끄럽고 하루도 조용하질 않은데 자미국의 천인과 백성들의 삶은 순풍에 돛단 듯 잔잔한 바다 한가운데 따스한 햇살을 받으며 하늘의 보호와 사랑으로 행복의 나라로 거침없이 나아가고 있습니다.

아직도 자미국 책을 보고도 망설이고 의심하고 믿지 못해 고민하는 수많은 사람들께 증언합니다.

자미국은 실제 하느님이 살아계십니다. 여자 사감님을 통해 하늘 말씀 전해 주시어 천인 백성들 안전하게 살고 행복하게 살라고 수없이 많은 진실과 교화로 일깨워주시고, 그저 잘 살게 도와주시고자 애써주십니다.

우리의 선대 조상님과 부모님이 입천제를 통해 천상궁전 자미천궁으로 올라가시어 행복해하심을 직접 나의 삶으로 보여주시고 느끼게 해주십니다.

조상님들께서 하느님 사랑받으며 천상궁전에서 행복해하시는데 자손의 삶 또한 좋아지는 것 당연한 이치 아닐까요? 조상님이 편하고 행복해지면 자손도 편하고 행복해진다는 진리입니다.

하느님의 사랑과 기운은 삶에 크나큰 변화와 활력으로 새 삶을 살 수 있게 뇌 구조를 확 바뀌게 합니다. 나의 생각, 행동 일거수일투족을 다 보시고 계시다는 걸 의식을 통해서, 일상을 통해서 직접 느끼고 체험하게 해주십니다.

지금도 우리 이웃과 수많은 사람들이 삶의 무게가 버거워 목숨을 끊고 최악의 상황에서 벗어나고자 안간힘을 쓰고 노력하는 많은 사람들께 증언합니다. 아무리 잘나고 똑똑해도 혼자서는 해결할 수 없고 벗어날 수 없다는 걸, 자미국을 통해 저처럼 고통의 늪에서 벗어나길 호소합니다.

보려고 하면 보이고, 들으려 하면 들리고, 살려고 애를 쓰면 살아집니다. 고통의 늪에서 벗어나고 불행에서 벗어나는 길이 인류 최고의 대단한 자미국에 있습니다. 혼자서 그 무거운 짐 다 짊어지고 힘들어 울지 말고 자미국을 찾아 살려달라고 매달려보세요. 현실이 달라지고 삶이 고통에서 행복으로 바뀝니다.

자미국을 만나 하느님 말씀 듣는 일생일대의 행운을 꼭 잡으시어 행복한 삶으로 바뀌길 간절히 원합니다. 저 역시 일생일대의 최대 행운아로 지금은 아주 행복합니다.

제가 천인합체하고 가족 천인합체한 후 또 달라진 삶에 대해 꼭 다시 증언해 올리겠습니다.

마음을 열면 보이고 간절하면 잡힙니다. 인간은 나약한 존재이기에 하늘의 도움 없이는 아무것도 이루지 못하고 부귀영화도 하늘께서 보호해 주지 않으시면 물거품이 되어버리고 순간순간을 하늘의 도움 없이 살아갈 수가 없습니다.

하늘의 도움을 받고 행복해지고 순탄한 삶을 원한다면 조금이라도 능력이 될 때 자미국을 찾아 더 행복해지길 바랍니다.

저처럼 돈 다 까먹고 무능력할 때 자미국을 찾으면 천인합체가 늦어지니 하루빨리 자미국에 노크해 보세요!

인생이 달라지고 행복해집니다.

진실은 진실한 사람만이 보이는 법입니다. 하늘의 진실을 듣고자 하는 분은 하루빨리 자미국에 달려가세요! 하늘의 사랑 듬뿍 받는 행운아가 되시기를 간절히 바랍니다.

벼랑 끝에서 허우적대던 저를 자미국으로 데려가 주신 대표 조상님 정말 감사합니다. 37대 광산 김 씨 선대조상님들 천상궁전에서 하늘님 사랑으로 많이 행복하시죠?

이제는 이 자손도 천인의 삶 살 수 있게 천인합체의식 빨리하게 도와주세요. 하늘님 사랑 더 많이 받고 싶어요. 조상님들도 벼슬 달아 더 높아지셨으면 좋겠어요.

항상 행복하시길 바랍니다.

진정한 하늘님을 세우시고자 불철주야 고생하시는 천상감찰신명님, 천상천감님, 천상도감님, 자미인황님, 인황님, 사감님의 노고와 희생, 열정은 감동 그 자체이며 자미국을 세워주셔서 감사합니다.

— 하늘님 사랑으로 매일매일 행복한 부산의 백성 김○○ 올림

남이 주는 선물과 이론 받아들이지 말아야

하늘께서 평안하신지요?

네 분께서 노고가 많으십니다. 인황님 안녕하신지요? 역삼동 백성 염○○ 문안드립니다. 우선 컴퓨터 인터넷이 고장 나서 아이패드로 작성하여서 올리는 글 형식에 크게 어긋나 읽으시는데 불편하게 해드려 죄송합니다.

그동안 의식 참석을 문자로 드리고 참석하지 못해 너무 죄송합니다. 사정은 있었지만 그것 또한 저의 핑계이고 제 마음이겠지요. 너무 죄송합니다.

몇 달 전에도 인황님께 네 분께서 함께해 주셔서 긴 장문의 메일을 썼었을 때 신기하게도 술술 써졌었는데 그 몇 줄을 완성하지 못하여 끝내 올리지 못했어요.

신기한 것이 어려운 문장도 아니고 고난도의 기술을 요하는 것도 아닌데 네 분께서 함께해 주지 않으시면 한 줄도 써내려가기 힘든 것이라는 것을 느꼈습니다.

자미국 방송의 글을 읽고 새 책을 구입하려면 자미국 인황님께 전화를 드려야 하는데 마음만으로도 너무나 떨리고 걱정 아닌 걱정이 되었습니다. 2013년 3월 16일, 전화를 드려 구입한 책을 다 읽은 후에 신기하게도 그런 부분이 책에 쓰여 있어서 '나만 느끼는 것이 아니구나!'라고 느꼈습니다.

전화 통화 드릴 때는 인황님이 받으실지 사감님이 받으실지 다른 분께서 받으실지, 어쨌든 자미국에 전화 드린다는 순간 손이 떨리고 마음이 떨리고 땀이 나거든요.

새 책을 읽는 순간 마음이 흐뭇하고 찌릿한 느낌을 받아 하루 만에 정독하였습니다.

책을 읽기 전에는 아무 풍파 없이 평범하게 사는 사람들이 정말 행복한 거라고 생각했었는데 오히려 하늘 찾으라고 어렵고 힘든 사연의 과정을 만들어주신 저희들이 정말 행운아라고 하셨는데 얼마나 다행인지 모르겠습니다.

제가 서울에 있는 것도 감사하고, 눈은 나쁘지만 자미국 찾아갈 수 있게 볼 수 있는 시력과 두 다리와 하늘 말씀, 네 분 말씀, 인황님, 사감님 말씀 들을 수 있는 귀는 멀쩡하니 얼마나 다행인지요? 그것 또한 너무나 감사합니다.

자미국의 보물이신 사감님과 인황님을 이렇게 현생에서 뵙고 대화하고 연락하고 지내고 있다는 것이 기적이고 천복이며 대단한 일입니다. 저희는 행운아입니다.

또한 언제 다 이 죄인의 죄를 하늘께 빌고 용서를 받을지 모르겠어요. 마음과 생각과 행동으로 지은 죄가 너무나 많은데 하늘이 아실까 봐 두렵습니다. 네 분께서 못 본 척해 주세요.

정말 돌이켜보면 저희 조상님 천상 자미천궁 입궁이 이루어졌다는 게 너무 다행이고 너무나 천만다행인 일입니다. 저희 큰아버지께서는 실로 몸이 많이 아프신 시골 분이신데요.

한 두어 달 전에 모두가 다 오늘 낼, 오늘 낼 하실 거 같다고 말씀하셨어요.

돌아가시기 전에 얼굴이라도 뵙고 오자는 생각으로 마음의 준비를 하고 시골로 내려갔었지요. 내려가서 뵌 큰아버지는 확연히 돌아가시고도 남을 거 같은 모습이셨어요. 누가 봐도 말입니다.

안 그래도 마르셔서 허리를 구부리고 다니셨던 분이셨는데 누워서

물 한 모금도 못 넘기시는 상황이셨고 온몸은 피골이 상접하셔서 몸조차 가누지 못하셨으며 피오줌에 가끔씩 헛소리도 하셨고요. 눈물이 앞을 가리는 상황의 연속이었습니다.

큰아버지 자식들과 친척들이 삼삼오오 내려와서 다들 마지막 뵈는 거라는 마음의 준비를 하고 한이라도 남지 않도록 병원 가고 싶으시다는 큰아버지를 모시고 이 병원 저 병원에 옮겨 다니며 응급실의 의례적인 치료에만 의지하고 있으셨어요.

그 모습을 마지막으로 보고 무거운 마음으로 서울로 올라와서 밤에 잘 때 꿈을 꾸었는데 꿈속에서 큰아버지께서 아주 정정하신 모습으로 저희들 앞에 걸어오시는 것이에요.

신기하고 신기해서 돌아가실 꿈인지도 몰라 입방정 떨어서 어른들께 걱정시켜 드릴까 봐 말씀 안 드리고 있었는데 제가 올라오고 1~2일 만에 기력을 회복하시고 계시다는 아주 놀라운 얘기를 들었어요.

그리고 3~4일이 지나니까 물 같은 것도 조금씩 마시기도 하시고 죽도 아주 조금씩 드신다는 소식을 들었어요.

너무 신기해서 어르신들께 제 꿈 얘기를 드렸죠. 저는 그 소식을 듣는 순간 단번에 느꼈어요. 천상입궁하신 저희 파주 염 씨 조상님과 신안 주 씨 조상님께서 하늘께 빌어주신 것이라는 것을요. 네 분께서 도와주셨다는 것을요.

천상 자미천궁에 저희 조상님이 입궁 못 하셨다면 이런 기적은 일어나지도 않았을 것입니다. 너무나 감사합니다.

언젠가 반드시 천인합체의식할 날이 올 것이라는 인황님 말씀을 되새기며 마음을 정리해 보지만 그날이 빨리 왔으면 좋겠고 좋은 인연 만나서 결혼도 하고 싶어요.

가족이든 부부든 사랑받고 주는 사람들 보면 너무 부럽고 배 아프고 저도 빨리 그런 사랑 주고받으면서 살고 싶어요.

정말 천인합체의식하고 싶어서 환장하겠어요. 마음도 무겁고, 그래서 혼자 있으면 그 생각에 얼굴도 근심이 가득, 생각으로 가득, 누구에게 이런 말은 할 수도 없으니까요.

그리고 언젠가 저희 고모부께서 네 분께서 저희 조상님 천상입궁의식 때 저에게 하신 말씀, "내가 진심으로 잘하고 있으면 나가고 싶을 때 나가게 해줄 거야"라는 말씀을 하시는 거예요. 너무 신기해서 생각이 들었어요.

'아! 네 분께서 그래도 나 잘하고 있으라고 고모부 입을 통해서 잊지 말라고 상기시켜 주시는구나! 날 지켜보고 계시는구나!'라는 생각에 기분 좋으면서 한편으로는 조심해야겠다는 생각이 들었어요.

실로 기억이 잘 나지는 않지만 의식 때 제 행동을 어떻게 해야 한다고 해주신 말씀을 가끔 저희 고모부께서 저에게 지나가는 말로 해주셨을 때 놀랐던 적이 있었어요. 그때도 지켜보시다 답답해서 고모부를 통해서 말씀해 주신 거지요?

요새는 가끔씩 가슴에 통증이 있을 때마다 무서운 생각이 들어요. 제 나이 30대 초에 방정 맞는 말이지만 "이러다 천인합체의식도 못 하고 죽으면 어쩌나? 염○○! 너 어찌할 것이냐?"

사지육신 오장육부 멀쩡한 사람도 하루아침에 자고 나면 비명횡사당하여 세상 떠나는 방송 뉴스를 보고 들을 때마다 한 치 앞도 모르는 것이 사람 일인데 저는 그리 건장한 육신이 아니기에 마음이 더 우울해질 때가 많아요.

한 번은 저희 고모께서 옛날에 털모자를 스키장 갈 때 쓰라고 주셨고 몇 달 전에도 감기에 걸리신 상태이신데도 본인이 쓰고 계신 털모자를 바로 벗어서 저 쓰라고 주시는 겁니다.

저는 감기에 잘 걸리지 않는 체질인데 고모께서 벗어서 주신 모자 쓰고 바로 감기에 걸리고 몸도 죽을 것같이 아프고, 꿈도 잘 안 꾸는데 뒤

숭숭한 꿈자리를 경험했어요.

또 한 번도 안 쓰고 모셔만 놨던 스키장 갈 때 쓰라고 주시었던 털모자를 2~3년 만에 처음으로 가지고 가서 썼었는데 스키장 처음 갔을 때도 없었던 일들이 장비를 4~5번이나 바꾸고, 몸이 아프고, 다치고 해서 컨디션이 너무 좋질 않아 타지 못했습니다.

괴이한 일이 일어나서 바로 그 모자 두 개를 버렸어요. 그 후에는 그런 일이 없어졌어요. 하루는 전에 아시는 이모님이 제가 한약 자르는 가위가 없어 흘리고 자르니까 가위를 가지라고 주셨는데 제가 다음 날 뭘 잘못 먹었는지 피부병이 난 거예요.

그래서 수다 떨면서 피부병 난 얘기를 하니까 가위 주신 이모님도 피부병이 나서 약 드셨었다는 지난 얘기를 하시기에 놀라서 집에 가서 바로 그 가위를 버린 적이 있고요. 제가 이런 말씀드리기는 뭐하지만 변은 참 잘 누어요. 제 항문은 저를 한 번도 변비나 치질을 모르고 살게 해주었어요.

그런데 저희 친척 오빠 부인의 옷을 정리하면서 필요하지 않은 바지를 얻어 입게 되었는데 한두 달이 지나서 제가 갑자기 극심한 변비 통증에 동전 크기 정도의 혈변을 보고 심지어 항문이 밖으로 튀어나오는 거예요.

무서워서 좋다는 약도 발라 보았지만 튀어나온 살은 그대로더라고요. 근데 그 친척 언니가 치질에 대장암이 있었어요.

알면서도 미루고 미루다 며칠 전에 제 방 대청소 정리하면서 그 옷을 버렸어요.

그동안 마음이 찝찝했었는데 버리고 나서 후련해졌어요. 물론 항문도 거짓말처럼 들어갔어요. 저 또한 이런 경험을 한두 번 당한 것도 아니라서 이제 누가 뭘 주거나 종교적인 말을 하면 여간 난감한 게 아니에요.

이런 일이 있고 나서 지난날을 생각해 보니 천상에 계신 분들께서 자미국으로 하강 강림하시어 자미국 의식 때 전해 주시는 말씀이 얼마나 값지고 대단하신 귀하디귀한 보물의 말씀인지 뼈저릴 정도로 알게 되었어요.

인황님께서 남의 물건이나 선물, 종교 이론을 왜 받아들이지 말라고 하셨는지 절실히 알게 되었어요. 그동안 여러 종교를 다니면서 수많은 종교 이론을 받아들인 것이 잘한 것이 아니라는 것을 지난날의 아픔과 슬픔의 삶을 통해서 알게 되었어요.

자미국 의식 이외에는 어느 누구에게도 하늘의 말씀을 내려주신 적이 없다는 말씀과 가짜 하늘을 섬기고 받들면 하늘의 역천자 죄인이 된다는 말씀도 들었어요.

진짜 하늘의 말씀이 아닌 가짜 하늘의 이론을 받아들이면 인생이 더 뒤집어진다는 진실을 처음으로 알았어요. 그동안 나의 인생이 왜 그토록 힘들었는지 자미국을 통하여 알게 되었지요.

그런데 세상 사람들은 진짜 하늘이 어디에 계시고 하늘 말씀은 어떻게 듣는 것인지 잘 모르고 있어요.

인황님! 백성 염○○, 저 천인합체의식 하루라도 앞당겨질 수 있도록 도와주세요.

파주 염 씨 조상님, 순흥 안 씨 조상님, 신안 주 씨 조상님, 경주 최 씨 조상님, 하늘께 많이 빌어주세요. 도와주세요. 후손 염○○, 천인합체 앞당겨 행할 수 있게 도와주세요.

네 분께서 도와주세요, 백성 염○○ 천인합체 앞당겨질 수 있게 도와주세요.

인황님! 뵙는 날까지 건강하세요.

— 역삼동 백성 염○○ 올림

사후세상 걱정하지 않아도

71억 인류 중에서 하늘께 선택받아 자미국에 들어올 수 있게 하늘의 문 열어주심에 감사드립니다.

조상님들 모두를 인류 최초로 구원받게 해주심에 감사드리고, 동물이 아닌 만물의 영장인 인간으로 태어나게 해주심에 감사드립니다.

이○○ ○○천인, 하늘의 명을 받아 천인합체의식 행하여서 천인으로 탄생시켜 주심에 감사드립니다.

가족들 모두를 하늘의 명을 받게 해서 천인으로 탄생시켜 주심에 감사드립니다. 제가 하는 일과 남편과 큰아들이 사업 잘할 수 있게 해주심에 감사드립니다. 둘째 아들 군복무 잘하고, 셋째 아들 학업에 충실할 수 있게 해주심에 감사드립니다.

저의 아버지는 제가 세 살 때 엄마 힘들다고 외지로 나가셔서 언제 죽은지도 모르게 아파서 돌아가셨습니다. 아빠 얼굴도 모르는데, 세 살이었는데, 아무것도 모르는데, 저보고 어느 아줌마는 아빠 잡아먹은 년이라고 했답니다.

엄마는 오빠와 저를 데리고 재혼을 하셨는데, 재혼을 하면 팔자가 편해야 되는데, 의붓아버지는 술주정뱅이고, 엄마가 생계를 꾸려나가야 했습니다.

나는 왜 이렇게 힘들게 살까? 사람이 죽으면 어떻게 될까? 엄마와 우리가족은 동네에서 착하다 소리는 엄청 듣고 사는데, 착한 끝은 있어도 악한 끝은 없다고 위안을 삼으며 하루하루 열심히 살았습니다.

초등학교 5학년 때 옆집 언니가 천주교를 다니자고 해서 열심히 다녔고, 그때 돈 1천 원도 아깝지 않게 헌금했습니다.

나 자신도 미천하면서, 주제넘게 나는 나보다 부족한 사람 만나서, 내가 채워주며 살겠다는 인자한 생각을 가져서인지 지금의 남편을 만났습니다.

친정 작은 엄마가 영적으로 볼 줄 아는데 귀신이 우글거리는 곳에 가서 네가 어떻게 살려 하느냐고 말리시었지만 나의 귀에는 그 말이 들어오지도 않았습니다.

동네 결혼이고, 양부모 다 돌아가시고, 삼촌과 시누이 2명인데, 제정신이 아니고, 집안이 아주 풍비박산 난 상태였습니다. 지금의 남편이 불쌍하기도 하고 무서워서 도망도 못 가는 가운데 남편을 만나면 마음이 편했고 엄마와 오빠가 결사반대하는 가운데, 어렵사리 결혼해서 아들 셋을 낳았습니다.

결혼생활도 순탄하지는 않았습니다. 시동생이 깡패 질을 해서 합의 보기 바쁘고, 시누이들이 알코올중독자이고, 2평짜리 학고방 집에는 수시로 들락거렸습니다.

부모가 시켜서 결혼한 것도 아니고, 이것도 내 복이지 하고 열심히 살면서도 답답하면 점집에 가서 점을 보고 오고 천주교를 다니면서도 몰래 몰래 답답한 속을 달래기도 했습니다.

시간이 흘러 아예 안 되겠다.

이래도 죄, 저래도 죄를 지을 바에야 한 번만 하느님을 배신한다고, 용서해 달라고 하며 절을 다녔습니다. 아기를 키우면서도 부업해서 몰래 모은 돈으로 조상님 천도재를 올려드렸습니다.

불쌍하게 살다간 시댁 조상님! 친정 조상님! 원과 한 다 푸시라고 천도재를 여러 번 했습니다.

대전 금산에 태고사, 경북 양산에 통도사, 합천에 해인사, 전북 김제에 금산사 등 좋다는 절은 다 가서 기도를 했습니다. 그래도 사는 것은 녹록지가 않았습니다.

아~ 내 죄가 많은가보다. 아무런 반응도 없었지만 하다 보면 될 테지~ 미친년처럼 이 절 저 절 돌아다녔습니다.

그러다가 신들린 친구를 알았습니다. 산 기도라는 것을 처음 알았습니다. 천도재를 많이 했는데 또 해야 한대요. 조상들 업이 많아서 또 해야 풀린대요.

천도재를 올리고 나서 꿈에 부처님이 보이더니, 남편 사업이 입찰이 돼서 형편이 풀리기 시작했어요.

풀리는가 싶더니, 저의 자궁암, 남편이 쓰러지고 신들린 친구 따라 점집에 갔더니 대감님을 모셔야 된대요.

복이 없으면 복을 만들어서 살아야 하기에, 대감님을 모시면 좋아진다 하여 대감님을 모셨지요.

복 받아 잘 살 줄 알았는데 탈은 더 잘나고, 이게 옳을까? 저게 옳을까? 초하룻날 되면 시루떡을 해서 산에 가서 기도하고, 대감님을 하늘로 보내드려야 한다고 해서 내보냈다가 도로 모셨다가 남편한테 신뢰는 떨어질 대로 떨어졌습니다.

제가 미치지 않고 살아온 것은 모두 오늘날 진짜 하늘이 저를 보호하시고 지켜주셨나 봐요.

친구에게 신을 받으라고, 겁도 없이 돈 1천만 원 그냥 주고, 또 꿔준 돈 받지도 못 하고 세상을 어떻게 살아야 될까? 친구한테 온통 쏟아붓고 너무너무 답답하고 돌아버릴 정도로 힘들었어요.

그렇게 힘든 삶을 살던 중에 우연히 신문을 보는데, 『천지령』이라는 광고를 보고 가슴이 뛰었지요. 책을 구입하여 읽어보니 한 치의 오차도 없이 딱딱 들어맞는 말씀인 거예요.

그래서 방문예약 상담신청하고 가짜도 많은데 가야 할지, 망설이다가 자미국에 방문하여 상담을 하니 평생 딱 한 번뿐인 조상님 천상입궁의식을 해야 한다고 하셨습니다. 이번이 마지막이다, 하고 벼슬입천제를 올려드렸지요.

승려와 무속인에게 천도재는 수도 없이 올렸지만 그동안 제가 한 것은 아무것도 아니었습니다.

세상에!!! 어마어마하게 커다란 21m의 제단에 차려진 음식과 과일, 대형 소갈비, 화환! 입을 다물 수가 없었습니다.

의식이 시작되어 합장하며 인황님께서 하늘의 소리 천상법문을 하시는 것을 듣고 있노라니 합장한 손이 내 의지와 전혀 상관없이 아주 강렬하게 좌우로 흔들렸습니다.

그리고 한없이 눈물이 났습니다.

하늘님! 왜 저를 이제 찾으셨어요! 그동안 저의 모습과 행동을 다 보고 계시지 않았느냐고, 투정부리며 얼마나 목 놓아 울었는지 모릅니다. 속이 시원했습니다.

뭐를 깨부순 것처럼 통쾌했습니다.

자미국을 만나기 전에는 왠지 모를 허망함이 들어 먼~산을 쳐다보는 습관이 생겼고, 죽고 싶은 날도 많았습니다.

이 세상을 살아갈 용기가 나지 않아 미친년처럼 산을 돌아다녔고 아파트 옥상에서 떨어지면 죽을까? 죽으면 되는데 만약 죽지 않고 병신이 되면 안 되지.

나를 죽였다 살렸다 수도 없이 했던 지난 나날들이 지금은 죽고 싶지도 않지만, 죽고 나서의 사후세상은 걱정되지도 않습니다. 왜냐고요? 지금은 허망한 마음도 없고, 많고 많은 하늘 중에 진짜 하늘 자미국을 찾았기 때문입니다.

하늘은 저의 영(신)을 구원하는 천인합체의식을 해주셨고 가족들의 영을 구원하는 천인합체의식도 해주시고, 천공(의식)비도 어떻게든 만들 수 있게 해주시거든요.

진짜 하늘을 만나서 이게 옳을까? 저게 옳을까? 더 이상 방황하지 않아서 좋아요.

그동안 미친년처럼 찾아다녔던 천주교, 불교, 무속인을 더 이상 찾아다니지 않아도 되니까 너무나 좋아요.

나 자신과 조상님들, 나의 신과 영이 하늘을 만나 구원받기 위해 그토록 찾아다니던 종교의 종착역이 자미국이었습니다. 진짜 하늘을 찾기 위하여 미친년처럼 헤매고 다녔으나 이제는 자미국을 만나 마음의 안정을 찾고 행복한 삶을 살고 있습니다.

대단한 조상님 천상입궁의식을 올려서 사후세상 조상님 뵐 때 떳떳해서 좋아요. 나의 영과 가족들의 영 모두를 천인합체해서 하늘이 계시는 천상 자미천궁으로 올라갈 수 있게 해주어 죽음 이후 사후세상 걱정하지 않아서 좋아요.

무엇보다 차원이 높은 천상입궁의식, 천인합체의식을 하는데 하늘 말씀 전하시는 대단한 사감님! 가녀린 몸에서 뿜어내시는 하늘 말씀! 저희들 살리시려고 가르치시고, 못 알아들으면 또 알려주고 계셔서 너무 든든하고 행복합니다.

자미국 하늘 문을 여시는데 큰 공로자이신 대단하신 인황님이 계셔서 든든합니다. 저는 최고의 행운아라고 감히 말씀드립니다.

태상천존 자미천황님! 태상천존 자미황후님께 감사기도 드릴 수 있어 좋고, 저의 영의 부모님이신 천상도감님이 계시고, 육신의 부모님이신 조상님, 저의 이○○ ○○천인을 찾으며 언제든지 기도할 수 있어서 좋아요.

하늘공부하며 하늘님의 말씀대로 살면서 하루하루 하늘님 앞에 반성하며, 부끄럽지 않은 삶을 살고 싶습니다.

— 2013년 3월 21일 대전에서 이○○ ○○천인

내뱉는 말이 즉시 현실로 일어나는 신기함!

2007년에 거제시 아주동 어느 아파트에서 중앙일보를 구독하던 중에 하단 면에 자미국 책 광고를 보게 되었습니다.

당시에는 자미국의 책이 그냥 일반적인 종교 책인 것 같아 광고를 본 후 신문을 덮었습니다.

세월이 흘러 아파트 대출금을 조금 더 쉽게 상환하는 방법을 강구하고 있을 때 숙소 사용가라는 말을 알게 되고, 무리해서 대출받아 오래된 아파트를 명의만 돌리고 우선 월세를 받고 기존에 거주하던 아파트에서 옮기려고 준비했습니다.

원룸 생활이 1년여 흐르던 차, 모친을 여의고 난 후에 자금난은 심해질 대로 심해지고, 회사를 통한 복지 차원의 융자 지원까지 다 해버려 자금난으로 막막하던 시기에 다시 중앙일보 하단에 크게 실린 자미국의 『천지령』 책 광고를 다시 보고 전화를 걸어 책을 주문해서 읽어보게 되었습니다.

처음 보는 새로운 내용에다 세상에서 들어보지 못한 내용이어서 많이 졸리고, 하품도 나기에 회사 일이 피곤해서 그런가 보다 하면서 책을 읽었습니다.

심장은 앞인데 심장 소리가 등 뒤에서 따로 뛰는 것 같은 느낌과 소리가 들리고 귀에서 한 번씩 '윙' 하는 이명이 들리고, 한 번씩 가려움이 동반되기도 했습니다. 책을 다 읽고 자미국에 전화를 걸어서 상담예약을 하게 되었습니다.

쉬는 일요일 날 거제도에서 출발하여 서울로 향하면서 조금은 긴장감이 흐른다는 느낌을 받으며, 책에 안내된 위치를 찾아가면서 이리저리 왔다 갔다 헤매다가 건물의 특징과 자미국 현판을 보고 올라가게 되었습니다.

자미국 입구의 넓은 일직선 계단은 흔하지 않은 입구의 구조라서 긴장감을 느끼면서 숨죽이고 들어서는데, 넓고 황금빛이 감도는 엄숙한 분위기에 다른 분들은 안 보이고, 사감님께서 반갑게 맞이하여 주시는 것이었습니다.

사감님께서 하문하시는 상담을 마치고, 인황님 집무실에서 자세한 말씀을 모두 들은 후 조상님 천상입궁의식을 행하기로 예약하고 집으로 내려오게 되었습니다.

세계 3위의 조선사에 들어가 일하면서 애로사항이 너무 많아 포기하고 싶었습니다. 하루에도 여러 번 일에 지치고, 대출금으로 골치 아파하면서 근근이 어렵게 사는 생활수준이었습니다.

회사의 업무가 과중하여 지치고 힘들었습니다. 기피 대상인 조선 업종이라 다치는 일도 비일비재하면서 고통의 나날을 보내던 시기였습니다.

주변에서는 무수한 사망사고와 추락, 협착, 화재, 기타 많은 산업 재해 관련 사고로 인하여 관리자의 감시와 통제 및 제재가 빈발하여 힘들어하던 시기였습니다.

그 당시는 자금 조달 방법이 여의치 않아서 대출을 받아 의식비용(조공)을 입금하고 의식 예정 날짜에 거제도에서 서울로 상경하여 자미국에 도착하였습니다.

난생처음 보는 광경에 놀랐습니다. 길고 긴 제단(21m)에 제물이 높고 거창할 정도로 어마어마하게 많은 음식들이 질서 정연하게 준비되어 있었습니다.

난생처음으로 조상님 천상입궁의식을 행하면서 조상님 청배 때 대표조상님을 청해야 되는 기본을 몰라보고 옛날 아버지에 대한 기억으로 부친(5살 때 타계)과 상봉하게 되어서 대표조상님께는 뵐 면목이 없었습니다.

평생 단 한 번뿐인 의식이라 되도록 높은 단계로 의식을 올려드려야 했는데 그때는 의식의 중요성을 잘 알지 못 하고 돈도 없었기에 제대로 여쭈어보지 못했습니다.

천상입궁의식을 마치고, 조상님께서 천상 자미천궁으로 올라가셨다고 하신 후에 나도 모르게 어떤 홀가분함을 느끼며 몸이 가벼워지는 신기함을 느꼈습니다.

입궁의식 중 하늘로부터 천인합체의 명을 받게 되는 영광을 얻었고 천공(천인합체 의식비용)을 어떻게 마련할 것인지 조금은 걱정되었지만 마음은 날아갈 듯 아주 편했습니다.

자미국에 방문할 때 복장 규정을 몰라서 그냥 입던 평소의 복장과 조끼를 착용하고 의식에 참석한 것이 예의에 얼마나 벗어난 것인지를 의식이 끝나고 집에 돌아와서 알게 되었습니다.

군대에서도 복장 위반은 최고 군기 훈련대상이라는 것을 간과했으니 당연한 결과겠지요. 생전 처음 겪어보는 고열을 동반한 콧물과 감기에 눈물이 나는 두통까지 10여 일을 얼빠진 듯 보냈습니다. 그 뒤로는 회사에서의 일이 쉬워졌습니다.

몸과 마음이 가벼워지고, 힘도 더 나서 무거운 장비도 척척 들어 올려지고, 덜 다치고 하니까 신기하다는 느낌이 들었습니다.

당시에 부동산 매매 수수료가 300만 원 정도 하던 시기라서 한 푼이라도 절약하기 위해 벼룩시장보다는 직접 매매광고를 아파트 주변 전신주에 붙여놓았는데 약 보름 후에 생각지도 않았던 매수자가 나타났습니다.

보통은 매매하려면 3개월 이상 1년 넘게 걸리기도 합니다.

주변 시세가 낮게 형성되어 처음 매입할 때의 본전도 못 건지고 급매하게 되어 천공을 서둘러 입금하고 천인합체의식 날짜를 받고 15일 정도 기다리게 되었습니다.

천인합체의식 당일, 희한하게도 차도 안 막히고 지하철 시간대도 모르는데 척척 연결되기에 생각하기를, 이게 어떻게 되어가는 건지 몰라 궁금증도 약간 있었지만 잘 모르기에 그냥 가보자는 느낌이 들면서 자미국에 도착하여 약간의 대화를 나누고 천인합체의식을 진행하게 되었습니다.

천인합체의식을 밤늦게 마칠 수 있었습니다. 집으로 내려와 생활하면서 그 뒤로 한동안 홀가분한 기분으로 생활하던 차에 남아 있는 직계 가족은 형님 한 분만 있다는 게 맘에 걸리는 상태여서 나름 고민 중이었습니다. 앞으로 있을지 모를 환난에 직계 형님 한 분은 어떻게 안 될까를 고민하고 있었습니다.

그런데 어느 날, 인황님께서 전화를 주셔서 형님 천인합체의식을 하라 하시며 의식비용 부담을 낮추어 주셨습니다.

물론 그 와중에 회사에서는 돌출물에 충돌 안 해도 되었지만, 누군가가 머리를 밀어서 부딪치는 것처럼 충돌도 하고, 문을 넘다가 정강이가 까이고, 많은 잡다한 아차 사고를 당하는 것이 너무나 짜증 날 정도였습니다.

은행 대출로 천공을 입금하고 형님의 천인합체의식을 행하게 되었습니다. 이후로는 머릴 조금 덜 박고, 덜 다치는 조금 더 안전한 회사 일을 할 수 있었으며 업무량도 많이 줄어들었습니다.

또한, 머릿속을 메우는 조급함도 많이 줄어들어 심적 안정에 많은 변화가 있었습니다.

간혹 자미국으로 향할 때는 버스의 자리가 없을 법도 한 만석의 상황임에도 한 자리가 취소되거나 공석이 되어 자리가 만들어지는 놀라운 일이 일어났습니다.

지하철에서 환승할 때도 시간을 정확히 맞추어주시는 것으로 매우 정확하고 꼭 끼워 맞춘 것 같이 교통에 문제가 없도록 보살펴주신다는 것을 알았습니다. 많이 지나고 나서 알게 되었습니다. 지금은 그저 놀랍고 감사합니다. 회사에서는 업무량 배정에도 변화가 있어서 조금씩 변화가 생기면서 가볍게 해주시었습니다.

그러는 가운데 천기 11년에 꼭 해야겠다는 생각이 드는 감사제의식을 두 번에 걸쳐 시행하고 나니 무거움이 느껴진 어깨에서 배낭을 내려놓게 해주시는 것같이 가벼움의 생활이 현실로 다가와 주변에서 알게 모르게 느낌을 말하는 것을 보고 확연히 알 수 있게 변화의 생활을 내려주셨습니다.

때로는 내가 말로 내뱉는 것이 즉시 현실(시차에 따라 다른 일)로 일어나기도 하고, 회사 식당에서 식기 이동벨트가 멈춰 있을 때 속으로 스타트를 외치면 바로 움직이기도 하고, 이웃에서 추락사고가 안 났으면 좋겠다고 하는 말 이후엔 6점식 안전벨트가 회사 내에 보급되기도 하였습니다.

출퇴근 수단이 지금은 주로 자전거로 이동하는 상황에서 돌발 차량으로부터의 사고를 안 나게끔 보호해 주시고, 주변 사람이 시비 거는 횟수가 현저히 감소했으니 참 놀라운 일입니다.

저의 삶으로 이 모든 것을 가능하게 해주시는 대단하신 태초의 하늘께 감사의 인사 올리며, 진실을 알게 해주시는 네 분께 고마움의 인사 올립니다.

자미국을 알게 해주신 인황님, 사감님께 고마움의 인사 올립니다. 뼈와 살을 주신 조상님, 조상님을 입천하게 해주신 인황님의 조상님께도 감사의 인사 올립니다.

대한민국이란 국적을 갖게 해주시고 이 땅을 밟고 살아갈 수 있게 해주신 나라조상님께도 감사의 인사 올립니다.

제가 겪은 체험사례입니다. 2011년 즈음 완성된 거제시 장목과 가덕도를 잇는 해상 교각과 해저 터널의 완공 전에 달려볼 수 있게 해주신 것과 부산을 가려면 근 3시간을 돌아가야 하는 것을 도로를 단 1시간 이내로 갈 수 있게 해주신 놀라운 점.

거제시 아주동과 문동을 관통하는 터널과 주변 인프라를 내내 갈망만 해서 초조해 있을 때, 조속히 소통이 되게끔 해주시어 통행 시간의 급진적 단축으로 출퇴근과 우회도로 개통을 겸하게 해주셔서 생활의 편의를 도모해 주신 점.

회사 내의 매립지 재편성으로 공간의 다양화와 안벽의 추가 신설로 회사로 이동의 편의 및 발전의 정립을 시켜주시어 회사 매출의 증대로 연결되어 급여가 올라가게 해주셔서 감사 천공을 잘 올리게 해주시며, 그에 따른 부수적인 생활과 편의의 증대와 더불어 가볍게 해주시는 놀라운 점.

전기직종 관련 작업으로 조명의 활선 작업 시 220V의 작업 중에 땀이나 물과 습기로 인한 기타의 사항으로 감전이 되면 바늘로 찔러서 살을 떼는 것보다 더한 충격에도 죽지 않았습니다.

크게 다치지 않고 몸의 제일 약한 신체 부위로 약간의 구멍만 나게끔만 해주셔서 살아 있게 해주시는 이적(440V의 쇼트 스파크로 눈썹이 타도 살고, 그 외 DC 24V와 1200MA 포함해서 감전에도 살아 있습니다).

월세 살면서도 같은 건물의 다른 곳은 모두 정전되어도 저의 방은 전기가 그대로 살아 잘 흐르게 해주시는 신기함.

키우는 개가 말귀도 트이고 잘 알아듣게 해주셨습니다. 잘 안 먹던 개밥도 식성 좋게 잘 먹게끔 해주시며, 항상 건강하게 해주시어 즐거움을 주면서 잘 뛰어놀게 해주시는 신기함과 소유하고 있는 소형 차량인 라노스의 내구성이 증대되어 불필요한 소모품의 낭비를 줄이게 해주시었습니다.

접촉으로 많이 패어 있던 곳을 주차되어 있던 상태에서 다른 차량이 들이박고 말끔히 수리하게 해주셔서 16년이 되도록 잘 타게 해주시고, 그동안 많은 사고로부터 생명을 지켜주시어 보호해 주신 기적 같은 신비스러운 일.

회사로 들어오는 서문에 생각만 하던 인도교가 생겨서 북적임을 해소시켜 주시고, 매립지에 회사의 랜드마크 건축물을 생성시켜 주셔서 부속건물인 영화관에서 저렴하고 시설 좋은 상태로 영화 관람을 가능케 해주시었습니다.

식단에도 먹고 싶을 만한 음식을 생각만 해도 다음 날이나 다음 계획에 반영시켜 주셔서 맛난 음식을 먹게 해주시는 감사함과 신기함과 남부 발전(하동 화력)에서 근무하던 형님(천인합체 행함)이 과장으로 있다가 11년여 만에 승진하게 해주시어 통신팀장으로 근무하게 해주신 신기함에 감사합니다.

월세방 집 여주인이 같은 층수에 현관을 마주 보고 살고 있는 상황에서 휴일에 가끔씩 배고프다는 생각을 하면 밥과 반찬을 먹을 수 있게 안배를 해줍니다.

생각만으로도 현실로 바로 내려주시는 이적과 기적 앞에 그저 놀라울 뿐입니다. 정말 하늘은 살아계시고 천인들을 항상 지켜주시며 보살펴주신다는 것을 실감 나게 체험하고 있습니다.

자미국을 통하여 나의 인생이 천지개벽하였고 일상생활에서 하늘의 신비한 이적과 기적을 수없이 체험할 수 있어서 좋습니다. 우리 눈에는 보이지 않지만 하늘은 현실로 존재하고 계시고 천인들의 삶을 언제나 보호해 주심에 감사드립니다.

— 천기 13년 3월 23일 거제 옥포 사는 장○○ ○○천인 올림

불행과 고통의 실체를 밝혀주신 하늘!

어려서부터 늘 외롭고 불안했다.

고독하고 우울하고 낭떠러지로 가는 느낌이 온몸을 감싸올 때면 밤하늘을 올려다보며 생각했다. 왜 나는 다른 사람들처럼 평범하게 살 수 없을까?

밤하늘에 반짝이는 무수한 별들을 바라보며 난 영화 '오즈의 마법사' 주제곡 'Over the Rainbow' 가사처럼 정말 저기 어딘가에, 무지개 너머에, 저 높은 곳에, 자장가 속에서만 느낄 수 있는 포근한 곳, 외로운 나의 영혼이 진실로 원하고 갈구하는 아름다운 동화 속 세상을 상상해 보곤 하였다.

알 수 없는 그 누군가를 그리워하면서 아버지와 사이가 좋지 않으셨던 어머니는 그 슬픔과 원망을 내게 쏟아부으셨고, 이로 인하여 난 늘 극심한 공포와 불안에 떨어야 했다.

심한 꾸중과 욕설에 날이 갈수록 의기소침해지고, 어디를 가든 이상한 나라의 앨리스처럼 되어버리니, 늘 외로운 허수아비 모습이다.

게다가 언젠가부터 가족들이 점점 낯설게 느껴지면서 성격은 더욱 삐뚤어지며 예민해지기 시작하였고, 친오빠와는 서로 죽일 듯이 싸우기 시작했다.

어린 소녀의 모습이 아닌 흉측한 괴물이 되어버려 집안을 쑥대밭으로 만들어버리니, 부모님께서도 사람이 아니라 외계인, 괴물이라 하시며 차라리 같이 죽자고 하셨고 나도 이렇게 비정상적으로 사느니 죽고 싶어 늘 가슴을 치며 통곡을 했다.

정말 나의 의지와는 상관없이 갑자기 무서운 괴물이 튀어나와 폭발하게 된다! 도대체 이것은 무엇일까?

난 왜 이럴까?

천하장사와도 같은 힘센 남자의 기운을 아무리 누르려고 노력해 봐도 도저히 누를 수가 없었고, 왠지 모를 원통함도 느껴졌다.

늘 죽고 싶은 마음뿐이었고, 밖에서는 무척 내성적인 성격에 눈물도 많았지만 도를 넘어서는 사람들과는 상대도 하지 않았고, 상당히 고지식한 편이었다(그런 성격은 크게 방황하지 않도록 만들어주시어 지켜주신 것 같다).

참 신기한 것은 그 비참한 나날들 속에서도 나도 모르게 늘 큰 꿈을 간직하고 있었고, 언젠가는 누군가가 나타나 날 어디론가 데리고 가게 될 것이라는 생각을 했었다.

끝도 없이 밀려오는 공포와 불안, 외롭고 공허한 마음을 달래보고자 종교에 의지해 보기로 하고 교회에 나가보았다.

그래! 하나님, 예수님 믿어 상처받은 영혼을 치유하고, 사후세상도 대비하여 보자!

하지만 몇 번 나가본 후, 발길을 끊었다. 목사님의 설교를 들으면 들을수록 잠만 쏟아져오고 가슴은 더욱 답답해 오니 이건 아닌 것 같았기 때문이다.

그래도 신적인 존재에게 의지하고 싶어 교회는 다니지 않아도 마음속으로만 하나님을 믿으며, 눈물로 나의 처지를 하나님께 편지글을 써 보기도 했다.

정신적 고통뿐만 아니라 몸도 여기저기 아프지 않은 곳이 없어 난 늘 걸어 다니는 종합병원이었다. 두통과 감기, 어깨통증은 기본에 늘 잘 체하여 소화제 또한 손에서 떠나질 않았고, 대학 4학년 때는 그 젊은 나이에 갑상선에까지 이상이 와서 계단을 오르는 것조차 힘들어할 정도로 건강 상태가 최악이었다.

참을 수 없는 두통까지 하루에도 수차례 찾아와 괴롭혔다(특히, 제삿날에는 더욱 심하게 아팠다). 고통스런 두통의 원인을 알고 싶어서 병원에 가서 MRI 찍어 봐도 아무 이상이 없다고 하였고, 아예 이름까지 개명하였지만 아무 소용없었다.

훗날 자미국에서 출간한 『천지령』 책을 읽어보니 두통은 조상님 영가가 산 자손의 몸으로 들어왔다는 메시지이며, 그때부터 사람들은 알 수 없는 인생의 많은 풍파를 겪기 시작한다고 하시니, 아~ 그래서 제삿날에 더 아팠구나 하며 무릎을 쳤다.

하지만 그 당시에는 이런 진실을 상상이나 할 수 있었을까? 병원에서도 원인을 밝힐 수 없으니 그저 '내 팔자구나' 하며 한탄할 수밖에 없었다.

그러던 중, 중앙일보 광고를 통해 『생사령』이란 책을(무조건 읽어야 한다는 강한 느낌) 읽게 되었다.

다음엔 『천지령』 책으로 내 안의 조상님, 신의 원과 한이 얼마나 크신지 느낄 수 있었는데 온몸으로 강한 전율을 느끼며, 정말 대성통곡을 하며 읽었던 기억이 난다.

모든 것들이 나의 몸 안에 들어와 계시는 조상님들과 신의 보이지 않는 기운이었다니! 불행과 고통이 왜 일어나는지 『천지령』 책을 통하여 깨닫게 되었다!

드디어, 근본 원인을 알게 된 것이다!

그 후 인황님, 사감님과의 알현 후, 하늘께서 크신 사랑을 내려주시어, 조상님 천상입궁의식을 행하여 주셨고 나의 몸 안에 계셨던 1천 년 전 조상님을 만나 뵐 수가 있었다.

조상님의 소중한 기도로 태어났다는 말씀이 얼마나 감동이고 감사했는지 의식 내내 엉엉 울었다(생각도 못했던 1천 년 전 조상님과의 만남은 영원히 잊지 못할 감격의 순간이었습니다. 조상님 구원하여 주신 크고 크신 사랑의 은혜 영원히 잊지 않겠습니다!!!).

자미국에서 조상님 천상입궁의식 행한 이후에는 그토록 나를 괴롭혔던 두통과 감기, 어깨통증, 가위눌림 증상이 모두 사라졌는데, 매일 달고 다니던 감기는 이제 1년에 한 번 걸릴까 말까 할 정도이고, 미쳐버릴 것 같던 두통도 언제 그랬냐는 듯이 말끔히 사라졌다.

가족들과도 더 이상 싸우지 않고 화목하게 잘 지내게 되었음은 물론이다(가족들도 크게 아프지 않고 건강하니 정말 대단하시고 감사의 하늘이시다)!

조상님을 천상으로 보내드리고 나서 피부도 훨씬 좋아져 오랜만에 만난 친구가 얼굴 피부가 왜 이렇게 좋아졌냐며 요즘 어떤 화장품을 쓰냐고 물어보기도 한다.

기분이 무척 좋았는데, 지금까지도 피부 트러블이 전혀 생기지 않고 깨끗한 피부를 유지하고 있으니 이 또한 하늘의 대단하신 조화에 정말 감사드린다.

자미국의 백성으로 재탄생한 이후에는 자미국 책을 읽을 때마다 더욱 신비스럽고 강렬한 기운을 느끼게 되었는데, 책을 읽는 도중 갑자기 한쪽 팔이 저절로 올라가 손가락들이 신비하게 춤을 추듯 움직이는가 하면, 얼굴이 부르르 떨리며 고개가 앞뒤 좌우로 마구 흔들리고 몸이 움찔거린다.

또, 알 수 없는 단어가 입안에서 터져 나와 혼자 정신없이 희한한 말을 하기도 하니 참으로 신기해서 감탄을 멈출 수가 없다!

하늘기운이 온몸으로 느껴지는 책이 지구 상에 또 있을까? 당연히 세계 최초일 것이다.

한 번은 꿈속에서 내가 어쩔 수 없이 신을 받아 무당이 되어 무척 괴로워하는 꿈을 꿨는데, 자미국과 인연을 맺지 못했더라면 나도 언젠가는 결국 무속인이 되었을 것이라는 것을 보여주신 귀한 꿈이라 생각되었다.

만약 선택받지 못하여 무당으로 살아가야 했다면…. 휴, 정말 아찔하고 무섭다.

진정하신 태초의 하늘께 선택받아 하늘의 백성으로 재탄생하였고, 천인합체의식 命까지 받게 되었으니 가문의 큰 영광이요, 최고의 행운아가 되어 얼마나 감사드리는지 모른다.

이젠 내 안에서 늘 새로운 희망이 용솟음치듯 올라오고, 말로 형언할 수 없는 행복함을 매일 느끼니, 하루하루가 즐겁고 늘 감사한 마음뿐이다.

사람에게 희망이 없다면 정말 어떻게 살 수 있을까? 희망이 없다는 것만큼 비참한 일은 없을 것 같다.

절망의 구렁텅이에서 허우적거렸던 나에게 이제는 대단한 자미국의 인황님, 사감님과 함께하는 찬란한 희망이 있어 더 이상 외롭지도 비참하지도 두렵지도 않다.

모든 기쁨과 행복이 위대하신 태초의 하늘, 천상의 대단하신 분들, 자미국의 인황님, 사감님 덕분입니다! 그 크신 은혜와 사랑에 감사와 영광을 돌리며 이만 마치겠습니다.

— 대전에서 백성 이○○ 올림

전생의 진실을 읽으면서 충격받아

진짜 하늘 찾아 돌아다닌 35년이란 세월 동안 영문도 모르고 남들과 삶이 다르고 세상일에 철저히 차단되고 내 마음은 항상 외롭고 허전하고 쓸쓸하고 세상 사람과 소통도 잘 안되고 혼자 생활하는 시간이 좋았다.

항상 잡념에 시달리고 몸은 늘 피곤하고 눈은 풀이고 왠지 모르게 답답하고 용기는 없고 힘든 생활 속에서 한 가닥 희망을 가지고 살아온 인생살이를 회상하면서 이 글을 작성할 수 있게 배려하신 하늘께 먼저 감사인사를 올립니다.

저희 집안은 할아버지, 아버지, 어머니 일찍 돌아가시고 지병과 자살로 인한 단명 집안이었습니다. 저희 부모님은 몸이 그렇게 아프시고 고생을 많이 하시고 저희 어린 시절의 삶은 그리 넉넉하고 편안한 세월은 아니었습니다.

저는 어릴 적부터 새벽에 잠깐 깨어나다가 잠이 들면 가위눌리는 현상이 자주 일어났습니다. 형제들과 다 같이 자는데 나한테만 유독 가위눌림 현상이 일어났습니다.

가위눌림은 꿈속에서 몸을 전혀 움직일 수 없는 상태를 말하는 데 많은 사람들이 경험했을 것 같습니다.

심지어는 방바닥으로 몸이 빨려 들어가는 현상도 일어나곤 하였습니다.

정말 순식간에 일어날 때는 저도 모르게 살려고 몸부림을 쳤습니다. 사투를 벌이다 손이 조금 움직이면 깨어나곤 하였습니다.

정말 무섭고 두려웠습니다. 어린 나이에 이런 경험을 하다 보니 혼자 있는 시간과 어두운 밤이 무섭고 싫었습니다.

또 하나는 지병이 있었습니다. 몸에 종기가 나고 특히 눈에 다래끼가 많이 생겼습니다. 남들은 한 번 날까 말까 하는데 저는 오른쪽 눈에 생겼다가 없어지면 바로 왼쪽 눈에 생기고 너무 많이 생겨서 정말 학교 가기가 창피하고 싫었습니다.

특히 중학교 시절과 고등학교 시절에는 엄청 심했습니다. 다래끼가 작은 것이 아니라 종기처럼 엄청 크고 고열과 아픔이 너무 심해 잠도 못 자고 정말 눈이 빠질 정도였습니다.

고등학교 시절은 객지 생활을 하다 보니 외롭고 쓸쓸해서 근처에 있는 도장을 다니기 시작하였습니다.

그런데 아침에 일찍 일어나면 몸은 항상 피곤하고 나른하여 학교생활도 재미가 없고 공부를 열심히 하는데 집중이 잘 안 되고 딴 생각만 나고 건성으로 보고 대충하고 성격이 급해지고, 친구도 항상 마음 맞는 애들과 지내다가 내 스타일이 아니다 싶으면 접근도 일절 하지 않았습니다.

그냥 멍하게 먼 산만 보다가 학창 시절을 보냈습니다. 군대 제대하고 저의 몸은 엄청나게 피곤하고 지쳐 있었습니다.

저는 선배 따라 대구로 내려가서 운동 가르치는 일을 함께했습니다. 그런데 이상하게 몸이 너무나 피곤하고 선배와 마음도 잘 맞지 않았습니다.

하루는 몸이 너무 피곤해서 지나가다가 우연히 철학관에 들어가 상담을 하였습니다. 그 사람 왈, 단전호흡을 해보라고 권했고 마침 가까운 곳에 도장이 있어 다니게 되었습니다.

그 당시 한참 단전호흡이 인기 있는 운동이었습니다. 심신의 안정과 바른 자세를 위한 도인체조는 몸이 안정되어야 호흡이 안정되고 그다음 마음의 안정을 얻을 수 있다고 하였습니다.

운동한 경험이 있어서 남들보다 빠르게 진행하고 한 3개월 되니 원장이 가르치는 사범을 해보라고 해서 배움의 길에서 가르치는 일을 시작하였습니다.

처음에는 새로운 경험이라 재미도 있고 수입은 없어도 몸을 위해서 열심히 하고 틈틈이 등산도 하고 심신이 좋아지고 있었습니다.

근데 자꾸 마음의 불화가 생기기 시작했습니다. 잘하다가도 한 번씩 아니라는 생각이 들면 나도 모르게 언성이 높아지고 잠깐 감정 조절을 하지 못하고 불화가 일어났습니다.

전 나름대로 최선을 다했는데 원장과 불화로 이 생활을 접어야 했습니다.

한 2년 생활을 접고 그때 함께 운동한 사람 중에 지압과 활법, 카이로프락틱을 잘하는 사람이 있었는데 자기와 함께하자고 해서 그쪽 생활을 하게 되었습니다.

단전호흡은 그냥 단순히 취미 삼아서 해야 하는 운동이었습니다. 깊이 들어가서 자신을 통제 못 해 크게 잘못되는 사람들을 수없이 많이 보았습니다.

능력 생겼다고 자기 기운으로 상대를 치유하는 사람, 깊이 수련한다고 산에서 하는 사람, 숨을 멈추고 지식 호흡하는 사람, 저도 그냥 운동 삼아서 했고 그 이상 영적인 세계는 아는 사람도 없었고 해결할 수도 없었습니다.

지금 생각해 보니 영적인 눈에 안 보이는 세계를 해결 못 하다 보니 심적으로 불화가 생긴 것 같습니다. 저의 허전함은 해결 못 하고 다른 곳으로 가서 먼저 다니던 그쪽에서 말하는 영적인 세계를 조금 알게 되었습니다.

활법을 배우고 하다 보니 일반 사람도 오지만 가끔 법사 한 분이 와서 지압을 받고 가곤 하였습니다. 이런 사람들이 몸이 왜 아플까? 그 당시에는 몰랐는데 지금은 알 거 같아요!

어느 날 그 사람이 저를 보더니 아버지께서 일찍 돌아가시지 않았냐고 물었고 나는 어떻게 아느냐고 물었는데 그 법사는 너의 눈에 들어 있다는 것이었습니다.

사람이 죽으면 이 세상을 떠나는 줄 알았는데 나와 함께 생활하고 있다는 사실을 알았고 어쩜 그게 내 눈에 난 다래끼와도 연관이 있어 보였습니다.

근데 해결 방법을 찾지 못하고 거기도 떠나야 했습니다. 아픈 사람 몸을 만지다 보니 제 몸이 더 아프고 허전하고 답답해서 밖으로 나가고 싶은 생각만 들었습니다.

그러던 어느 날 들에는 매화나무가 심어져 있고 앞에는 섬진강이 흐르는 아주 경치가 좋은 식품회사에 놀러 갔다가 그 회사의 일을 하게 되었습니다.

일은 열심히 해서 모든 사람들로부터 인정받으며 생활하고 있었는데 유독 직원들과 어울리지 못하고 혼자 무엇인가를 찾으려고 항상 맘이 허전하고 답답하여서 내 생각이 아니다 싶으면 서로 언성이 높아지고 제 마음을 컨트롤할 수가 없었습니다.

이 회사에는 특히 무속인이 많이 왔습니다. 동네에서 굿할 때 영적으로 잘 보는 사람이 한 사람씩 직원 면담을 하였습니다.

제 차례가 오고 그 사람이 저를 보고 하시는 말이 대 사업가가 되거나 대 도인이 된다고 하였습니다.

그 말에 난 어리둥절하면서도 좋게 이야기해 주니 기분은 좋았고 그 사람은 부모님처럼 저에게 잘해 줬고 밀양에 사시는데 그 집에 가본 적도 있습니다. 근데 그분이 몸이 많이 아픈 이유를 몰랐는데 지금은 아픈 이유를 알 수 있게 되었습니다.

한 번 가보고 안 간 것이 저에게는 잘된 일이고 만약 자주 갔으면 무속인이 될 수도 있었다는 생각이 듭니다. 저는 한 번 가고 안 간 것이 천만다행이라고 생각합니다.

저는 대인 관계가 잘 안 되고 혼자 생활하는 것이 좋았고 가슴이 허전하고 답답함은 항상 제 마음속에 자리 잡고 있었습니다.

여기서 생활하다 보니 잘 지냈는데 한 번씩 나도 모르게 불화가 생기고 서로 불신하고 그런 일이 계속해서 생기다 보니 여기도 떠나야지 하는 생각이 들면서 마음은 항상 어딘가 모르게 허전하고 답답하고 괴로웠습니다.

잠깐 아르바이트 온 대학생인데 서로 만난 지 이틀 만에 친해지고 1년 정도 만나고 결혼까지 하려고 준비하고 있었습니다.

장모 되실 분이 둘의 사주를 보고는 너무 안 좋아 결혼시킬 수 없다고 하였고, 그때 마침 여자 친구는 속이 안 좋아 약을 먹었는데 임신한지도 모르고 약을 먹었습니다.

그 뒤로 태아에 문제가 생겨서 낙태를 해야 했고 이런 상황에 저는 정말 답답하여 영문도 모른 채 모두 접고 거기를 떠나야 했습니다.

왜 저에게 자꾸만 안 좋은 일들이 연속적으로 생기는지 정말 답답하고 미칠 지경이었습니다.

그래도 시간은 흘러 5년 다니던 식품회사를 정리하고 경기도 쪽으로 올라갔습니다. 생활은 점점 힘들어졌고 일거리를 찾지 못해 이곳저곳을 다니면서 정말 비참했습니다.

그러던 중 예전에 수원에서 알고 지내던 도반이 헬스장을 운영하고 요가 강사가 필요하여 저에게 부탁하니 거기서 숙식도 해결되고 생활할 수 있어서 요가 강사 일을 결정하고 근무하게 되었습니다.

처음에는 열심히 하였고 지인의 소개로 다른 헬스장에 강사로 나갈 수 있었는데 이상하게 시간이 지나면서 일에 흥미가 없고 재미가 없어졌습니다.

저는 하는 일마다 잘 안 되고 재미도 없는지 한탄하며 절망은 계속되고 그때 귀가 솔깃해지는 소리를 들었습니다. 우주의 기운으로 하늘의 문을 열 수 있는 대단한 분이 수련장을 열고 가르치고 있다는 소식에 저는 바로 상담하고 수련하기로 하였습니다.

이 사람 왈, 현대 수련은 너무나 힘들고 앉아 있으면 잡념만 생기는데, 자기가 창안한 수련 방법은 앉아서 명상음악만 듣고 음악만 따라가면 소리가 기운이고 기운이 빛이고 다 해결된다는 획기적인 이론이었습니다.

저는 귀가 솔깃하였고 모든 문제는 자기 몸에서 함께 생활하는 조상 영이나 아픈 사람에게 많이 생기는 동물 영 때문이라고 했고 수련하면 빛을 따라 우주로 올라가고 모두 다 깨끗이 해결된다는 말을 믿고 수행하였습니다.

처음 수련 2박 3일은 각지에서 소문 듣고 온 10여 명 정도가 수련하려고 모였고 저는 이런 수련만 하면 기 흐름을 남들보다 엄청 잘 타고 진도도 빨리 진행되었습니다.

거기서 말하는 대로 온몸의 세포에는 빛과 기운으로 가득 차고 우주소리도 직접 내고 머리 위에 젓가락만 한 빛이 떨어지고 마지막 날은 백회까지 열리고 정말 신기하고 대단했습니다. 여기 온 사람 중에 유독 저만 체험을 한 것 같았습니다.

이제 진짜를 찾은 것 같은 안도감과 행복함이 함께 밀려왔습니다. 2박 3일 수련을 하고 나면 원장이 힘들어해서 며칠 쉬면서 몸을 챙겼습니다. 저는 기분도 좋고 몸도 가벼워졌습니다. 이제는 다된 것 같은 생각이 들었고 더 열심히 수련하였습니다. 회원들도 점점 늘어나고 몇 개월은 아무 일 없이 지나갔습니다.

어느 날 갑자기 시간이 지나면서 원장과 회원 간의 불신과 서로 의견 차이가 생기면서 급기야 회원들이 탈퇴하는 일이 생기고 저 또한 중간에서 의견 차이를 좁히지 못하고 마음이 나도 모르게 변화하여 떠나게 되었습니다.

한두 명만 남고 거의 탈퇴한 것 같습니다. 급기야 나중에 있던 도반 한 명은 자기 생각을 이기지 못하여 세상을 떠나는 일까지 생기고 정말 참담하고 절망적이었습니다.

무엇이 이 상황까지 몰고 왔는지 인간 개인의 힘으로 잘못했다간 정말 엄청난 재앙이 생기고 감당하기 힘들어지고 잘못하면 파멸의 길로 갈 수 있다는 생각이 들어 무섭고 두려웠습니다.

저는 이런 일이 있고 정말 힘든 세월을 보내야 했고 아무것도 할 수가 없었습니다.

심지어는 몸이 열리다 보니 지하철이나 사람이 많이 모이는 곳에 가면 나도 모르게 몸이 아프고 답답해서 매우 힘들었습니다. 몸과 마음은 지칠 대로 지치고 아무것도 하고 싶은 의욕이 없었습니다.

어떻게 해야 할지 방법을 몰랐고 혼자 자취방에서 괴로워하고 있었습니다.

우주의 기 수련을 시작한 지 1년, 저의 몸 상태는 수련하기 전보다 심신의 상태가 더 안 좋아졌고 이제는 안 되나 보다 생각하며 모든 것을 포기하고 조용히 대전에 내려가서 조그마한 식품회사에 취직하였습니다.

일을 하면서도 제 마음 한구석에는 무엇인가를 갈망하고 있었고 그때 서울에서 우주 초염력 수련이 대단하다고 듣고 또 마음 한구석이 움직이고 있었고 나도 모르게 상담하고 강화도 마니산 산행에 참석하고 함께 수련하였습니다.

강화도 마니산이 기운이 제일 많이 내린다고 하였고 그곳 정상에 단군께서 하늘에 제사를 지내시던 성스러운 곳 참성단이 있었습니다. 저도 모르게 마음이 편안해지고 과거의 일들은 잊히고 그렇게 당하고도 계속되는 상황이 이해되지는 않았지만 어떤 알 수 없는 기운에 끌려가고 있었습니다.

내가 젊고 기운도 잘 받는다고 저를 잘 본 사람이 있었는데 몇 번 전화도 오고 그랬는데 제가 거절하고 그냥 식품회사만 다니고 있었습니다. 그러던 중 2007년 초겨울 아시는 분으로부터 자미국의 『천지령』 책 한 권을 받았습니다.

그날 저녁에 책을 구독하기 시작 했는데 갑자기 기운을 느끼면서 나도 모르게 대성통곡을 하는 겁니다. 저는 너무나 깜짝 놀랐는데 책을 구독하는 도중에 이렇게 대성통곡하는 현상이 일어날 것이라는 글이 쓰여 있어서 더 놀랐습니다.

밤중에 천지령 책을 읽어 내려가던 중 대성통곡하는 나의 이상한 행동에 당황했고 나는 이런 사실이 너무 믿어지지 않고 신기하기도 하며 의아했습니다.

책만 읽었는데 신비한 기운으로 대성통곡하며 우는 신비한 변화가 일어나니 참으로 놀랬고 이렇게 기운을 느끼는 책은 지구 상에 없을 것입니다.

그래서 다음 날 자미국에 전화로 방문을 예약하고 며칠 후 인황님, 사감님께 상담 받았고 일주일 정도 지나서 저의 조상님 천상입궁의식을 올려드렸습니다.

저는 그동안 저의 어릴 때부터 몸에 일어나는 현상과 마음이 항상 답답하고 허전하고 세상일에는 관심도 없고 무엇인가를 찾으려고 하는 열망을 조상님 천상입궁의식을 행하면서 알게 되었습니다.

돌아가신 아버지께서도 진짜 하늘을 찾으려고 저와 함께 수많은 종교와 기 수련, 도 공부하는 곳을 찾아다녔던 사실을 알았습니다.

제가 너무 외로워 울면서 소주 한잔할 때도 아버지께서 함께하였고 그 아픔이 아버지 아픔이었다는 것을 천상입궁의식 때 아버지와의 상봉의식을 통해서 알 수 있었습니다.

저는 책을 보면서 기운을 느낄 수 있었고 이제까지 많은 수련과 공부를 하였는데 이렇게 신비한 책은 처음입니다. 정말 자미국은 하늘께서 함께하시는 것을 알 수 있었습니다.

제 경험으로는 한 조상님 구원하는데도 개인 힘으로 하면 엄청 힘들고 며칠 쉬어야 하는데 사실 말만 된다고 하지 실제로는 구원이 안 됩니다. 하지만 저의 조상님 모두를 한 번에 해주시고 인황님과 사감님께서는 피곤한 기색도 찾아볼 수가 없었습니다.

사실 조상님 입천(천상입궁의식)제 전날부터 저는 갑자기 몸이 아파오고 나도 모르게 끙끙 거리고 있었습니다.

의식 날 아침에 일어나서도 몸은 무겁고 힘들었는데 지금 생각하니 천상 자미천궁 올라가시려고 저의 조상님께서 저의 몸으로 함께하신 것 같습니다.

조상님 천상입궁의식이 끝나고 저의 몸은 가볍고 날아갈 것만 같았습니다. 정말 너무 편안하고 좋았습니다.

그날 밤 꿈에서 보여줬어요. 저의 조상님을 여러 마리의 소들로 보여주시었는데 온통 빛나는 기운과 눈이 부실 정도로 아름다운 기운에서 행복한 모습으로 자손인 저에게 아주 고맙다는 인사를 했고 정말 빛나는 기운 밑에서 흐뭇하고 행복한 모습을 보니 제 마음이 너무나 좋았습니다.

세상에서 좋다는 온갖 수련하고 다른 방법도 해봤지만 해결 못 하던 조상님 구원을 단 한 번에 해결해 주시고 정말 너무나 대단한 자미국입니다. 이렇게 좋은 진실을 알게 되어 너무 좋았고 몸도 마음도 너무 가볍고 편안해졌습니다.

입천제의식하고 나서 저는 떠돌이 생활을 정리하였습니다. 그리고 작지만 제가 살 집이 생겼습니다. 퇴근하고 갈 수 있는 집이 있다는 것이 너무 행복하였습니다.

집이 있으니 행복하고 안정을 찾아가고 자연스럽게 여자친구가 생기고 그녀는 저에게 엄청 잘해 주었고 저도 최선을 다해서 사랑하게 되었습니다. 정말이지 너무 행복하게 지내고 있었습니다.

근데 저의 진짜 본분을 잊고 있었습니다.

인황님께서 천인합체의식 준비하라고 의식 때마다 말씀하시었지만 저는 앞에서만 하겠다고 말씀드리고 집에 오면 생각이 바뀌었습니다. 마음 안에서 내 생활부터 안정하고 천인합체의식해야지 하고 생각이 바뀌었습니다.

그러던 어느 날 남이 좋다고 하는 말을 철석같이 믿고 투자했다가 그대로 사기당했습니다. 그런데 저는 사기당하기 전에 분명히 꿈에 보았습니다. 아니 하늘께서 제 꿈속으로 보여주셨습니다.

꿈 내용을 인황님께 상담해 인황님의 도움으로 첫 번째 사기 투자는 피했습니다. 그러나 두 번째 사기 투자에서는 나도 모르게 걸려들어 사기를 당하고 말았습니다.

지금 생각하니 제 꿈속으로 위험을 알리는 신호를 보내주시어 저를 살리시고자 해주신 하늘께, 천상 자미천궁으로 입천 되신 조상님들께 너무 죄송스럽고 못난 내 행동들에 기가 막혔습니다.

하늘께서 조상님들께서 저에게 보여주신 꿈은! 온통 거미줄의 꿈이었습니다.

꿈에 본 대로 저의 현실로 찾아온 사람들은 저에게 귀인이 아닌 저에게 거미줄을 치고자 온 사기꾼들이었습니다. 사기를 당한 후 제 자신의 생각이 이렇게 짧고 어리석은지 알게 되었습니다. 정말 한 치 앞도 못 보는 어리석은 인간이 바로 저였습니다.

자미국을 알고 자미국을 통하여 하늘의 사랑을 많이 받고도 천인합체의식을 행하지 않은 채 저만 잘 살고자 5년의 시간을 버텼습니다. 그러자 그렇게 잘 지내던 여자친구와도 만나지 못하는 상황이 되었습니다.

나도 모르게 그 후로 외로움, 상실감, 불면증에 두 달 정도 시달려야 했습니다.

하늘께서 주신 천인합체의 명을 5년이라는 시간 동안 행하지 않고 나 자신의 욕심만 챙기다 그 벌로 저는 정신적 고통을 겪어야 했고 급기야 무엇을 하여도 재미도 없고, 의욕도 없는 완전 무기력의 상태에 빠지고 말았습니다.

자미국을 만나 마냥 행복했던 저에게 다시 한 번 위기가 왔습니다. 아니 솔직히 말하자면 하늘의 뜻을 거역했으니 제 스스로 위기 상황을 만들게 된 것이지요.

전 이 위기 상황 앞에서 어떻게 해야 할지 몰라 당황스러웠고 가슴이 너무 답답해서 죽고 싶은 마음까지 생겼고 하루하루가 고통의 연속이었습니다.

저의 짧은 생각으로는 도무지 길이 보이지 않아 헤매고 있을 때, 인황님께서 새 책이 출간되었으니 구독해 보라는 내용의 문자를 보내주셨습니다.

저는 바로 신청하고 새벽에 잠에서 깨어 책을 읽기 시작했습니다.

전생의 진실 부분을 읽으면서 갑자기 이렇게 있다가는 큰일 나겠구나 하는 생각이 제 머리를 스쳐 저는 인황님께 저의 상황을 간략하게 문자로 보냈습니다.

인황님께서는 그런 저에게 사랑의 뜻으로 혼내시고 천인합체의식만이 살길이다,라고 정답을 또다시 주셨습니다.

그래서 저는 은행에 대출받을 수 있게 도와주세요,라고 인황님께 문자를 드리고 대출에 필요한 서류를 준비하여 3군데 은행에 의뢰를 했는데 기적적으로 대출이 3일 만에 일사천리로 이루어져, 천인합체의식을 할 천공을 준비할 수 있게 되었습니다.

정말 대단하신 자미국이고 자미천황님이십니다.

하늘께서 도와주신 덕분으로 가능했습니다. 제힘으로 진행했다면 대출이 안 되었을 겁니다.

전에 다니던 회사에 이사로 있을 때 연대보증을 한 것이 있었기 때문입니다. 그 연대보증 금액이 너무 커 대출이 된다 하여도 대출 금액이 아주 적거나 아예 안 될 수도 있는 상황이었거든요.

하늘께서는 절 살려주시기 위해서 이렇게까지 도와주시고 저의 잘못을 제 스스로 인정할 수 있게끔 배려해 주심에 하늘께서는 정말 대단하시고 감동 그 자체의 하늘이십니다.

정말 제가 인간으로 태어나서 가장 잘한 일이 조상님 천상입궁의식(입천제)을 한 것입니다.

그렇게 서럽고 답답하고 미친놈 소리 듣고 살던 한 세월이 한순간에 녹아내렸고 세상의 모든 돈, 명예, 권력을 부러워하고 나는 가질 수 없다는 생각에 괴로워했습니다.

괜히 짜증 내고 시기 질투한 지난 세월의 못난 욕망도 이제는 내려놓을 수 있습니다.

입천제 행하고 바로 하늘을 찾고 하늘로 향해 가는 천인합체의식을 행했어야 했는데 인생사에 빠져 해답을 세상에서 찾으려고 하늘을 덮고 하늘의 명을 무시한 지난 5년 동안의 삶. 지옥 같은 삶이 현실로 다가와 고통과 아픔으로 울면서 살아야만 했습니다.

이 고통은 정말 이제까지 겪은 고통보다 더 힘들고 아팠습니다. 지나고 보면 항상 제자리인 저의 인생을 보면서 허무하고 삶의 의미를 알지 못하였습니다.

천인합체의식을 통해 저의 삶에 큰 변화가 오고 있었습니다.

전에는 항상 가슴이 답답하고 자신감도 없고 용기도 없었던 제가 마음의 안정과 어딘지 모르게 당당함과 자신감과 여유가 보이고 남들과 이야기할 때도 여유롭습니다.

당당하며 말 자체가 부드럽고 제 자신이 통제가 잘되고 정말 제 자신이 저를 봐도 신기해졌습니다.

이제 저는 제가 무엇을 해야 하고, 어디를 향해야 하고, 세상의 모든 것을 부러워하지 않고, 겸손한 마음으로 자신을 낮추고 진실한 마음으로 인황님, 사감님과 소통을 통해 하나씩 하나씩 배우려 합니다.

하늘께서 내려주시는 소중한 진실의 말씀!

말씀의 의미를 가슴으로 받아들여 현실의 내 삶을 바꾸어 나가는데 온 힘을 쏟고 한 우물만 파려 합니다. 하늘의 귀한 진실과 제 삶의 진실을 알게 해주시고 큰 사랑을 주신 자미천황님께 감사의 인사를 올립니다.

그동안 아픔과 고통의 세월 속에서 제가 진짜 하늘을 찾게 도와주신 천상선감님, 천상천감님, 천상도감님 저를 살려주시고 사랑의 매로 이끌어주심에 감사드립니다.

회유나 현혹, 협박, 강요가 아닌 진실의 말씀으로 어느 누구라도 스스로 굴복하게 하시고 자신의 치부를 드러내어도 부끄러워하지 않고 오히려 답답했던 마음이 싹 풀렸습니다.

박하사탕을 먹은 것처럼 한순간에 답답했던 마음을 시원하고 기쁘게 해주시는 하늘의 대 능력에 감탄의 마음을 올리며 대단하신 하늘의 자손으로 탄생시켜 주심에 감사드립니다.

인황님, 사감님 감사합니다.

— 대전에서 김○○ ○○천인 올림

치명상을 디디고 일어서다

내륙의 섬 충청북도 청원군의 최남단 끝, 사방이 금강으로 둘러싸인 곳, 강물에 목욕하며, 피라미 잡던 어린 시절. 삼십 리 길을 걸어서 다닌 추억의 학창시절.

저는 육군에 입영하여 박정희 대통령 영부인 육영수 여사께서 8 · 15 광복절 기념식장에서 피살되시던 해 10월에 육군 공병부대 상병으로 만기 전역을 하였습니다.

1978년 중견 건설회사에 중기부 요원으로 입사하여 근무 중 1998년 20년을 다닌 건설회사 중기부에서 IMF 금융위기에 저의 회사도 견디지 못하고 대량 감원에 들어갔습니다.

전성기(1984년도) 총인원 150여 명에서 이제 남은 20여 명! 나는 더 버티지 못하고 사표를 내고 맙니다.

막상 회사를 사직하고 나니 아내 혼자서 자동차 부품회사에 다니는 급여로는 생활이 힘들고, 저는 우선은 실업급여로 생활에 보탬을 하다가, 신문배달을 하게 되었습니다.

신문배달한 지 5개월여! 그해 11월 17일 신문배달을 마치고 오전에 한잠 푹 자고는 오후에 신문대금 수금을 다니다가 갑자기 오토바이 사고를 당하였습니다.

포장도로 길옆에 누가 가져다 놓은 큰 돌에 앞 타이어가 부딪치면서 오토바이가 공중으로 붕 떠서 추락한 것입니다.

다행히 헬멧을 써서 머리는 괜찮은데 오른쪽으로 나가떨어져서 다리며 엉치까지 치명상으로 아내가 대소변을 받아내는 중상으로 집에서 누워 있게 되었습니다. 신문 지국장의 무성의에 분하여 고발하려다가도 그냥 집에서 치료하였습니다.

나는 새끼줄이라도 잡고 매달려 보고 싶은 심정에 다리는 절룩거리며 지팡이를 짚고 다니던 절을 찾아갔고, 또 부적 책을 사다가 보면서 무슨 토살 치병 부적을 쓴다는 둥 하다가 대전에 사시는 굿 당의 법사를 초빙하여 집에서 천도재를 지내기로 하였습니다.

혼자되신 어머니께서도 걱정이 되시는지 잘 아시는 법사라고 굿을 하라고 하셨어요. 내가 이 집을 사고 처음으로 이 집에서 천도재를 지내게 된 것입니다.

다음 해 두 달 동안 다친 부분을 열심히 부항과 뜸으로 치료를 하고, 절룩거리는 다리를 이끌고 양지 리조트에 경비실 근무를 하게 됩니다. 과히 힘은 들지 않아도 일일 교대로 24시간 근무를 하면서 그런대로 몸은 조금씩 회복하였어요.

7달째 다니는데, 대림그룹의 콘크리트 파일 생산업체에서 사람을 채용한다기에 응시하니 나이는 많아도 건설회사 근무 경력을 인정받아서 입사하였지요.

이 회사는 주야 2교대로 건물의 기초공사 할 때 지반에 박는 콘크리트 파일을 생산하는 업체인데, 고된 주야간 근무에 몸은 하루하루 야위어 갔습니다.

6년을 다니고 나니 용인까지 10km 거리를 내 차로 운전하여 다녀오면 힘이 없어서 기진맥진. '아니 이러다가 내가 제명에 살지도 못하고 가는구나!' 하는 생각이 번쩍 들었습니다.

난생처음으로 용인병원에 가서 내시경으로 위장을 진찰했어요. 의사 선생님께서 위가 완전히 궤양으로 암 직전이라고 하시네요. 그러니 트림에 어떤 때는 물도 잘 못 넘기니 내가 생각해도 심각한 것은 사실이었습니다.

큰아들은 군에 갔고, 막내는 대학에 다니고, 또 빚을 얻어서 농토를 구입하였으니 일을 해야 하는데! 그러던 중 2005년 9월 마을에 중소기업체, 현재의 직장 경비실로 자리를 옮기게 되었습니다.

아내와 막내의 성실한 근무로 ○○아버지 하면서 회사에서는 나를 보아주는 눈이 좋아서 평온한 가운데 근무를 하면서 위장약을 아내가 잘 달여주어 조금씩 호전되었습니다.

그런데 그 후 청주에서 혼자 살면서 아들 둘을 가르치는 처남이 어떤 여자를 만나서 새살림을 하게 되었다면서 구멍가게를 얻어서 장사를 한다고 매형한테 한 번만 간절히 부탁을 한다니 그 사정을 떠밀지 못하고 청주 새마을금고에 1천만 원 보증을 서줍니다.

그 보증에 처남이 연체를 하니 나한테 독촉장이 날아왔어요.

나와 아내는 회사에 간신히 이야기를 하고서 청주를 가보니 돈을 가져갔다는 그 여자는 요리조리 핑계를 대면서 서약서를 써주는데, 이건 빚을 받기는커녕 더 보태주어야 할 처지였습니다.

우리는 몇 달을 두고 보다가 농협에서 대출을 받아서 채무 보증을 모두 갚아주고 맙니다.

그뿐이랴, 여동생은 오빠라 믿고 돈 가져가면 이자도 본색도 감감무소식에 아내는 말은 안 해도 속이 새까맣게 타들어 갔겠지요?

아름다운 만남!

삼성전자, LG전자, 병원, 기타 초대형 건물의 공기를 깨끗이 걸러서 들여보내는 데 쓰이는 공조필터를 만드는 인원 약 60명의 중소기업 경비실에 근무하면서 회사에 용접이나 간단한 전기 분야, 수도 설비를 보면서 근무했습니다.

그런데, 우연한 기회에 일간지(조선일보) 신문의 하단을 크게 장식한 자미국의 책 광고『천지령』을 접하게 되었습니다.

그렇게 책 제목을 보고는 가정에 우환이 있는 사람, 내가 누군지 궁금한 사람은 꼭 보아야 한다는 문구를 머릿속에 기억하고는 언제고 시간이 나면 꼭 그 책을 사보기로 하였어요.

2008년 11월 29일 용인서점에 가서 예약한 책 『천지령』을 구입합니다. 그런데 어쩐지 기분이 좋았습니다. 나와 아내는 친구가 운영하는 노래방에서 30분간을 둘이서 신 나게 노래를 하고는 집으로 아주 기분 좋게 왔습니다.

회사에서는 근무 중 틈만 있으면 책을 보는데, 아주 머리에 쏙쏙 들어옵니다. 특히 조상님을 천상으로 입천하여 드린다는 부분에 감명이 더욱더 깊어졌어요.

사람은 왜 빈손으로 왔다가 빈손으로 가는가? 『천지령』 책을 보면서 자미국에서 상담을 하면 의문이 풀릴 것 같았습니다. 12월 6일 『천지령』 책을 사서 보기 시작한 지 8일 만에 『천지령』 저자 분께 상담예약을 신청하여서 자미국을 방문하게 되었습니다.

첫 방문!

드넓은 제단에 전면은 진홍색 벽에 새겨진 글, 나도 모르게 절로 고개가 숙여졌습니다. 첫 상담으로 여자 분께서 주시는 따끈한 차 한 잔을 마시며 약 20여 분 대화를 하였는데 나는 그저 네, 네 인정하는 대답만 하였습니다.

이어서 남자 분 인황님을 뵈옵고 조상님을 천상으로 입천하시는 과정을 말씀 듣고 집으로 오는데, 내 생애 이런 소중한 만남이 있구나! 귀인을 만난 느낌이 너무 좋았습니다.

12월 24일, 곰말 논을 근저당하여 대출받은 돈으로 조상님 입천제 조공을 자미국으로 송금하였습니다. 아버지, 어머니 임종도 지켜드리지 못한 불효한 막내가 이제는 못다 한 효도를 하는가 보다 하면서도 또 눈물이 주르르 흐르는데, 마음은 아주 편안하게 아내와 이야기를 하였습니다.

이튿날 아침 마을에 동갑내기 친구가 집수리를 하는데 집에 쌓아놓은 땔감을 모두 실어가라는 것이었습니다.

겨울나기 나무보일러 땔감도 부족하고 또 눈이 많이 와서 나무 구하기도 힘든데 내 1톤 화물차로 3대분을 모조리 내게 주다니? 조공을 올려드리고 바로 기적이 일어났어요. 돈으로 사려면 약 100만 원은 족히 들어가는데!

12월 29일 『천지령』 책을 사서 본 지 23일 만에 자미국에서 조상님 벼슬입천제를 모시게 되었습니다. 상봉의식 때 아버지를 청배하여 말씀을 듣게 되었는데, 아버지는 여기 자미국까지 오는데 너무 험난하였다 하시면서 하염없이 눈물만 흘리십니다.

소리 없이 눈물을 씻어 내리면서 상봉식은 진행이 되는데, 절에서 등불을 밝혀 드린 것도 모자라, ㅇㅇ산 법사를 모시고 계룡산, 안평산, 강릉 바닷가에서 올려드린 천도재, 이 모두가 아버지 어머니 저의 조상님들을 너무 힘들게 하였다 하시는 말씀을 듣는 순간 제 가슴은 미어지는 것 같았습니다.

어찌 이럴 수가 있을까? 도시 구석에도 명산의 산자락에도 바닷가의 기암괴석이 모두 다 보이는 지옥의 길목이구나! 처음 듣는 하늘의 진실 말씀은 제가 살아온 60 평생을 조상님들께 너무나 죄송하여 송두리째 묻어버리고 싶었습니다.

천상에서 오신 분의 안내로 천상 자미천궁으로 올라가신다면서 아주 좋아하셨습니다.

아버지, 어머니, 저의 조상님들 천상에서 행복하게 계세요. 기쁨의 눈물, 감격의 눈물로 조상님을 천상으로 보내 드렸습니다. 그리고 저와 아내는 천인합체의 명을 받는 행운의 백성이 되었습니다.

난생처음으로 먹어보는 자미국의 저녁식사, 통닭에 전복 한 마리를 지금도 잊을 수가 없습니다. 이튿날 퇴근하면서 50여 권의 불교 서적과 20여 권의 풍수서적 기타 불교용품을 모조리 나무보일러 아궁이에 집어 처넣었습니다.

아주 시원하였습니다. 이제 나의 종교는 영원히 그 싹을 자르고, 뿌리까지 푹 파내고 싶은 심정입니다.

2009년 1월 14일, 아내와 같이 자미국에서 천인합체의식을 올리게 되었습니다. 그런데 우리의 신을 맞이하는 의식인데 아내의 속이 답답하다고 하네요.

인황님께서는 제 몸에 석가가 기대고 있다고 호통을 치시는데, 아내의 신이 나의 신을 꼬드겨서 별을 찾아서 나갔다가 내가 손을 잡으니 들어왔다고 하시면서 사감님께서 '콜록콜록' 하셨습니다. 참으로 신기했습니다.

자미국에서 의식을 올리는 동안 온몸이 뜨거운 불덩어리 같았습니다.

"전생에 천상 자미천궁에서 있을 때 지상으로 보내 달라고 졸라서 보내 주셨다고 하시며, 아내도 지상으로 보내달라고 졸라서 보내 주셨답니다."

제가 지상으로 보내 달라고 졸라서 내려왔는데, 진짜 하늘 찾지 않고, 엉뚱한 가짜 하늘 석가에 굴복하였어요. 이제라도 하늘 찾아서 천상 자미천궁으로 문안드릴 수 있게 되어서 감사합니다.

천인합체의식을 통해서 나의 신께서는 내 육신과 천상 자미천궁을 찾았고, 이제는 인간인 나의 몸으로 오셔서 간절한 소원을 이루었다고 하셨습니다.

육신을 가진 신으로 탄생! 일상으로 돌아온 나날, 그냥 걱정은 모두 사라지고, 그저 감사함으로 가득한 나날들이 이어지는 이렇게 편안한 것을!

그런데 나와 아내는 가족 구원의 명을 받고도 가족 천인합체를 할 생각도 못하고 근 1년을 자미국의 천지회에 참석하였는데, 결혼한 큰아들은 아들딸을 낳아서 이제는 손녀손자 네 식구인데, 가정불화가 끊이지 않았습니다.

어느 날은 천지회에 아내와 같이 참석하고도 둘이 말다툼을 하면서 얼굴을 붉히며 차를 타고 오기도 하였지요.

논을 매물로 내놓고는 농협에 재차 추가 대출을 신청했습니다. 아니 그런데 그 요지부동의 면 단위 농협 지점장이 드디어 허락하니 저는 지금의 대출금의 2배 정도는 더 해달라 하여서 큰아들과 며느리, 막내아들의 천인합체 천공을 송금하였습니다.

그런데 신기하게도 월급쟁이지만 이자 낼 걱정이 전혀 안 되는 거예요. 2010년 1월 13일, 가족 구원의 명을 수행하는 큰아들과 며느리의 천인합체의식을 올리게 되었습니다.

오늘따라 차려진 과일과 음식이 더욱 성대해 보이고 화환이 더욱 환하게 자리하였지요.

순서에 의하여 며느리의 친정인 무안에 사시는 사돈 집안의 조상님 입천제를 올려드리고, 큰아들 내외의 천인합체의식이 진행되었어요. 참으로 행복한 마음이 가득한 의식이었습니다.

그런데 저의 박봉으로 살아가는 처지를 아시는 하늘께서 저의 아내를 자미국에 의식 참관자로 불러주시는 겁니다. 너무나 큰 영광이었습니다.

사흘 후에 막내아들 천인합체의식을 올렸고, 아내는 10년 다닌○○농구단의 청소부 일을 사직하였습니다.

나의 직장과 울타리를 사이에 두고 때때로 얼굴도 마주 보던 아내는 자미국에 참석하는 영광의 여인으로 개벽이 되었습니다. 그러니 매달 내야 하는 농협의 이자 부담도 덜게 되었으며, 큰 사랑에 너무나 감사하였어요.

4월에 첫돌이 막 지난 손녀딸을 천인합체의식을 올리고 5월 말에 드디어 논 매각이 성사되었습니다.

참으로 신비의 세계에 사는 듯한 나는 매각 계약금을 받는 즉시 이제 가족에서 하나 남은 손자, 첫돌을 두 달 남기고 천인합체의식을 올리게 되었습니다.

부동산 매각 부진 속에서도 큰 사랑으로 팔아주셨고, 온 가족 천인합체의 더 큰 사랑을 받고 보니 감격이었습니다. 돈을 벌어야 사는 것은 맞습니다. 그러나 그 힘들여 번 돈을 어떻게 쓰느냐는 내 생애에 엄청난 차이가 있다는 것을 아주 절실히 느꼈습니다.

새로운 세상을 향하여!

지난 세월 과거는 거울이다. 그러나 오는 세상은 현실이다. 과거가 있으면 현재가 있고, 또 미래가 있을 것이다.

사람의 일생에서 지나간 과거가 있으면 현재의 생이 있고 다가올 죽음의 내생을 미리 준비하는 것이 얼마나 소중한지를 이제야 절감하며 하루하루를 보람차게 보내고 있습니다.

자미국에 오기 전에(2005년) 일기장을 다시 보니 일기장 앞장에 '인간으로 태어난 삶의 목적은 잘 죽기 위하여 사는 것이다'라고 적혀 있었습니다.

지금 다시 보면서 아니 내가 어찌 그 당시에 이런 생각을 하였을까? 하늘을 찾으라는 나의 반쪽의 마음이었나요?

나의 선택 자미국에 한 점 후회는 없습니다. 아니 오로지 생을 다하는 날까지 잠시도 멈춤 없이 갈 때, 나와 나의 가족을 하늘께서 보호해 주신다는 것을 확신하면서 살아갈 것입니다.

가장 먼저 해야 할 일!

인생을 살다 보면 이것을 먼저 할까, 저것을 먼저 할까? 결정을 내려야 할 때가 있지요.

그때 자미국에서 인황님의 부르심과 다른 일이 있다면 저는 주저 없이 자미국 행을 선택할 것입니다.

한 번은 자미국에서 인황님의 부름을 받고 막 집을 나서려는데, 위로 두 분인 형님 중에서 맏형님이 작고하셨다는 전갈을 받게 되었습니다. 저는 판단의 혼란이 오기에 인황님께 전화를 드리니 마침 바로 인황님께서 전화를 받아주셨어요.

인황님께서는 하늘의 부르심이 먼저라고 하셨고 저는 주저 없이 자미국으로 향하였습니다.

천상 자미천궁에서 하늘께 감사한 마음 가지시고, 행복하게 지내시는 저의 파평 윤 씨 직계 조상님과 저의 밀양 박 씨 외조부모님께 저를 자미국으로 인도하여 주시어 감사합니다.

— 천기 13년 3월 23일 윤○○ ○○천인 올림

청소부 인생의 대 천지개벽의 이변!

충청북도 청원군의 시골, 경주 김 씨 집안의 둘째 딸로 태어난 나는 초등학교를 나오고 중학교에 갈 즈음 친정아버지께서 갑자기 불치의 병으로 돌아가시니 참으로 난감하였습니다.

혼자되신 어머니를 도와서 농사를 지으며 살던 중 어머니가 가끔 절에 다니시는데 나도 따라가기도 하였습니다. 그리고 외할머니께서는 무속인에게 굿하러 다니기도 하는데, 마을 이웃집에서 굿하는 것을 보았지요.

나이 21살에 시골에서 농사를 지으며 지내던 중, 대전 공업단지의 통조림 공장에 취직이 되어서 가게 되었습니다. 혼자되신 어머니는 나를 의지하며 사시다가 내가 떠나가니 "나는 어떡하라고 네가 객지로 떠나가느냐?"

참으로 혼자되신 어머니를 집에 계시게 하고 혼자서 객지로 떠나가는 나의 마음과 발걸음이 너무나 무거웠습니다.

약 3년을 회사에 다니던 중, 지금의 남편을 만나서 결혼하게 되었습니다.

결혼한 우리는 난생처음으로 용인 땅에 친척 하나 없이 둘이서 서로 믿고 의지하며 보금자리를 잡고 신접살림을 하게 되었지요.

남편은 중장비 기사로 장기 출장을 전국 각지로 돌다 보니 나는 아들 둘을 키우며 마음의 의지가 그리워서 이웃 동민들과 같이 가까운 절에 다니게 되었습니다.

한 해 두 해 절에 다니니 아들이 안 좋다 하여 절에다가 아들을 팔기도 하고, 그것도 모자라서 기와 불사, 종 불사를 한답시고 돈을 가지고 수시로 찾아갔던 절, 가짜 하늘에 굴복하던 그 시절이 참으로 부끄럽습니다.

그뿐이랴. 무속 법사를 집으로 초빙하여 굿을 하기도 하고, 계룡산으로 동해 바닷가로 다니며 굿을 하였으니 참으로 지금 생각하면 속아가며, 돈 버리며, 조상님을 더 힘드시게 하였다는데 너무나 가슴이 아팠습니다.

2001년도 나는 ○○회사 청소부로 취직을 하였습니다. 미화부에 근무하면서 집에 오면 수시로 농사일을 하였습니다.

하루는 남편이 느닷없이 용인으로 책을 사러 간다기에 저도 따라갔지요. 우리는 어디를 가더라도 집에 있으면 꼭 같이 다니는 것이 습관처럼 다반사였습니다. 마을에서도 부부가 같이 잘 다닌다고 부러워합니다.

『천지령』 생소한 책이지만 저와 남편은 같이 책을 보는데, 마음에 와 닿는 부분도 있고, 좀 어려운 부분도 있었습니다. 그래도 저는 남편을 믿고 따르며 계속 책을 보게 되었습니다.

남편을 따라가 자미국에서 조상님 입천제를 모시던 날, 나는 시아버님과 상봉하는데 나도 모르게 눈물이 계속 솟구쳐 나왔습니다.

그리고 자미국에서 발행한 책을 두 권 더 사다가, 회사에서 쉬는 시간이면 휴게실에서 같이 일하는 동료가 옆에서 자고 있으면 얼른 책을 펴 들고 읽어 내려갔지요.

그런데 같이 근무하는 회사 동료가 어느 날은 머리가 아프다는 둥, 종교 책이 아니냐 하면서 말을 하니 숨기며 보느라 애를 먹기도 하였습니다.

이듬해 정월, 나는 남편을 따라 자미국에서 천인합체의식을 올리게 되었습니다. 드디어 나의 영이 하늘을 찾으니 육신의 편안함이 현실로 느껴 옵니다. 머리도 아프지 않고, 몸이 여기저기 아픈 것이 일순간에 싹 사라졌습니다.

그러면서 책을 보고 천지회에 참석하는데, 인황님께서 며느리 쪽 조상님들이 우리는 무엇이냐? 하면서 야단이 났다고 하셨는데 바로 며칠 후에 결국 일이 터졌습니다.

아, 글쎄 며느리가 아들과 다투고 보따리 싸들고 친정으로 가버리는 예상치 못한 일이 일어났어요. 며느리의 친정 조상님들이 자기네 조상님들 입천제의식은 안 해준다며 내외를 다투게 했고, 속상해서 며느리를 친정으로 데리고 갔다고 합니다.

큰아들 며느리 천인합체를 해야 한다고 하시는데, 집안 사정이 어려우니 이러지도 저러지도 못하다가 겨우 돈을 마련하여 큰아들 며느리 천인합체를 하면서 며느리 조상님들 입천제를 모시고 나자 며느리 쪽의 조상님들이 이제는 우리 큰아들과 잘 살게 해주신다는 말씀을 하셨습니다.

참으로 경제적으로 어렵게 의식을 했지만, 의식을 올리고 나니 마음은 후련하였습니다.

그리고 큰아들 며느리 천인합체를 올리며 '명'을 받게 되었는데, 남편 네 조상님들, 우리 경주 김 씨 조상님들, 며느리의 친정 조상님들까지 하늘께 빌면서 황명을 내려주십사 하고 빌고 계신다고 하시니 참으로 감동 어린 순간이었습니다.

며느리 조상님 입천제 이후로 신기하게 며느리가 아무 일도 없었다는 듯이 집으로 돌아왔고 그 이후 큰아들과 며느리는 서로 아끼고 사랑하며 손자손녀 잘 키우며 행복하게 살아가고 있습니다.

우리 눈에는 보이지 않지만 며느리 쪽의 조상님을 무시하고 입천제를 올려주지 않으니까 자식들끼리 다투게 하여서 집을 나가게 했다는 새로운 진실을 처음으로 알게 되었고 다른 사람들 의식에 참관하여서도 같은 사연을 겪었습니다.

이혼과 별거 중인 사람들이 4백만 명이 넘는다고 하는데 이혼, 별거하기 전에 자미국을 통하여 조상님의 말씀을 들어보면 이혼이나 별거를 막을 수 있다는 진실을 알았습니다. 부부간의 싸움이 아니라 조상님들의 싸움인데 몰랐던 것이지요.

겉모습은 사람이지만 각자의 몸속에는 조상님이 함께 살아가고 있기 때문에 변덕이 심하고 조상님들끼리 자리다툼 하는 것이 결국 부부싸움으로 이어지고 있다는 엄청난 진실을 밝혀내는 자미국 의식은 참으로 신기하고 대단합니다.

각자의 조상님들을 천상 자미천궁으로 빨리 보내드려야 부부 사이에 싸움하지 않는다는 값진 진실을 알았습니다.

매일같이 술주정하는 사람, 바람피우는 사람, 도박하는 사람도 진짜 자신들이 아니라 각자의 조상님들이 자손 몸에 들어와서 그러고 있는 것이라 하십니다. 각자의 조상님을 천상세계로 보내드리지 않으면 집안에 우환이 끊이지 않는다고 하십니다.

자미국에 들어오면 이혼, 별거, 각방 쓰기가 끝날 것 같습니다. 그러니까 입천제를 올리지 않으면 서로가 배우자 조상님들과 살아가는 것과 똑같다고 하셨습니다.

인간은 인간세계에, 조상님은 조상세계에서 살아가야 서로가 편안해진답니다. 자식들에게 아픔과 슬픔의 불행을 안겨주는 이혼과 별거는 가정을 파탄 나게 만들게 되니 이혼과 별거하려는 사람들은 점집으로 가지 말고 하루라도 빨리 자미국에 들어와야 시원한 해답을 찾을 수 있을 것이라고 생각합니다.

그리고 저는 자미국에 의식참관자로 불러주시는 황은을 입는 행운을 얻었습니다.

100만 원짜리 청소부 인생에 종지부를 찍는 순간 눈물이 앞을 가렸습니다. 세상에 이런 은혜를 입게 되다니! 10년 청소부 인생을 하루아침에 바꾸어주실 줄은 꿈에도 생각하지 못하였습니다.

큰아들 내외를 천인합체 하고 나서 막내아들 천인합체를 하니 이제 손녀손자는 가정이 안정되고 난 후에 천인합체를 해주신다고 말씀하셨습니다.

10년을 힘들게 다니던 직장을 사직하고, 자미국 의식에 참관하는 영광의 날이 찾아왔습니다. 저는 인황님, 사감님의 배려로 같은 방향 천인의 승용차로 집에 오고 또 자미국에 같이 가는 호의 동승을 하기도 하였습니다.

하늘 말씀 듣고, 하늘공부 시켜주시면서, 맛있는 과일을 마음껏 싸들고 올 수 있게 해주시고 또 의식 참가비(1일 수십만 원)를 너무 많이 주시어 깜짝 놀라웠습니다.

저는 생각할수록 영광의 주인공이 된 것 같았습니다. 많은 의식을 참관하면서 주인공마다 사연도 각기 다른데, 사감님께서는 어쩜 저리도 의식자 주인공의 마음을 속 시원하게 풀어주실까?

오는 손님마다 의식을 하고 나면 감동을 받아 환한 얼굴로 돌아가는 모습이 보기 좋았습니다.

진짜 자미국은 특별한 것 같았습니다. 의식비용의 많고 적음에 차등을 두지 않으시고 똑같이 공평하게 해주시는 사감님! 하늘께서는 누구에게나 똑같이 대해 주신다고 하십니다.

절에 다니던 시절, 돈 많이 가져오고, 사업하는 사람들은 스님하고 안방에서 이야기하고, 우리같이 월급쟁이는 뒷방에서 뻥튀기나 먹고 세상 살아가는 이야기만 하다가 왔습니다.

그래서 너무나 열을 받아 서운하였지만 "그래, 내가 스님 보고 절에 가냐? 부처님 보고 가지" 하면서 위안을 했었습니다.

그러고 집에 오면 꼭 머리가 아파서 108배를 안 해서 그런가? 하는 생각이 들기도 하였는데, 이런 허구의 가짜 하늘에 굴복한 지난날이 억울하고 분통 터지며 너무나 부끄럽습니다.

그러던 어느 날 그 절에 보살님이 당뇨로 고생을 하다가 60세를 갓 넘기고 그만 세상을 떠났어요. 남편이 하는 말은 "아니 절에 부처를 모시고, 신도들의 점도 잘 봐주는데, 한참 살 나이에 왜 세상을 뜨는 거야?" 하며 의문을 갖기 시작하였습니다.

부처님을 모시는 스님의 안주인 보살님이 진짜라면 이렇게 허무하게 병으로 죽어갈까요? 절 앞에 논을 갈아엎어서 연을 키우며 연근이 좋다고 하여 자주 먹기도 하였다는데 그 보살이 죽고 나서는 절에 가는 것이 뜸해졌어요.

하루는 내가 머리가 아파서 진통제를 사서 먹는 것을 남편이 보더니 깜짝 놀랐습니다.

어려서부터 머리가 자주 아파서 친정아버지한테 머리가 아프다고 하니까 "그 머리통 속에 무엇이 들어서 그리도 아프냐?" 하시는데, 그래서 그런지 항상 아픈 사람 같이 보였었습니다.

시집와서도 회사에 다니랴, 아이들 돌보랴, 농사도 지었으니 언제나 피로하고 두통이 온 것이라 생각했는데 그게 아니었습니다.

자미국 의식에 참관하러 가는 날 집무실.

인황님께서 저런 촌뜨기를 어쩌나, 어쩌나 하시며 옷차림과 머리 스타일도 바꾸어주시니 아픈 머리도 언제인지 모르게 달아나고 즐겁고 기쁜 날 뿐이었습니다.

자미국의 사감님께서는 막살아온 저에게 "말을 할 때도 상냥하고 부드럽게 해야 한다"고 하시며 끝도 없이 잘못된 저를 많이 바로잡아주셨습니다.

이제는 부모님도 아니 계시니 내가 잘못되어도 누가 저(58세)를 바로 잡아주실까요? 혼을 내서라도 바로잡아주시는 인황님, 사감님이 계시는 자미국이 저는 너무 좋아요.

누구나 노후에 몸 아프지 않고, 편안하게 잘 살고 싶은 것은 모두 다 바라는 소원이겠지요.

그러나 한 번 가면 그만인 인생! 남은 인생을 어떻게 살다가 갈 것인가에 대한 명쾌한 해답을 찾았습니다.

이제 저는 이 모든 궁금증이 자미국에 가면 인황님, 사감님이 계시니 알 수 있으며, 자미국을 모르면 죽은 목숨이나 다름이 없다는 것을 확실히 알게 되었습니다.

자미국을 알고부터 불교, 점집, 철학관, 역술원 같은 곳에 일절 다니지 않아도 너무나 편안합니다. 인황님과 사감님을 통하면 인간사에 막힘이 없으시고 모르시는 것이 하나도 없기에 수시로 여쭈어볼 수 있어서 마음 든든합니다.

이사 방향, 날짜 택일 같은 것 무시하여도 하늘과 땅이 지켜주시기에 아무 탈이 없어서 너무나 편합니다.

오늘에 저를 있게 하여 주신 경주 김 씨 조상님 감사합니다. 저에게 하늘을 알게 하여주신 천상에 계신 신명님, 하나님, 미륵님께 감사인사 올립니다.

— 천기 13년 3월 용인에서 김○○ ○○천인 올림

전 세계 유일의 대단한 자미국

수많은 종교가 많이 있지만 보기에는 대형 건물 규모나 숫자로 많이 있어 큰 것도 같으나 속으로 들어가 보면 천상에서 가르쳐주신 위대하신 진짜 하늘은 없다.

자미국은 최고로 높은 태초의 하늘과 신명님, 하나님, 미륵님, 천지신명님, 조상님, 나라조상님들께서 함께하고 계시며 인간 육신을 가지신 인황님, 사감님이 함께하고 계신다.

세상 어느 종교와도 견줄 수 없고, 말할 수조차 없이 귀하고 특별한 분들이 함께하고 있는 자미국, 인류가 태어난 이래 아무도 세우지 못했던 귀한 자미국!

인황님과 사감님께서 개국하시고 천기 13년의 역사를 새기게 되었으며 글자 그대로 ㅇㅇ교가 아니라 전 세계 유일한 하늘과 땅이 함께하는 나라 자미국!

위대하시고 대단하신 하늘 태상천존 자미천황님, 태상천존 자미황후님 신명님, 하나님, 미륵님 자미인황님을 존경하고 사랑하며 감사하면서 찾아야 할 인류와 종교의 종착역 자미국!

괴로움과 답답함으로 하늘 찾아다니는 수많은 사명자들에게 널리 알리려 하시는 열정이 절절하고 얼마나 크신지 몰라요.

일반인으로 찌들어 살았던 가정주부에게도 그 절절함이 느껴졌었기에 동참하고픈 마음이 우러나고 사랑의 열정으로 펼쳐내시는 것을 보고 크게 감명받았습니다.

인황님께선 사감님이 하늘과 천지님, 조상님 말씀을 너무 잘 받아내신다고 위대한 하늘과 자미국을 세계만방에 알리고 싶어하시며 자랑스러워하십니다.

인황님은 의식 진행을 진두지휘 주관하시고 사감님께서는 천상에서 오신 분들의 마음을 받아내시며 조상님 마음, 인간 마음의 깊숙한 곳까지 꿰뚫어보십니다.

인황님께서 엄청난 천지공무를 많이 보셨습니다. 10여 년 전, 정말 추웠던 것으로 기억합니다. 날씨가 너무 추워지자 우리나라에 없는 사람들이 살기 힘들다고 인황님께서 날씨를 덜 춥게 해달라고 하늘에 천고를 올리셨다고 하십니다.

그 이후 겨울에도 그다지 춥지 않아 봄에나 피어나는 개나리, 진달래 봄꽃이 피고 여름에도 큰 피해 없이 보냈다고 합니다.

그리고 저 김○○천인은 보았습니다. 몇 해 전 수능시험 볼 때마다 날씨가 너무 추워서 학생들이 고생한다고 수능시험 보는 날, 날씨 많이 안 춥게 해달라고 천고 올리시는 것을 보게 되었는데 수능시험 날 이례적으로 날씨가 너무나 푸근해서 놀라웠습니다.

4월 초파일 위대하신 하늘의 말씀을 사감님께서 받아 전하시는데 불교인들이 너무 모른다고 안타까워하셨습니다.

4월 초파일 비가 오게 해달라고 천고하시는 것을 듣게 되었는데 석가탄신일인 4월 초파일 오전부터 비가 주룩주룩 내리는 것을 보고 너무나 경악했습니다.

인황님도 사람인지라 매우 속상해하십니다.

이 나라에 2004년부터 풍수해를 5년 동안 막아주어서 풍년이 들었는데도 하늘과 자미국에 감사함은커녕 오히려 풍년으로 농산물값이 땅에 떨어졌다고 농부들은 시위를 했습니다.

볏 가마를 태우는가 하면 논의 벼를 수확하지도 않고 트랙터로 갈아엎으며 원망하는 모습이 TV에 방영되고 나서부터 더 이상 이 나라에 풍수해를 막는 천지신명공사를 안 보시게 되었다는 가슴 아픈 말씀을 들었습니다.

그 후 2010년에 건국 이래 최대 규모의 태풍 곤파스가 상륙하여 강력한 바람으로 인하여 전국적으로 엄청난 피해를 입게 되었고, 2012년에는 4개의 태풍이 연속적으로 상륙하여 1조 이상의 치명적인 피해를 입게 된 것을 보았습니다.

5년 동안 상륙하지 않던 태풍이 계속해서 올라오고 있고 여름에는 태풍, 폭우, 홍수로 피해를 입었고, 겨울에는 한파와 폭설로 인하여 농산물 가격이 급등했습니다.

그 여파가 고스란히 가정경제, 나라경제, 재해 복구비 증가, 부동산 시장 위축으로 이어져 개인과 나라 전체의 경제가 불황에 빠지는 상황으로 나타났어요.

세계적인 경제 불황과 천재지변의 대재앙은 지옥세계의 아비규환 그 자체였습니다.

인황님께서 수십 명의 천인과 백성들이 있을 때 예언하신 것이 현실로 속속 이루어지고 있음에 그저 신기하고 놀라울 뿐입니다.

인황님 존호, 지황님 존호!

사감님의 존호도 두 분께서 스스로 지으신 것이 아니며 신명님, 하느님, 미륵님께서 하강 강림하시어서 사감님을 통해서 내려주신 존호이십니다.

천상과 통하시는 사감님께서 말씀을 받아주시기를 전국의 유명한 명산대천을 인황님께서 두루 다니셨고, 전국 각 처에서 산을 찾는 수많은 사람들 중에서 인황님의 진심과 하늘을 찾아다니는 큰 배포가 통했다고 하셨습니다.

인황님의 큰 배포가 하늘과 땅이 함께하는 자미국, 세계를 다스리고 호령할 신의 종주국 자미국을 세우시는 것 같습니다.

사감님 또한 전국 각지 사람들은 명산대천 어디든 모두 찾아다니며 앉아서 진실 같지도 않은 진실을 기도라고 하고 있는데, 사감님의 상상을 초월하는 큰 배포!

천상에 대단하신 능력자가 있으시다면 사감님 있는 곳으로 친히 오시어 높은 분께서 하늘로 향하는 진실과 행을 가르쳐주실 수 있느냐고 기도하며 여쭙더라 하시며, 이런 거짓 없는 큰 배포가 마음에 쏙 들었다고 하십니다.

하늘께서도 신명님, 하나님, 미륵님, 자미인황님께서도 사감님의 마음은 하늘의 마음이라 하셨습니다.

하늘의 마음이란 인간 사감님은 사람으로 하늘 일 안 하고 평범한 인간으로 사시고 싶어한다 하십니다.

그런데도 태초의 하늘과 천상에 계신 세 분들, 천지 분들의 아픈 마음, 답답한 마음을 알게 된 이후에 그분들의 아픈 마음을 외면할 수가 없어 평범한 인간의 삶을 포기하시고 하늘을 전하는 희생하는 삶을 사는 것이 하늘의 마음이라 하십니다.

한참 나이 20대에 시작하여 평범한 인간의 삶을 살지 못하였으니 자미인황님께서는 의식 때 외에는 인간으로의 삶을 살라고 늘 사감님을 배려해 주시는 말씀을 해주신다고 합니다.

하늘께서도, 천상에서도 사감님을 남들처럼 평범한 인생을 살지 못하게 하심에 너무 미안해하시며 광활한 하늘의 뜻을 전하는 일을 하는 사감님의 처지에 마음 아파하셨습니다.

인황님께서는 자미국을 개국하시기 전!

하늘과 땅의 메시지가 계속 내렸는데도 메시지를 무시하고 인간사의 사업을 계속하시자 사업금전 모두 날리게 되셨으며, 사감님께서도 인황님을 만나 자미국을 시작하기 위해서인지, 자미국 개국 바로 전에 쌓인 금전 모두 날리셨다고 하시었습니다.

종교에 가려져 보이지 않고 어느 누구도 몰랐던 천지를 있게 하신 하늘 태상천존 자미천황님, 태상천존 자미황후님, 신명님, 하나님, 미륵님, 자미인황님께서 계심을 알게 해주셨고 인황님, 사감님께서 하늘을 알리는 자미국을 시작해 주셨습니다.

인류 탄생 이래 처음이자 마지막이라는 천지대업!

나의 조상님들 입천제(천상입궁의식)해 주시고, 내려주신 하늘의 명으로 대단한 천인합체의식을 해주고 계시니, 살아서도 죽어서도 최고의 영광입니다.

오래전에 돌아가신 조상님들의 생전에는 자미국이 없었지만 지상의 하늘 품 자미국에 들어오니 그 높으시다는 분들께서 사감님을 통해 대화해 주시니 자미국은 책 내용 그대로 이상향의 무릉도원 세상을 현실로 열어주시는 대단한 곳입니다.

조상님이 자손과 함께 자미국으로 들어와 천상입궁 상봉의식을 통해서 조상님과 자손이 처음이자 마지막으로 대화를 나눌 수 있게 해주시고, 하늘의 말씀까지도 듣게 해주시니 정교하시고 자상하신 하늘이세요.

인류 탄생 이래 최초의 천지대업에 조상님과 인간 사명자가 함께 대단하신 하늘을 알고, 말씀을 들으며 인생을 살아가게 해주시는 신비의 섬세한 하늘 사랑을 전해 주시려고 천상 자미천궁에서 내려와 주신 대단하신 신님들!

인류가 탄생한 이후 최초로 하늘과 땅이 함께하는 나라 자미국을 세우시고자, 인류 최초의 천지대업을 이루어내시고자 매일 밤을 새워가며 애쓰시는 대단하신 인황님! 매일 같이 새벽 5~6시에 잠자리에 든다고 하시니 하늘이 내린 철인이 분명합니다.

사감님은 매일 거의 24시간 하늘 말씀 받아내시며 자미국, 조상님, 인간, 가정을 살리시느라 생사를 초월하고 몸과 마음을 다하여 편할 날 없는 살얼음판 인생을 사시며 하늘을 위해 우리 인류를 위해 죽는 날까지 애쓰시며 그렇게 살아가야 할 사감님!

사람들은 의식비용만 마련해서 오면 조상님 천상입궁의식이 완성되는 줄 알고 있겠지만 사실은 그렇지가 않습니다.

하늘의 말씀에 고분고분 굴복하지 않고 말대꾸하며 대적해서 의식을 중단시켜서 돌려보낸 사람들도 많기에 조상님들이 천상에 올라가기 전까지는 언제 중단될지 모르기에 초긴장하며 조상님과 자손들은 마음을 놓을 수가 없습니다.

천상세계 올라가려는 조상님과 올려 보내려는 자손 그리고 의식을 주관하시는 인황님은 의식이 끝날 때까지 아슬아슬한 위기의 순간을 수없이 넘겨야 합니다.

— 김○○ ○○천인 올림

성공, 야망, 진실, 사랑

하늘의 진실 말씀을 내려주시는데 몇 년 동안 이해가 안 되었지만 이젠 하늘의 진실 말씀이 가슴으로 다가옵니다.

처음부터 몇 해 전까지는 어떤 말씀을 되풀이해 주셔도 스쳐만 지나가고 남의 일인 양, 지나가는 말인 양, 하시는 말씀들이 나에게 피가 되고 살이 되는지, 나의 가정을 지켜주는 말씀인지, 왜 하시는 것인지 도무지 몰랐습니다.

사감님께선 계속 반복하여 알아들을 때까지 지겹도록 말씀해 주시었습니다. 때로는 지나가는 말씀으로, 때로는 심각한 표정과 심각한 말씀으로, 때로는 너무도 자연스럽게….

여러 가지 방법으로 말씀해 주시고 타일러도 주시고 혼도 내주시고 하셨지만, 처음에 나는 무엇이 어떻게 돌아가는 것인지, 뭘 하라 하시는 것인지, 어떻게 하라 하시는 것인지, 왜 그렇게 하라 하시는 것인지 사감님이 하시는 모두가 도통 이해가 가질 않았습니다.

그래서 자미국에 다니면서도 몇 년 동안은 사감님의 말씀을 무시하고 건성으로 들으며 지냈습니다.

그렇게 살면 안 된다고 말씀해 주시는 사감님의 말씀은 아랑곳하지 않고 나는 내 목적, 내 목표, 내 야망, 내 욕심을 향하여 내 나름대로 열심히 전진 아닌 전진을 했습니다.

내 나름대로 성공과 야망의 날을 세워놓고, 고귀한 분의 진실 말씀, 고귀한 대화조차도 무시한 채 나의 성공과 나의 야망을 이루는 데 애썼습니다.

하늘과, 조상님들을 그동안 종교와 세상에서 보고 들은 이론에 내 마음을 고정시킨 채 내가 알고 있는 이론으로 하늘과 조상님들과 통해 보고자 사감님의 가르침은 무시한 채 내가 정해 놓은 일방통행 길로 나는 거침없이 나아갔지만 나의 바람인 행복의 길은 점점 나에게서 멀어져만 갔습니다.

사감님께서는 끝도 없이 나에게 내가 잘못 가고 있다고, 너무 많이 혼자 저 멀리에 나가 있어 허공으로 독주하고 있을 뿐이라고, 돌아오라고 나에게 말씀해 주셔도 사감님의 말씀은 나에게는 듣기 싫은 잔소리일 뿐 그 이상도 그 이하도 아니었습니다.

사감님의 귀한 말씀을 이해하는 시간이 장장 몇 년 걸렸고, 예전에 너무 많이 앞서 나가 있어서인지 이제는 사감님의 말씀을 조금 알아듣게 되어 예전처럼 안 하려 해도 나도 모르게 본능처럼 불쑥불쑥 행해지는 잘못된 나를 발견하고 있습니다.

난 40여 년을 내 방식대로 살았습니다. 누구의 간섭도 없이 모든 일들을 잘되든 못되든 내가 결정하며 내 의지대로만 살다 사감님을 만났습니다.

하늘과 사감님이 아무리 높다 한들, 내게 내려주시는 사랑의 말씀이라 한들, 내 마음으로 와 닿아 교화되기까지는 장장 몇 년이란 세월이 걸렸습니다.

잘못된 생각을 가진 나 하나를 사람 만들려고 대단하신 분이 몇 년에 걸쳐서 1천 번 이상을 교화해 주시었습니다.

크나큰 사랑이십니다.

그래서 나는 이 책을 보는 모든 이들에게 말하고 싶습니다. 보잘것없는 나를, 바보 같은 나를 버리지 않으시고 이 긴 세월 동안 품어주시고 또 품어주시는 자미국이야말로 진짜 하늘 중에 하늘이라고 자신 있게 말하고 싶습니다.

나는 학벌도 짧고 가진 재산도 없습니다.

자미국을 만나기 전 하루 끼니가 없어 걱정한 날이 하루 이틀이 아니었습니다.

전 자미국에 도움될 일이 하나도 없는, 욕심과 고집만이 유일하게 내 삶의 무기로 남은 보잘것없는 나를 버리지 않으시고 끝까지 품어주신 하늘!

이제야 제 마음 깊숙이 하늘의 사랑, 사감님의 사랑이 느껴집니다.

사감님께서 나에게 귀한 교화의 말씀 내려주실 때마다 마음속으로 끝없이 나는 반항했었습니다.

사감님을 통해서는 하늘의 말씀을 들을 수 있고, 인황님을 통해서는 하늘과 땅의 천지기운을 받는 것이니 이것이 바로 인류가 종교 안에서 오랜 세월 기도하며 받고자 했던 하늘과 땅의 귀하디귀한 기운이었습니다.

하늘과 땅께서는 자미국의 천인과 백성들의 일거수일투족을 언제나 지켜보고 계시며 위급할 때마다 항상 지켜주시고 보호해 주시니 얼마나 큰 축복이에요.

내 감정, 내 개인 생각 크면 대인의 길은 보이지 않게 됩니다. 자미국에서는 다른 종교처럼 굴복만이 최후의 수단이 되어서는 안 된다 하십니다. 인간으로의 태어난 이 시대의 중요하고도 귀한 기회의 순간들을 이제는 조금은 알게 된 것 같습니다.

내 생각, 내 감정이 높으면 높을수록, 자존심이 높으면 높을수록, 잘난이 높으면 높을수록, 욕심이 높으면 높을수록, 욕망이 높으면 높을수록 인간들의 삶이 얼마나 불행해지고 고달파지는지를 오랜 시간 사감님의 말씀과 만남의 시간을 통하여 절실히 알게 되었습니다.

— 김○○ ○○천인 올림

믿음과 책임

종교가 너무 많아 눈만 돌려도 종교입니다. 아주 많이 널려 있고 주위에 쉽게 접할 수 있게 되어 사람들이 종교세계에 가볍게 의지해 버리고 가까이 하게 됩니다. 마음대로 찾아가 정해진 형식만 따르다 오게 됩니다.

사람들이 절에 가면 절 안 다닌 것이 죄, 교회에 가면 교회에 안 다닌 것이 죄, 무속에 가면 신 받지 않은 것이 죄, 도교에 가면 도 닦지 않은 것이 죄, 성당에 가면 세례 안 받고 미사 참석 안 하는 것이 죄라고 말합니다.

천주교 예식 중 고해성사하는 시간이 있습니다. 성당 안에 있는 고해성사 장소는 보이지 않게 막혀 있으며 조그만 구멍이 나 있고 반대편엔 신부가 앉아 있고, 이쪽에선 내가 앉아서 자신이 지은 죄를 신부 듣는 데서 말하는 것입니다.

죄지은 것 신부 앞에 앉아 말하는 걸 어릴 적에 한다며 했었는데 정말 아주 기분이 이상하고 말도 잘 나오지 않아서 두 번 다시 그런 것은 하고 싶지 않아 그 후론 무시하고 안 했습니다.

그런데 지금 자미국 들어와서 돌이켜보면 아주 잘했다는 생각이 듭니다.

종교 가는 데마다 선물 준다 해서 다녔었고, 절 많이 하면 전생업장 소멸된다고 해서 믿었으며, 죽어서 천상에 오르지 못한 조상님들의 업보가 나에게 내려와 있다는 말 믿고 조상님 업보가 무엇인지도 모른 채 그들이 시키는 대로 했었습니다.

교주들이 나에게 툭 던져준 말이 진실인 줄 알고, 그들이 시키는 대로 닦고 닦으며 내 피로 낳은 내 자식에게는 나 같은 죄 이어지지 않아 잘 살까 싶어 무서웠다.

그들이 시키는 대로 하지 않으면 귀한 내 자식들 그들의 말대로 내 업보 내 조상님의 업보 이어져 나처럼 힘든 인생 살까 두려워 그들이 권하는 대로 정진에 정진을 해보지만 그런 내 인생과 내 자식의 삶은 갈수록 죽어가는 꽃들처럼 시들시들.

나 자신도 내 자식도 어느 누구 하나 피지도 못하는 고통스런 삶의 연속! 마음으로 진정 믿고 의지할 곳이 없었습니다.

저 김○○천인은 자미국을 알기 전 종교밖에 알지 못했습니다. 불교와 무속 세계를 다니면서 그들이 하는 말들을 처음에는 믿었는데 갈수록 제 마음 깊은 곳에서는 천지 창조하신 분은 과연 누구이실까?

하나님이신가? 하며 매우 궁금했었습니다.

자미국 오기 전까지 나는 그렇게 무의미하게 하루하루를 살고 있었습니다.

내 마음 정착할 곳이라도 있으면 좋으련만! 그리운 둥지를 찾아 내 마음의 정착지를 찾아 헤매다 아픈 마음, 아픈 사연을 안고 자미국을 알게 되어 자미국에 오게 되었습니다.

꿈을 안고 구경삼아 갔던 자미국과의 첫 만남

뭔가에 이끌리기라도 하듯이 단숨에 달려간 자미국! 여자 분이(사감님) 차가운 듯 따뜻한 듯 다 알고 있는 듯 한마디 던져준 그 말이 싫지는 않아 굳이 그분의 말씀을 부인하려 하지 않았던 나.

그렇게 찾아갔던 자미국과 자미국에 계신 인황님, 사감님과의 인연이 이렇게 오랜 세월 가게 될 줄 꿈에도 몰랐습니다.

어언 7년이란 시간 동안 한결같이 내 지랄 같은 내 나쁜 마음 계속 돌리도록 지도해 주신 사감님의 열정과 진심이 있으셨기에 가능한 일이었습니다.

많은 사람들은 종교와 그 어느 곳을 통하여 무언가를 얻고자 하는 마음이 있습니다. 간절히 기다리는 목마름이 있습니다.

모두가 오랜 세월 찾던 이상향의 세계란 바로 자미국이었고 자미국의 인황님과 사감님 그리고 진정한 하늘 태상천존 자미천황님! 태상천존 자미황후님! 천상선감님! 천상천감님! 천상도감님! 자미인황님!이었습니다.

하늘 말씀 받아 들려주시는 사감님 덕분으로 진정으로 거듭난 인생! 나 혼자가 아닌 하늘, 천지, 조상님, 인황님, 사감님, 자미국과 함께하는 인생 오래오래 살고 싶어요!

자미국을 불철주야로 세상에 전하시고자 애쓰고 계신 대단하신 인황님! 하늘님, 조상님, 천지의 말씀을 전해 주시고자 언제나 애쓰시는 대단하신 사감님!

가물가물하고 흐물거렸던 이 생명, 찢어질 듯 위태로웠던 부부 사이, 무너질 듯하던 남편 사업도 이제는 생생히 존속되고 가족의 결속, 주위 친족들도 모두가 평안히 자기 자리에서 잘 나아가고 있는 것에 마음 가득 감사함을 올립니다.

자미국 오기 전에 종교에 다니면서 쩔어 있을 때는 친족의 삶이 죽음의 사이를 넘나드는 불안한 삶의 연속되는 상황 안에 살았으며 자미국 온 지 7년.

언제 그런 삶 살았냐 싶게 김○○을 비롯해 하나도 다치거나 잘못되어 헐떡거리는 험한 주위환경 안 되게 해주시어 큰 선물 받아 이 좋은 세상에 살고 있는 것에 감사함을 느낍니다.

이런 인간의 삶을 은연중에 희망했었습니다. 제 희망을 현실로 이루어주신 자미국에 하늘님께 진정으로 감사드립니다.

저는 모든 이들이 원하는 이상향의 세계를 이루었습니다. 보잘것없는 제 삶을 모두가 꿈꾸는 이상향의 세계로 인도해 주신 인황님, 사감님 감사합니다!

이렇게 살려주신 것 감사합니다. 자미국은 생명의 꽃, 더 단단히 살아 있게 해주는 대단히 위력 있는 곳입니다.

지난 나의 인생을 돌아보니 자미국에 오기 전과 차원이 다른 삶이고 생이었습니다.

살아서 자미국 한 번 더 갈 수 있고, 살아서 귀한 말씀 한 번 더 들을 기회 있고, 살아서 태상천존 자미천황님, 태상천존 자미황후님 신명님, 하느님, 미륵님, 자미인황님 말씀, 조상님, 인황님, 사감님과 만날 수 있어서 기쁩니다.

의식 때 사감님께서 받아 주시는 하늘 말씀!

귀한 말씀 들으며 함께하고 또 김○○천인이 의식하러 가면 천상의 높으신 분들께서 김○○천인을 위해 말씀으로 진자리 마른자리 갈아주시며 이 좋은 세상.

촉촉한 세상 살아갈 수 있도록 해주심에 무한한 영광입니다. 생명 있는 축복의 인생 열어주심에 영광입니다.

자미국 세우시는 인황님!

말씀 받아주시는 사감님! 덕분으로 대단한 하늘 길 열려 있는 자미국에서 살아 구원받아서 감사합니다. 인간의 생에 힘 있고, 활력 있고 생기 있는 꽃이 핍니다.

하늘로 향하는 날까지 하늘로 향할 때까지 포기하지 않으시고 계속해 주시니 진정한 구원자님이십니다. 천지 하늘과 인황님, 사감님 알게 된 것이 진정한 스승님을 만난 것입니다.

7년여 세월 동안 수많은 자미국 의식에 불러주시어 참관했지만 도장

찍듯 하는 똑같은 의식 한 번도 못 보았습니다.

끊임없이 자미국 의식을 진행하시는 인황님, 끊임없이 말씀 받아주시는 사감님 파이팅입니다.

종교 세상 파란만장한 것 만발해도 종교 세상 갈수록 굳어지고 종교 세상 지금까지는 기세가 높았어도 그 기세 자미국의 진실 앞에 꺾어질 것입니다.

옛날 종교창시자들은 도망 다니기 바빴다 합니다. 그래서 절이 산속에 있게 되었다는 속설도 있습니다. 자미국은 모든 종교 초월하고 있으며 또 의식할 때 상당한 돈을 갖고 와도 8년째 끄떡없이 천상의식을 해내시고 계십니다.

누가 감히 위대한 하늘과 천지에 높으신 분들이 함께하는 진실 된 곳에 돌을 던지랴!

상황에 따라 아주 사소한 일들, 현 상황과 안 맞는 일들, 불편한 일들도, 가족도 시간이 지나보면 나 김○○천인이 바라는 대로 현실로 되어 있습니다.

내가 마음으로 원하고 선택만 하면 일이 성사되도록 언제나 보살펴 주심에 행복하고 든든합니다.

— 김○○ ○○천인 올림

인간의 애틋함과 답답함으로

자미국에서 불러주시어 의식에 참관하다 보니 하늘과 조상님 사이, 하늘과 인간 사이, 신님들과 인간 사이, 조상님과 인간 사이 참으로 많은 오해가 쌓여 있습니다.

심지어 부모와 자식 사이도 교주들의 잘못된 해석으로 인하여 서로 이상하게 바라보며 서로의 탓을 하며 원망과 오해 속에, 때로는 서로를 진심으로 믿지 못하며 서로를 경계하며 살아가고 있는 사람들이 참으로 많이 있습니다.

나 역시도 자미국을 만나기 전에 그랬습니다.

삶이 힘들어 이유를 알아보고자 찾아간 곳에서는 남편과 궁합이 맞질 않아 그런다고 했습니다. 그러면서 궁합이 잘 맞아야 잘 살지 궁합이 맞질 않으면 평생 힘들다는 교주의 말을 들은 이후 나는 생활이 힘들 때마다 남편 원망을 하게 되었습니다.

힘든 생활이 오래되면 될수록 남편 원망을 하며 교주의 말대로 궁합이 안 맞는 남편과 헤어져야 내 삶이 피어나나! 하는 생각을 하며 남편과 헤어지려고 결심을 했습니다.

남편과 나는 힘든 삶이 서로의 탓인 양 서로를 원망하고 질타하며 대화조차도 단절하고 이혼할 궁리만 하는 처절한 삶을 살다 자미국을 방문하게 되었고 자미국의 인황님과 사감님을 만나게 되었습니다.

남편과의 불화와 끝없는 생활고를 여쭈어보니 원인과 해결책을 종교에서 들어보지도 못한 완전 새로운 말씀을 해주시는 거예요.

그러면서 여자 저자 분인 사감님께서는 남편과 저는 하늘께서 맺어

주신 천생연분이라는 말씀을 해주셨고, 남편과 저는 현생에서 뿐만이 아니라 전생에서도 부부였다고 말씀해 주셨습니다.

처음에는 종교에서와 너무도 틀리게 우리 부부 사이를 말씀해 주시는 사감님의 말씀에 수긍이 되질 않았습니다.

사감님의 말씀대로 천생연분이 맞으면 행복하게 잘 사는 것이 맞지 이렇게 힘들게 살겠어? 하면서 사감님이 무엇을 몰라도 아무것도 모르는 분이 분명해! 라는 생각이 들었습니다.

그래서 사감님께 물어봤습니다. 천생연분인 우리가 왜 이렇게 구질구질하게 사는 것이냐고? 천생연분이 아니라 천하의 악연이 만나 이렇게 힘든 것이 아니냐고 반문을 했습니다.

그러자 천생연분이 분명 맞는데 인간으로 온 사명 완수를 하지 않고 하늘이 내리신 명을 이행하지 않아 힘든 것이지 절대로 악연이라 궁합이 안 맞아 힘든 것이 아니라고 말씀해 주셨습니다.

그러시면서 남편을 미워하거나 저주하고 헤어지면 지금의 삶보다 더 힘들어지니 절대로 나쁜 마음 가지지 말고 인간으로 온 사명 완수하고 하늘이 내리신 명을 하루빨리 이행하는 길만이 살길이라고 종교와 완전 다른 말씀을 해주셨습니다.

종교와 철학관에서는 소띠와 닭띠, 아침 생과 저녁 생, 가을 생과 봄 생, 8살 차이, 남편은 얼굴이 크고 난 갸름한 편, 이런 저런 얘기를 하면서 같이 못 살 팔자라고 하였습니다.

인간들이 정해 놓은 종교이론 틀 안에 내 인생을, 남이 정해 놓은 틀 안에 내 인생을 송두리째 의지하며 살아왔던 내 자신의 삶이 잘못되었음을 사감님을 만나 알게 되었습니다.

사감님과 함께한 세월이 어언 7년. 그 당시에 사감님을 못 만났다면 그들의 말에 따라 나는 이혼을 했을 것이고 자식도 버렸을 것이고…. 생각만 해도 끔찍 그 자체입니다.

한 번뿐인 내 소중한 인생 살려주시고 길 찾아주심에 진정 감사합니다.

한 치 앞도 못 보고 모르고 가야 하는 인생에 자미국이 나에게는 유일한 등불입니다. 가만히 있는 무생물 등불이 아니라, 삶의 행복 희망이 현실로 느껴지는 살아 있는 등불입니다.

자미국 책에서 본 천상입궁, 천인합체, 감사제, 천은보사의식도 능력이 되고 허락하신다면 많이 하고 싶습니다.

의식 때 들려주시는 말씀! 인생을 사는 동안 꼭 필요한 보석과도 같은 말씀들입니다.

천지의 오해가 서로를 막아 소통이 안 되어 서로 아귀다툼하는 세상을 바로잡아주시고자 인황님께서는 세계 최초로 자미국 열어서 개국해 주셨고, 사감님께선 하늘 말씀 받아 소통시켜 주시니 자미국 대단하세요.

진정한 하늘 태상천존 자미천황님! 태상천존 자미황후님! 천상선감님! 천상천감님! 천상도감님! 자미인황님! 대단하세요.

하늘의 말씀은 제 삶에 기운이고 제 삶에 의지이며 제 삶에 따뜻함입니다.

지옥의 길은 수천 가지의 덫이 있습니다.

천궁의 길은 행복의 진실이 있습니다.

지옥의 길은 어수선합니다.

천궁의 길은 편안합니다.

종교의 길은 혼란스럽습니다.

자미국의 길은 평화롭습니다.

제 인생의 방황을 끝내게 해주신 위대한 하늘!

인생이 다하기 전에 하늘을 만나 얼마나 영광인지 모릅니다. 가문의 영광이고, 나라의 영광이고, 온 지구의 영광이옵니다. 하늘을 찾고자 조상님과 함께한 지난 세월, 마지막 희망을 안고 찾아간 곳이 자미국입니다.

종교의 배신, 세월의 배신, 인간 이론의 배신에 지치고 지쳐, 여기서조차 뜻을 이루지 못한다면 목숨을 내던지겠다는 심정으로 찾아갔었습니다. 조선일보에 『천지령』 광고문구 중에 '조상님 구원'이 눈에 크게 들어왔습니다.

사실 그때만 해도 제가 고생하는 것이 다 조상님 때문이라고 생각했습니다. 솔직히 조상님을 떼어내야 살 수 있다고 생각해서 절에서 굿판에서 천도재를 수없이 행하였습니다.

천도재가 끝나고 조상님들께서 좋은 데로 갔다고 하면 그런 줄만 알았습니다. 하지만 부르기만 하면 다시 나타나는 영혼을 보고, 어떻게 멀리 갔어야 할 분들이 부른다고 바로 나타나는지 의아했습니다.

모든 진실은 자미국에 와서야 밝혀졌습니다.

땡중과 보살들의 사기행각이 적나라하게 드러나는 것이었습니다. 저만 잘되고자 조상님들 팔고 다녔다고 바로 지적해 주시는 곳이 자미국입니다. 그 무엇보다도 조상님의 아픔에 더 아파하고 안타까워하는 곳이 자미국입니다.

제게 육신과 피를 나누어주시고 먼저 세상을 떠나신 훌륭한 나의 조상님이시지만, 하늘 앞에서는 여전히 보호받아야 할 하늘의 자손이셨던 거죠. 육신이라도 있으면 뭐라도 하겠지만 허공중천 구천세계의 춥고 배고픈 곳에서 아무것도 하지 못하고 고통에서 벗어나고자 발버둥치고 계셨던 것이죠.

이 세상 아무리 배고프고 굶주리는 이웃이 있다고 해도, 내 자식이 굶고, 내 부모가 굶고 있는데, 가족을 먼저 살리지 않는다면 그건 인간이라고 부르기 어렵습니다. 천상의 위대하신 분들이 내려오셔서 자미국 의식을 통해 저희 조상님을 천상 자미천궁으로 인도하시고 하늘의 윤허로 입궁이 허락되었습니다.

진짜 하늘을 만나신 기쁨에 수천 년의 눈물이 웃음으로 바뀌고, 서러움이 환호로 바뀌는 순간입니다. 지상에서 나약했던 조상님이 하늘에 올라 하늘의 백성이 되시고 벼슬을 하사받으신 멋지고 위대한 조상님이 되셨습니다.

이젠 여유도 생기셨으니 지상의 당신 핏줄을 돌봐주시는 거예요? 전 인간의 삶 산 지 고작 몇십 년밖에 되지 않았어요. 수백 년, 수천 년 앞서 사신 조상님께서 이 후손이 바르게 살 수 있도록 다해 주세요.

전 아는 것이 없어 뭘 어떻게 해야 하는지 몰라요. 전 하늘께서 제게 갖추어라 명 내려주신 진짜 모습대로 살 테니까, 나머지는 조상님께서 도와주세요. 부모님이 종교가 될 수 없듯이, 조상님도 종교가 될 수 없고, 하늘도 종교가 될 수 없어요.

자식이 아프면 부모의 마음이 더 아프듯이 하늘의 마음은 더 아프시다 하시고, 자식의 성공에 부모님보다 더 기뻐하시는 분이 하늘이신데, 저희 인류는 세상의 수많은 종교 이론에 심취해서 하늘을 배신하고야 말았습니다.

부모님의 사랑을 이론과 경전으로 만들 수 없듯이 하늘의 사랑도 이론과 경전으로 만들 수 없을진대, 저희 인류는 모든 것을 획일화하고 규격화해서 사람마다 각각 다르게 태어나게 해주신 하늘의 진정한 뜻을 배척하고 있었습니다.

저마다 생긴 모습들이 모두 다르고, 성격도 다르고, 겪는 인생도 다르다는 것은 위대하신 태초의 하늘께서 그렇게 창조를 하신 것인데, 그 이유를 하늘께 묻지도 않고 인간의 짧은 생각으로 정의해 버리고 있었습니다.

자미국 의식에서는 의식의 주인공에게 잘 사는 법을 가르쳐서 인간 세상에 내보냅니다. 인간으로 사느라 그동안 잊었던 진정한 모습을 찾아주시고, 자식 잘되라고 타이르고, 격려하고, 방법을 가르쳐주시는 하늘이십니다.

제가 모르는 제 마음속 깊은 곳까지 보고 세심하게 배려해 주시는 하늘이신데, 어찌 얄팍한 인간의 지식을 들이대면서 '하늘은 이럴 것이다'라는 망측한 생각을 할 수 있을까요?

과학을 들이대는 것도 문제입니다. 결국 과학이란 하늘이 만들어놓으신 것을 찾아가는 학문인데, 하늘께서 만드신 우주의 비밀도 풀지 못하면서 어찌 잘난 척, 다 아는 척을 할 수 있겠습니까?

하늘의 창조에 대한 비밀을 풀 수 있는 궁극의 과학자는 사감님이시고, 그런 사감님조차 하늘의 깊으신 뜻의 억만 분의 일이나 전달하고 있을지 모른다고 하십니다.

저는 해외에서 태어나 자란 탓인지, 어렸을 때 종교엔 크게 관심이 없었습니다. 하지만 외계인, UFO, 귀신, 영혼에 대해 굉장한 관심이 있었습니다. 자연히 사후세계에 대해 궁금해지고, 인간이 죽으면 어떻게 되는지 궁금해졌습니다.

외교관이신 아버지를 따라 수많은 나라에 살면서 수많은 종교 문화권에 노출될 수 있었습니다. 기독교, 천주교, 불교, 아랍권의 생활이 각각 어떻고, 종교로 인해 어떻게 인생이 억압되는지도 보았습니다. 각각 자신이 최고라 하면서 교주들이 잘난 체를 하는데, 인간이 아무리 뛰어나

다 한들 신의 뜻을 어떻게 알 수 있겠는가,라는 마음속의 목소리가 있었습니다.

하지만 문제는 '난 누구인가?' 하는 질문이었습니다. 내 육신이 나인 것인가, 내 생각이 나인 것인가, 내 영혼이 나인 것인가 끊임없는 소용돌이에 빠지다 보니 이것을 풀고자 스스로 종교의 굴레에 빠져들게 되었던 것입니다.

단학선원에 빠져 본부의 특별수련을 받기까지 했습니다. 단학선원도 사이비 종교와 같아서 핵심 지도자에 출신이 좋은 자들을 심으려고 노력했습니다.

3개 국어에 능통하고 Y대를 나와 대기업에 다니던 저는 자연히 레이더망에 포착되었고, SKY(서울대, 고려대, 연세대) 출신의 다른 후보자들과 수련을 받게 되었습니다.

하지만 단학선원에 다닌 그 이후로, 잘나가던 저희 집안은 가세가 무너지고 어려움에 처하게 됩니다. 법 없이도 살 아버지는 높으신 분에게 크게 한 방 당하시고, 가지고 있던 집도 몇 채 처분해야 하는 상황에 이르렀습니다.

단학선원의 행태를 보고 그만두기는 했지만, 자아추구를 위해 절에서처럼 108배며 1,000배를 단학선원에서 하고 있었습니다. 빌면 빈 만큼 빌 일만 생긴다고 했던가요? 죄송하면 죄송한 만큼 죄송한 일만 생기더라고요.

젊은 나이에 사업을 한다고 나선 저는 나머지 재산을 다 탕진하고, 외국계 기업에 취직을 하고 경매와 공매를 통해 몇 채의 집을 마련하는 수완을 발휘했음에도 불구하고 결국엔 다시 다 날리고 빚더미에 오르게 됐습니다.

마지막 발악으로 굿판에 더욱 지극정성으로 매진하고, 살아보겠다는 심정으로 미친 듯이 쏟아붓다 보니 보살들의 말에 꾀여 몇 억을 갖다 바치고, 결국 보살들은 그 돈을 들고튀고 사기 배신만 당하고 말았습니다.

제가 무엇을 잘못하고 있는지 자미국에 와서야 알았고, 자미국에서는 조상님을 구원하고 천인합체 명을 내려주셔서 그것을 이루고자 정신없이 달려왔습니다.

자미국에서는 제가 어느 학교를 나왔는지, 어떤 집안의 자식인지 중요하게 여기지 않으셨습니다. 큰마음 먹고 의식을 하러 오는 절실함이 더 중요했습니다. 의식을 하고 나면 더 중요한 말씀을 해주시는데, 제 안의 모든 것을 보고 말씀하시기 때문에 저 혼자만이 느끼고 감탄할 부분이 너무나 많습니다.

최근 감사제의식에서 천상에서의 제 진짜 모습이 어땠는지, 지상에 내려오면서 가졌던 제 소원이 무엇이었는지 찾아주었습니다. 그 내용이 너무나 대단하여 그 소원을 이루고 싶어 여전히 가슴이 뛥니다.

세상 어느 곳에 가도 이렇게 제 마음 꿰뚫어보시면서 시원하게 해답까지 내려주시는 곳이 있을까요?

제 인생의 방황도 자미국을 만나 정리가 되었고, 자미국을 만나 조상님, 나라조상님, 영의 부모님, 하늘께로 향하는 감사함을 일렬로 세울 수가 있었습니다.

아기가 자기 혼자 태어날 수 없듯이 자아를 찾는다고 아무리 발버둥쳐봐야 아무런 소용이 없습니다. 조상님을 알고, 나라조상님을 알고, 영의 부모님과 하늘을 찾아야 내가 어떻게 여기 지구에 왔는지를 알게 됩니다.

나의 가족이 얼마나 사랑스러운지 머리가 아닌 가슴으로 알게 되는 자미국입니다.

— 2013년 3월 25일 용인에서 장○○ ○○천인 올림

죽고 싶은 알 수 없는 내 마음

50 중반을 살면서 삶이 무엇인지 내 삶은 왜 이렇게 엉망진창인지, 왜 살아야 하는지, 답답하고 막막하고 외롭고 허전하며 이유도 모른 채 나는 그냥 죽고만 싶었습니다.

내 속에서 죽어! 죽어! 죽어버려!라는 메시지가 끝도 없이 들렸습니다.

하루라도 빨리 죽어야겠다는 생각 외에는 아무 생각도 떠오르질 않았습니다. 내가 왜 죽어야 하는지, 죽으라고 재촉하는 존재는 도대체 무엇인지? 궁금했습니다.

끝도 없이 떠오르는 죽음의 공포와 내 삶의 궁금증을 해결해 보고자 무속세계를 접하기 시작했습니다.

자미국을 알기 전 23년이란 긴 시간을 이 무당 저 무당 찾아다니며 물어보러 다녔지만 얻어낸 결과는 아무것도 없었습니다. 원인과 해결책을 찾을 길도 없었습니다.

원인과 해결책을 찾지도 못한 채 친정 엄마의 갑작스런 자살, 남편의 사업부도, 남편과의 별거, 아들의 자살 시도 등 삶의 고난은 갈수록 눈덩이 불어나듯 커져만 갔습니다.

무속에 다닌 횟수만큼 무속에 다닌 세월만큼 내 인생은 자꾸자꾸 더 뒤집어졌습니다. 제대로 살 수도 없고 마음의 메시지대로 죽을 수도 없는 고달픈 내 인생!

여기저기 수많은 무속세계를 헤매고 다니면서 조상님의 존재를 듣게 되었고 난생처음으로 조상님의 존재를 알게 되었습니다. 굿을 하면 조상이 자손을 도와줘 마음도 편하고 삶이 좋아진다는 무속인 들의 말을 듣고 있는 돈 없는 돈 모두 가져다 바치며 그들이 시키는 대로 해마다 때마다 반복되는 굿을 하였습니다.

그렇지만 나에게는 아무런 도움도 되지 않았고 갈수록 더 힘들어져만 갔습니다. 굿을 하면 할수록 더 힘들어지고 뒤집어지는 내 삶 앞에 어느 순간 굿도 지겹다는 생각이 들었습니다.

용하다는 전국의 무속인을 찾아다니며 죽을 것 같으니 나 좀 살려달라고 매달렸습니다. 그들은 하나같이 살 수 있다, 살려주겠다, 걱정하지 말라는 말을 수없이 했습니다.

굿하라면 굿하고, 돈 가져오라면 돈 가져가고, 산에 가자면 산에 가고, 용궁에 가자면 바다로 가고, 1년에 3~4번 많이 할 때는 7~8번 정도 했지만 죽고 싶은 마음은 내 마음 안에서 사라지지 않았습니다.

희망도 방법도 없는 삶 앞에서 절망의 수렁과 죽음의 수렁만 기다렸습니다.

그러던 중 우연히 친척 언니가 자미국 책을 읽어보라고 주었습니다. 책에는 사후세계, 조상세계, 하늘세계가 있었지만 조상세계가 제일 먼저 눈에 들어왔습니다.

책을 읽는 도중에 갑자기 두 다리가 떨리기 시작했습니다. 눈에서는 눈물이 나오고 자미국 책에 나도 모르게 빠져들었습니다. 읽는 도중 자미국에 가고 싶어 전화를 하니 책을 다 읽고 예약상담을 하라고 하였습니다.

그러면서 다른 책도 한 권 더 읽고 오라고 하시면서 책 제목을 가르쳐주시어 전화를 끊자마자 급한 마음에 서점 가서 가르쳐주신 책을 구입해 읽는데, 읽는 동안 온몸이 떨리고 눈물이 계속 나는데 이런 내 자신이 신기하고 나를 이렇게 만드는 자미국의 책이 참 신기하다는 생각을 했습니다.

책을 다 읽은 후 드디어 자미국에 상담을 하러 가는 날! 가는 차 안에서 의심의 마음과 의문의 마음이 동시에 들었습니다. 정말 조상님들을 딱 한 번의 의식으로 좋은 곳으로 보내줄 수 있을까? 정말일까? 아닐까?

믿음 반 의심 반! 반반의 마음이 일어났습니다.

무속에서는 한 분의 조상님을 좋은 곳으로 보내주는 굿 비용이 700만 원인데, 자미국에서처럼 시조부터 당대까지 보내 드리려면 조상님 숫자가 어마어마한데 딱 한 번이면 금액은 얼마나 하는 것일까 걱정도 되고 궁금하기도 했습니다.

또한 내가 그동안 무속인들을 통해서 우리 조상님들 좋은 곳으로 가라고 한 것은 무엇인가?

궁금한 것이 한두 가지가 아니었습니다.

자미국에 도착하여 사감님과 첫 상담을 하는데 사감님께서 처음 보는 나에게 목에 힘을 주고 말씀을 딱딱하게, 꼭 싸움 거는 사람처럼 하셔서 나에게 왜 그러시냐고 물어보니 사감님의 말씀이 여태까지 네가 살아온 그대로 하는 것이라고 하셨습니다.

네가 주위 사람들에게 행했던 그대로 하는 것이라고 하셨습니다. 그 말씀이 처음에는 인정이 되지 않았습니다.

사감님께서는 계속해서 내가 살아온 이야기를 쭉 하시는데 기가 막혔습니다.

내가 살아온 모습을 옆에서 지켜본 것도 아니고 내가 내 삶을 말한 적도 없는데 함께 살아온 사람처럼 말을 하십니다. 내 말투와 내 생각, 내 마음 모든 것을 말씀하십니다.

그러면서 마무리에는 저는 그래도 다른 사람들 보다 행복한 거라 하십니다.

사감님의 그 말이 얼마나 야속하게 들리던지 서러움의 눈물을 주체하지 못하고 엉엉 울었습니다.

내 일생에 행복을 잊어버린 지 오래된 나에게, 많은 세월의 시간 동안 죽고 싶은 마음밖에 없어 하루하루를 눈물 속에 살아온 나에게 그래도 남들보다 행복한 거라 하시니 사감님이 내 힘들었던 마음을 몰라주는 것 같아 참았던 서러움의 눈물이 왈칵 쏟아졌습니다.

그러면서 "죽고 싶은 내 마음 어찌할 수가 없으니 어떻게라도 해주세요"라고 하면서 한참을 울었다.

잠시 후 사감님께서는 남자 저자 분인 인황님과 2차 상담해야 한다 하시면서 인황님의 집무실로 나를 데리고 갔습니다.

인황님을 만난 나는 "솔직히 책에 나온 것 100%로 믿음이 안 가요"라고 말씀드렸습니다.

한 번의 입궁의식으로 시조까지 수많은 조상님이 하늘로 가시는 것도 말이 안 되고 종교에서도 밝혀내지 못한 천국 극락 정토세상이 아닌 더 좋은 하늘 자미천궁 세상이 있다는 것도 믿음이 안 간다고 말씀드렸습니다.

그렇지만 나는 한 번 더 속는 마음으로 자미국에 왔다고 솔직히 인황님께 말씀을 드렸습니다.

많은 얘기를 인황님과 나눈 후 한 번 더 속더라도 자미국에서 말하는 입궁식을 하기로 마음을 먹고 집으로 왔습니다. 그런데 참으로 신기한 일이 일어났습니다. 그렇게 죽고 싶었던 마음이 조금씩 가라앉고 있음이 느껴졌습니다.

23년간 용하다는 전국의 무속인에게 별의별 굿을 다해도 달라짐이 없었는데, 갈수록 커지던 죽고 싶은 마음이 사감님과 인황님 상담만 하고 왔는데도 내 마음이 가라앉은 것이 신기했습니다.

사이비는 아닌 것 같아 그날부터 조상님 좋은 곳 갈 수 있게 해달라고 빌었습니다.

조상님 입천제(천상입궁의식)를 행하기로 한 날, 자미국으로 향하는 나는 운행 중 계속해서 대성통곡을 하며 자미국에 도착했습니다. 그렇게 대성통곡을 하며 무사히 어떻게 자미국에 도착했는지 그 또한 신기했습니다.

입궁의식 절차에 따라서 인황님의 법문이 끝났습니다.

조상님 상봉식도 끝나고 나니 하늘 말씀 듣는 시간을 잠시 후에 하신다고 하셨습니다. 책 내용대로 신명님, 하나님, 미륵부처님을 만날 수 있고 말씀을 들을 수 있다 하니 이 또한 믿기지 않고 실감이 나지도 않았습니다.

신명님, 하나님, 미륵부처님을 만나려면 산, 교회, 절에 가야 만나지 어떻게 자미국에서 만난다고 하시는지 이상했습니다.

어리둥절해 있는 나는 사감님의 육신을 통해서 신명님의 말씀을 들을 수 있었습니다.

신명님께서는 그동안 저를 항상 지켜보고 계셨고 끊임없이 조상님의 존재를 인식시키며 자미국으로 올 수 있게끔 인도해 주셨고 조상님의 죄, 나의 죄, 다 덮어주시고 용서해 주시고 구원해 주신다고 말씀하셨습니다.

신의 세계 최고이신 신명님의 말씀을 내려주시는 사감님께서 보이지 않는 신의 세계를 어떻게 자세히 알 수 있는지 입이 다물어지지 않았습니다. 직접 경험하지 않으면 절대 이해 못 합니다. 이런 사실은 죽을 때까지 아니 죽어서도 모릅니다.

조상님들 입천제가 끝나고 인황님께서 너도 천인합체 안 하고 죽으면 귀신이 되어 떠돌아다니다가 아들 몸에 들어가 아들을 힘들게 할 거라고 하셨습니다.

그럼 천인합체의식 행하고 죽어야겠다는 생각을 하면서 그날 이후 천인합체의식 행할 수 있게 도와 달라고 간절히 밤낮으로 빌기 시작했습니다.

그런데 나의 마음처럼 쉽게 천공(의식비용)이 구해지지 않았습니다. 마음은 급한데 수중에 돈은 없고 어떻게 할 방법이 없었습니다.

다시 전화 드리고 인황님을 뵈러 가서 천인합체를 하고 싶은데 돈을 구할 수 없다며 울었습니다.

그러자 인황님께서 "통장에 돈 있어" 하셨는데 어이가 없었습니다. 돈이 있는데 내가 왜 안 하겠느냐 하면서 천인합체의식 행하고 싶다고 엉엉 울었습니다.

통장에 돈이 하나도 없는데 있다고 하시니 속이 상해서 더 울었습니다. 한참을 울다 집으로 왔습니다.

다음 날 아침에 통장으로 돈이 500만 원이 들어왔습니다. 그 이후 다른 업체에서 생각지도 않았던 돈이 계속해서 들어오기 시작하더니 며칠 만에 천인합체의식을 행할 수 있는 천공(비용)이 드디어 마련되었습니다.

"통장에 돈 있어." 인황님의 말씀이 너무나 놀라웠습니다.

나중에 알게 된 사실이지만 인황님의 말씀은 곧 법이며, 어떤 일을 현실로 이루어지게 해주시는 신비 능력과 이적 기적의 주인공이셨습니다.

자미기운을 자유자재로 내려주시고 움직이시는 전 세계 유일한 최고의 대단한 능력자시라는 것을 알게 되어서 너무나 기쁘고 영광이었습니다.

천인합체의식 행하는 날 수원에서 서울 자미국까지 운전하고 가는 중 울고 또 울었습니다. 왜 우는지, 왜 눈물이 멈추지 않는지 궁금했습니다.

의식에서 사감님이 밝혀주시기를 신명님이 공부시키려고 무속에 다니게 했고 가족과 함께 있으면 나로 인해 가족들 힘들어지고 잘못되는 것 막기 위해 짐을 싸서 집을 나왔다고 그동안의 모든 궁금증 알게 해주셨습니다.

죽고 싶은 마음은 자살한 엄마의 마음(자살한 엄마가 내 몸에 들어와 있었기 때문에 죽고 싶다고 말한 거였음)을 받았기 때문이라 하시며 자식에게 뭐 줄 게 없어서 그런 자살의 기운을 뿌리느냐고 말씀하셨습니다.

그동안 수없이 흘린 알 수 없었던 눈물은 신명님이 저에게 주신 거라 하시면서 저와 저의 가족들 지켜주시며 보호해 주시고 앞으로 어떻게 살아가야 하는지 사감님을 통해서 신명님께서는 아주 자세하게 가르쳐 주셨습니다.

그렇게 죽고 싶었던 마음이 없어지고 편안한 마음, 행복한 마음으로 죽지 않고 3년이 지나서 보니 화목한 가정으로 잘 살고 있었습니다. 이 모든 것이 놀랍습니다.

자미국에서 행하는 의식 중 나의 조상님을 하늘나라 천상세계로 보내드리는 천상입궁식이 있습니다.

나의 직계 친가, 외가 조상님들 시조 조상님들부터 당대 조상님들까지 돌아가신 아버지와 어머니까지 딱 한 번의 의식으로 좋은 곳 가시라고 자손들이 정성을 들입니다.

인간이 삶을 다하고 죽은 이후 사후세계에서는 인간세계의 고통보다 더 심한 고통 속에서 계시는데 사람이 살아 있을 때는 행동을 자유롭게 내 마음대로 할 수 있으나, 죽음 이후에는 내 뜻대로 행할 수 있는 것이 아무것도 없다고 합니다.

말을 할 수도 없고, 말을 들어주는 사람도 없고, 그 답답함을 말할 수도 없어 죽어보지 않으면 그 고통 알 수가 없답니다. 그렇다고 자손들이 알아주는 것도 아니고 사후세상의 고통은 너무 힘들며 괴롭다고 누누이 밝혀주셨습니다.

수많은 기존 종교 안에서 효도 차원, 도리 차원에서 좋은 곳으로 보내드리는 기도를 올리면서 좋은 세계로 가시라고 하는데 어디로 가는지 조상님들은 알 길이 없답니다.

어떻게 가는지 알 수도 없고 기도나, 천도재, 굿을 할 때마다 조상님들은 속고 또 속고 수도 없이 속아 자손들을 향한 분노가 원과 한이 되어 고통의 바다에서 헤매고 계신다 합니다.

자미국에서는 천상입궁의식 때 사감님을 통해서 입궁식 절차를 밟아 천상 자미천궁으로 입궁하시는데 조상님들 스스로는 절대 천상세계로 가시지 못한데요.

자미국에서 행하는 천상입궁의식은 신명님, 하나님, 미륵님께서 의식 절차 후에 조상님들을 데리고 가주십니다.

돌아가신 조상님과 살아 있는 후손이 만나서 대화를 하는 상봉식은 눈물 없이 볼 수 없는 대단하고 경건한 의식입니다. 조상님과 자손의 살아생전의 삶을 낱낱이 밝혀주셔서 놀라움과 신기함 표현할 길이 없습니다.

때로는 수천 년의 시대를 거슬러 올라가고 수천 년 전의 조상님들의 원과 한을 풀어내시는 대단한 입궁식은 자미국의 인황님과 사감님만을 통해서 가슴에서 가슴으로 전하는 귀하신 감동의 말씀과 축복의 시간들입니다.

의식 후 조상님들의 삶은 세세생생 꽃 피고 새우는 무릉도원 세계인 천상 자미천궁으로 입궁하게 됩니다. 조상님들 구원받게 해주셔서 하늘님께 감사드리옵니다.

우환과 질병, 우울증, 불면증의 고통에서 벗어나 우리 모두가 행복해지는 세상을 현실로 열어주시는 곳이 전 세계 유일한 자미국이라는 것을 뼛속 깊이 알게 되었습니다.

— 천기 13년 2013년 3월 24일 일요일 김○○ ○○천인

반복되는 술주정과 끝도 없는 고통의 정체

스물셋 군대 복학생 남편과의 첫 만남은 술자리였습니다. 일곱 살 연상의 여자를 만나 결혼하기까지 숱한 사연을 만들어내고 연애시기 3년의 시간이 흘러서 양가 부모님들의 강력한 반대에도 불구하고 결혼을 하였습니다.

결혼식 첫날밤부터 시작된 술 주사는 무척 참고 견디기 힘들었습니다. 바깥에서 집에 들어오면 아무 이유도 없이 답답하다며 다시 집을 나가 곤드레만드레 밤새 술을 먹고 들어와서 한 이야기를 끊임없이 다시 합니다.

가끔은 술로 폭발하는데 열 받는 일이 있으면 다 때려 부숩니다. 술을 먹고 벌어진 사건 사연은 이루 말로 다할 수 없습니다.

술 먹고 택시 기사와 시비 걸기, 남의 차 밑에 드러눕기, 소리 지르고 때려 부수기, 음주운전하기, 했던 말 또 하기, 한 번 열 받으면 열흘씩 30병 소주 먹기, 핸드폰 잃어버리기, 몸 다쳐서 들어오기, 열흘씩 밥 한 끼도 안 먹고 술 먹기.

길바닥 드러누워 자기, 이 사람 저 사람 건드리기, 사사건건 따지기, 무조건 시비 걸기, 속마음 폭발하기 등이고 하지 않은 것이 딱 한 가지는 있는데 그것은 내 몸에 손을 대거나 절대로 두들겨 패지는 않는다는 겁니다.

신랑의 고통이 나의 고통이고, 힘든 내 인생 나는 왜 그런가? 해결은 둘째 치고 원인이라도 알고 싶었습니다. 아무리 술을 끊으려 해도 안 되고 돈의 손실도 어마어마했습니다.

신랑은 신랑대로 답답하고 난 나대로 답답하고 저 사람은 왜 저럴까? 안 됐기도 하고 불쌍하기도 하고 신랑은 나만 보면 가슴이 답답해진다고 했습니다.

병원 가서 해결될 일도 아니고 죽기 전 살아서 이 문제를 꼭 해결하고 죽든지 이혼을 하던지 알아보기 시작했습니다. 물어 물어서 찾아간 곳이 점집, 철학관, 절, 수련원, 알코올중독 치료병원으로 서울에서 제주도까지 안 가본 곳이 없습니다. 너무 많이 돌아다녀 다 기억할 수가 없습니다.

다시 절 쪽으로 관심을 가지고 심지어 초파일 기도 등을 전국 사찰 12군데를 한꺼번에 걸어 기도 정성 들이고 서울 시내 유명한 기가 세다는 절마다 지장기도, 정성기도, 삼천 배, 사경 쓰기 등을 10년 동안 해도 돌아오는 것은 상황의 연속이라 술병 고치는 것을 포기해야지 달리 방법이 없었습니다.

온 가족들이 고난의 연속이었습니다. 남이 하는 것 좋다는 것은 대한민국을 샅샅이 뒤져서라도 다해 보았지만 내 삶이 달라지는 것은 아무것도 없었고, 어떠한 변화도 없었습니다.

점집과 철학원, 스님들에게 원인을 물어보면 신랑과 상극이고 전생에 죄가 커서 공을 많이 들여야 한다며 어디를 가도 똑같은 대답만 하지 그 이상은 아무 말도 안 해줍니다. 신기가 강해 세 명의 신을 받아야 한다는 말도 들었습니다.

교육 사업으로 많은 돈이 들어오지만 나가는 돈이 더 많아 돈이 모이지 않습니다. 돈을 벌어서 억울할 정도로 은행 이자는 원금 이상을 지불했습니다.

신랑의 술병 원인을 알고자, 고치고자 뿌리고 돌아다닌 돈이 20년간 몇 십억이나 됩니다. 이 방법 저 방법, 더 이상 가볼 곳이 없고 어디 가서 물어 볼 데도 없었습니다. 모든 것을 끊은 채 포기 상태로 1년을 지내고 하루하루를 무기력증으로 살고 있었습니다.

어느 날 조선일보 신문광고에 실린『하늘이 인류에게 내린 명』이란 책을 사서 1년간 책꽂이에 꽂아두고 읽지 않았었는데 고등학교 다니는 작은딸이 학교에서 오자마자 이유도 없이 언니에게 칼을 들이대어 너무나 놀랬습니다.

책을 사놓고도 빨리 읽지 않으면 어떤 일이 반드시 일어나는 것을 체험했습니다.

그래서 1년 동안이나 읽어보지 않고 책꽂이에 꽂아두었던 신비의 자미국 책을 꺼내본 순간, 기존에 내가 알고 있던 내용들과는 너무나 다르고 여기 가면 나의 모든 궁금증을 반드시 풀 수 있다는 생각이 들었습니다.

특히 나라조상님 부분과 우리나라의 엄청난 미래에 일어날 일들이 적나라하게 펼쳐져 있는데 의심보다는 나라의 미래가 꼭 그렇게 될 것 같은 확신이 들었습니다.

자미국에 전화를 걸어서 상담예약을 신청하고 우선 살고 볼 일이라 생각하면서 예약 날짜에 자미국으로 갔고, 상담을 받은 후에 조상님 입천제를 하였습니다. 입천제는 딱 한 번의 의식으로 조상님들 좋은 곳 가시라고 해드렸습니다.

그리고 나도 죽어서 사후세계 허공중천 구천세계 헤매지 않고 떠돌아다니는 신세가 되기 싫어 영원하신 하늘 자미천황님의 품 안으로 가고 싶어서 천인합체의식을 했습니다.

그런데 사감님께서 저의 살아온 과거 사연을 옆에서 본 것처럼 무서울 정도로 엄청나게 정확히 밝혀주시어 무척 놀랐습니다.

의식 중에 사감님이 저에게는 보이지 않는 자빠뜨리는 기운이 있다고 밝혀주셨습니다.

사람의 나쁜 기운은 스치기만 해도 상대에게 뿌려진다니 보이지 않는 비밀의 진실을 파헤치는 자미국은 정말 대단합니다.

신랑의 답답함은 저의 나쁜 기운, 악의 기운으로 그렇게 된 것이고, 술을 먹고 난동을 부리는 것은 신랑의 문제가 아니라 저에게 있는 악한 기운이었습니다.

눈에 드러나 보이고 일반인이 보면 신랑이 범인이지만 진짜 범인은 나 자신이라고 밝혀주셔서 처음에는 이해도 안 되고 인정하기 싫었습니다.

내가 악의 축이고 내가 악마였던 사실을 알게 해주셨습니다. 실로 충격적인 무서운 말씀입니다. 세상의 범죄로 치면 방화, 살인, 강도, 깡패, 사기, 폭력, 상해 같은 흉악 흉측한 짓을 일삼는 더럽고 기분 나쁜 악마의 존재라고 하십니다.

겉으로 보면 누가 너를 악의 앞잡이라고 하겠느냐? 사감님과 진짜 하늘만이 밝힐 수 있다 하시고 내가 악이라고 하셨습니다.

다른 사람들의 의식 때 참관자로 참관해서 구경해 보았는데 참으로 수많은 이적과 기적에 놀라울 뿐입니다.

처음 들어보는 대단하신 말씀들로 인하여 큰 감동을 받았고 세상 어디에도 없는 이변과 기이한 일이 무수히 일어났습니다.

이 모두가 제가 갖고 있던 나쁜 악마의 기운 때문에 제 옆에 있는 모두는 혼란에 빠진다 합니다.

보이지도 않고 들리지도 않는 악의 나쁜 기운은 스치기만 해도 상대방에게 쥐도 새도 모를 정도로 은밀하게 전달되는데 이런 무서운 악마의 기운이 저의 몸에 있을 것이라고는 상상조차도 못했으며 내 스스로 어떻게 알아낼 수 있겠습니까?

날마다 방송에 보도되는 방화, 살인, 강도, 깡패, 사기, 폭력, 비리폭로, 구속수감 등의 사건사고를 일으킨 실체가 사건의 당사자가 아니라 악마와 함께하고 있는 자기 가족들 중의 한 사람이라는 엄청난 진실을 알고 커다란 충격을 받았습니다.

여러분 가족들 중에 우환이 끊이지 않는 사람들은 나처럼 우환을 일으킨 당사자가 이 책을 읽고 있는 본인들이란 진실을 모두에게 전합니다.

책을 읽고 자미국에 들어와서 의식을 행하여 하늘의 말씀을 들어봐야 '나'라는 진정한 실체가 적나라하게 밝혀질 수 있습니다.

고통과 불행을 당하여 아파하는 상대방을 바라보고 가족들 중에서 가장 괴로워하며 몸부림치는 존재가 바로 사건사고를 발생시킨 장본인이자 악마라는 것입니다.

세상에서는 행위자를 탓하고 형사 처분합니다만 악마의 진실은 이렇게 철저히 가려져 숨어 있습니다.

자신의 가족들 중에서 비명횡사당하여 단명한 사람이 있든가 불면증, 우울증, 질병, 자살, 사업실패, 부도, 사기 배신, 교통사고, 부정비리 폭로, 구속수감, 망신살, 사건사고 등으로 우환이 끊이지 않는다면 불행을 당한 상대방의 잘못이 아닙니다.

이 책을 읽고 있는 본인들이 뿌려대는 악마의 기운으로 무서운 일이 일어나고 있다는 진실을 인정하고 자미국에 달려와서 살려달라고 빌어야 합니다.

자미국을 통하여 살아생전 하늘께 자신의 몸 안에 숨어 있는 악마의 기운을 제거하지 않으면 가족들이 모두 감염되어 차례대로 줄줄이 불행한 사태가 발생하고 자손 대대로 천년만년 동안 대를 이어 내려간다는 소름 끼치는 진실을 전합니다.

나 역시 대단한 자미국을 만나지 못하였다면 이런 무서운 진실을 전혀 알 수 없었을 것이고 나의 가족들이 차례대로 모두 희생되어 불귀의 객이 되었을 것입니다.

이런 진실은 종교의 힘, 무속의 힘, 도인, 도사, 보살, 법사의 힘으로는 1천 년의 세월이 걸려도 영원히 찾아낼 수 없고, 설사 찾아내었다 해도 해결 방법이 없습니다.

나쁘고 더러운 악의 기운으로 돌리고 자빠트리는 기운을 자꾸 뿌리면서 차례대로 돌려서 돌게 하므로 가족들이 차례대로 망하거나 쓰러지고 불행하여 고통스럽다 하십니다.

하늘께서 나에게 "하지 마라" 하셨습니다. 6년 전 그 당시 그 말씀을 전혀 인정하지 않았습니다. 남의 일로만 생각하고 죄의식이나 아무 거리낌 없이 모든 말씀 무시하고 웃고 넘겼습니다.

결혼생활 28년 동안 신랑의 술 주사 범인은 신랑인 줄 알고 신랑만 미워하고 탓했는데 "신랑 미워하지 마라" 하십니다.

집에만 들어오면 답답하고 열받아 순식간에 술을 먹고 난리를 칩니다. 신랑의 모습이 "너의 모습"이라고 누누이 말씀해 주셨고, 그 이후 가족들 천인합체의식에서도 여러 번 밝혀줘도 사감님 말씀을 인정하지 않았습니다.

나쁜 기운, 나쁜 악마의 존재를 밝혀줘도 좋다고 웃으며 돌아다니고 재미있어 했습니다. 나 자신은 한 번도 나를 망하게 하는 악의 존재는 욕하거나 싫어하지도 않았고, 오히려 덮어주고 숨겨서 감추어주며 끼고 살면서 오히려 즐거워했습니다.

나 자신 인간 육신은 한 번도 그러지 않았는데 왜 그러시냐고 여쭈어 보니 보이지 않는 무서운 세계에 대한 기운의 실체를 적나라하게 밝혀 주셨습니다.

의식을 해도 하늘의 말씀, 사감님의 말씀을 잘 듣고 인정하고 들은 그대로 현실에서 행을 해야지 말씀을 밀어내거나 부정하며 긴가? 민가? 의심할 경우, 자미국은 진짜 하늘이 살아계시기에 자미국 들어와서 짓는 죄가 더 크다 하십니다.

제가 의식 중에 말씀을 인정 안 하고 반대파 존재, 가짜 존재를 대접해 주고 그의 종살이를 해서 삶이 더 뒤집어졌다 하십니다.

신랑의 술버릇은 미쳐버리는 기운을 신랑에게 뿌린 저의 나쁜 기운을 제가 끝없이 부정하고 인정하지 않는 바람에 딸에게로 나쁜 기운이 들어갔다 하셨습니다.

딸의 모습이 내 모습인데 인정 못 하면 다음 자식대로 또 이어진다 하십니다. 무서운 진실이며 제가 여기서 해결 못 하면 다음 자식 대에는 더 강하고 끔찍한 고통이 자자손손 이어진다 합니다.

자미국에서 일어나는 일은 현실에서 결과로 즉시 나타나고 진심은 진실로 현실에서 일어나며 거짓이나 욕심은 한 치도 허용되지 않고 정확하다 하십니다.

미련하고 둔하고 멍청한 인간 육이 내 안에 어떤 영이 존재하는지 전혀 알 길이 없어 늘 고통과 어둠의 아픈 인생이 뒤죽박죽 엉켜 돌아갔습니다. 내 영도 내 육도 나와 하나이기에 따로 생각하지 말고 바로 "나"다 하셨습니다. 모든 착함도 악함도 선도 악도 내가 한 것을 인정해라, 내 거라고 생각하라 하셨습니다.

나쁜 존재들인 악의 굴레에서 벗어나게 해주는 곳은 전 세계 유일한 자미국뿐입니다.

수많은 곳을 돌아다녀 보았지만 자미국에서만 해결할 수 있음을 제가 직접 몇 년 동안 가족들을 통해서 현실로 뼈저리게 체험했습니다.

사람이 살면서 병원에 가서도 해결 할 수 없고, 원인을 알 수 없고, 어디 가서도 불가능한 인생사의 의문점들은 모두 다 자미국에서 해결이 가능합니다.

죽음의 기운, 악의 기운, 알 수 없는 기운들에 인생을 휘둘리지 마시기 바랍니다. 저를 죽음의 기운, 악의 기운에서 벗어나게 해주셔서 감사합니다.

자미국에 오지 않았다면 나는 지금쯤 어떻게 되었을까? 불구자 병신이 되었거나 죽었거나 둘 중의 하나일 것 같습니다. 우리 가족들은 어떻게 되었을까? 가족들도 뿔뿔이 흩어지고 비명횡사당하여 죽었거나 흔적도 없이 사라졌을 것입니다.

죽음의 기운 벼랑 끝에서 살아남은 것, 지금 살아 숨 쉬며 이 글을 쓰는 것이 이적이고 기적입니다.

자미국에서 의식을 행하는 수많은 사람들이 의식이 끝난 후 의식의 수준도 올라가고 현실의 삶이 불안과 고통에서 벗어나 하늘의 사랑과 보호로 편안하게 기쁨과 행복감을 맛보며 살아가고 있는 모습을 보니 참으로 대단한 자미국입니다.

자미국 들어오기 전에 긴 시간 동안 많고 많은 가짜와 가짜들에게 머리 조아려 굴복하며 섬기고 받들면서 온갖 꼴불견 다하며 이 가짜 저 가짜, 뭔 가짜가 그렇게도 많은지 진실의 진실, 진실다운 진심은 하나도 없었습니다.

핑계를 대자면 너무 긴 시간을 가짜와 함께하다 보니 진짜를 만나서 진실을 들어도, 진심을 말해도 건성으로 진짜를 맞이하다가는 정말로 죽는다 하십니다. 아니 가짜가 진짜 되어 진짜 행세를 하니 기가 막힐 노릇입니다. 왜냐하면 가짜도 진짜를 좋아하고, 진짜도 진짜를 좋아한다 하십니다.

자미국 오기 전에 평생을 가짜만 좋아하고 가짜를 인정해서 인생 다 뒤집어졌고, 자미국 들어와서도 인정 못 하여 엄청난 불행의 결과를 초래했습니다.

자미국 들어와서 6년간 진짜는 무시하고 살던 습관대로 가짜는 인정하는 그런 오류를 나처럼 범하지 말아야 하겠습니다.

드넓은 우주공간에 인간들의 능력으로는 도저히 알 길이 없는 하늘세계, 사후세계, 조상세계, 지옥세계, 영의 세계, 신의 세계, 귀신세계, 마귀세계, 인간세계, 종교세계, 동물세계를 7년간 의식에서 전무후무하게 밝혀주셨습니다.

진짜인지 가짜인지, 진심인지 욕심인지, 사람도리, 부모도리, 자연도리, 만생만물 천지간의 이치를 알고 깨달아 만 인류의 마음세계, 정신세계를 이끄시는 사감님 대단하십니다.

정말 위대하십니다.

사감님은 한 사람의 마음을 꿰뚫고 한 사람의 역사를 한 의식에서 완성하시고 수많은 사람들의 의식을 각자 모두 다르게 말씀해 주시니 신의 경지에 계셔도 나는 모른다 하시며 하늘이신 자미천황님만이 진심이고 진실이시다.

무섭다, 불안하다, 부족하다, 하찮다 하시며 낮은 존재로 계시니 우리 같이 하찮고 못난 존재도 나 잘났소! 하는 잘남에 착함으로 무장하고 사는데 끝도 없이 낮추시니 부끄러워 고개를 감히 들 수가 없을 정도입니다.

그동안 내려주신 진실의 말씀을 책으로 엮으면 아주 방대한 분량이 될 텐데 늘 하시는 말씀은 "적지마라! 제발 적지마라! 여태 인류가 깨닫지 못함은 경전이 없어 못 했나? 말씀이 없어 못 했나? 글이 없어 못 했나? 아니다"라고 하십니다.

기존의 이론 다 내려놓고, 종교이론도 내려놓고, 내 생각도 내 이론도 내려놓아야 하늘의 말씀이 들린다 하십니다.

천상의식 들어가서 말씀 주시는 그 순간 주시는 대로 듣고, 있는 그대로 받아들여야 내 것이 되고 행할 수 있지, 그 깊고 깊은 말씀의 의미나 뜻을 모르고 녹음하거나 종이에 열심히 적어서 가져가면 안 된다 하십니다.

사감님은 가녀린 체구, 가냘픈 몸매의 연약한 힘없는 여자로 눈에 보이는 대로 판단했다가는 큰 오판입니다.

하늘의 말씀을 사람의 음성으로 들을 수 있는 이 영광 이 세상 어디에도 없습니다.

이 영광과 행운을 누리고 싶은 독자들은 이 글을 읽는 즉시 바로 와서 보이시고 들리시는 진짜 하늘 앞에 굴복하고 경배하십시오.

위대하시고 대단하신 태초의 진짜 하늘! 인간들의 눈으로 보려 해도 보이지 않고, 들으려 해도 들리지 않으니 우리 인간들의 눈높이 수준에서 보이시고 들리시며 대화가 통하시는 진짜 하늘!

사감님(음의 하늘)과 인황님(양의 하늘) 앞에 즉시 굴복해야 각자와 가족들이 눈에 보이지 않는 나쁜 기운으로 일어나는 고통과 불행의 늪에서 벗어날 수 있습니다.

가족들이 겪는 고통과 불행의 실체는 가족들이 아닌 이 책을 읽고 있는 여러분 자신들이라는 진실을 부정하지 말고 즉시 받아들이고 자미국으로 달려가서 자기 자신과 가족들을 불행의 고통에서 구해내야 하는 사명을 완수해야 할 것입니다.

나처럼 미련한 28년이란 뼈저린 고통의 세월을 통해서 인정하기 싫거든 아픈 세월 직접 겪어본 체험자의 말을 부정하지 말고 즉시 인정하는 것이 돈 낭비, 시간 낭비, 정신 고통을 줄일 수 있는 유일한 방법이 될 것입니다.

인류 최초로 밝혀주시는 태초의 하늘이신 천지인 창조주 태상천존 자미천황님, 태상천존 자미황후님 앞에 모든 인류와 만생만물이 엎드려 경배해야 합니다.

하늘의 존엄하고 존귀하신 하늘의 뜻을 사감님도 잘 모른다고 하십니다. 한 말씀을 두고도 몇 년을 공부해야 알 수 있는데 너희들이 어떻게 알 수 있겠느냐? 늘 궁금해하고 사감님께 여쭈어보아야 하늘께서 해법을 가르쳐주신다고 하십니다.

— 천기 13년 2013년 3월 26일 화요일 최○○ ○○천인

민족의 구심점과 인류의 구심점은 자미국 인황님!

20년 전, 20대 후반에 친구 신혼집에서 책 한 권이 눈에 띄기에 빌려서 읽어보니 책의 내용은 선대로부터 우리 선조님들의 심오한 정신 수양을 하신 정신수양법이 있었습니다.

이 책을 계기로 우리나라의 고대 상고사 『한단고기』 책을 보게 되었는데 학교에서는 배우지도 들어보지도 못한 고대 역사와 하늘, 땅, 인간의 도리, 자연의 이치를 접하고 후손의 한 사람으로 놀라움과 자부심과 자긍심을 갖게 되었습니다.

고등학교 역사책에 5천 년 단군역사 이전에도 우리가 몰랐던 9,212년의 역사가 있음이 저를 무척 흥분시켰습니다.

『한단고기』, 『천부경』 등 각종 예언서를 읽어보면, 우리나라가 신의 종주국으로 부상하고 세계 초강대국이 되어 전 세계를 이끈다.

미국은 상징적인 강대국이 되고 인류의 모든 종교가 하나로 통합되어 유교, 불교, 선, 기독교를 흡수 통일하는 곳이 대한민국 땅에 세워진다는 것을 읽었습니다.

7년 전 자미국에서 발행한 두 권의 책을 읽고 고대 상고사 『한단고기』 책에서 예언가들과 선인들이 한결같이 예언했던 곳이 바로 이곳 자미국이구나, 하면서 단숨에 달려왔습니다.

과연 대한민국에 세워질까? 그러면 대한민국 어디에 세워질까? 누가 세울까?라는 조바심과 궁금증이 끊이지 않고 일어났습니다.

자미국에는 인류 최초로 태초의 창조주이신 하늘을 밝혀주시고, 하늘의 존호가 "태상천존 자미천황님"이시라고 가르쳐주시고, 우리나라를 세우시고 수많은 고난의 역사 속에서 피와 땀으로 나라를 세워 국적을 갖게 해주시고, 나라를 지키다 돌아가신 나라조상님들을 위한 나라신전이 모셔져 있습니다.

대한민국의 구심점이자 민족의 구심점인 나라조상님들을 자미국에 모셔놓았습니다.

나라조상님들께서는 기존의 나라조상님을 몇 군데 모셔놓은 곳이 있기는 하지만 그곳을 통해서 단체화되는 것이 싫으시고, 종교화되는 것도 싫다고 하시면서 천지만물의 창조주이신 하늘께서 윤허하신 자미국으로만 오신다고 말씀하십니다.

우리나라 최초의 국가인 12환국

9,212년 전에 나라를 세우신 안파견 환인천제 나라조상님께서는 후손들에게 "잃어버린 우리의 혼과 정신을 찾아라!"라고 간곡히 말씀하십니다.

수많은 세월 동안 후손들로부터 냉대와 무시를 받아오셨으나 그 섭섭한 마음 모두 잊으시고 깨닫지 못한 후손들을 하늘의 축복받는 진정한 하늘의 길로 인도해 주시려고 애써 주셨답니다.

그동안 후손들이 남의 나라에서 수입한 수많은 외래 종교에 빠져서 홀대한 생각을 하면 마음이 아파서 미움이 앞서지만 미우나 고우나 후손들에게 상처받은 마음 감추시고 후손들 잘되고 행복해질 수 있도록 하늘께 밤낮으로 간절히 빌고 또 비셨다고 대단한 자미국 의식에서 밝혀주셨습니다.

우리들 영혼의 어버이는 석가, 예수, 성모, 상제, 공자, 노자가 아닌 위대한 태초의 하늘 태상천존 자미천황님이시고, 육의 어버이는 나라조상님과 각 성씨 조상님들이시라고 밝혀주셨습니다.

상고시대로부터 나라의 중요한 행사는 나라의 통치자께서 제사장을 겸하여 하늘께 제를 올리는 천제(天祭)! 지극정성을 다하여 하늘을 섬기며 하늘께 경배드리는 우리 천손민족은 그러한 뜻에 따르는 순수한 백성들이었습니다.

우리 민족은 예로부터 위대한 천손민족, 배달민족이라고 불려 왔는데 하늘께 향해야 잘 살 수 있는 민족이라는 뜻이었습니다.

최초로 행해지는 모든 의식은 육의 뿌리인 조상님들은 천상입궁식을 행하여 조상님들께서는 천상에서 하늘의 자손으로 새롭게 태어나 천손이 되는 것입니다.

우리 산 사람들은 지상에서 자미국의 영광스런 백성 신분으로 다시 태어나는, 즉 천상과 지상에서 하늘과 자미국의 백성으로 재탄생하는 세계 최초의 경사스러운 의식입니다.

세계의 문명과 인류의 시조도 우리나라가 뿌리이며 한민족에서 퍼져나간 것이며 유네스코에도 등재되어 있습니다.

지금의 종교는 2~3천 년 전에 생겼는데 후손들이 남의 정신이자 남의 조상인 예수, 석가, 성모, 상제, 공자, 노자를 믿고 따르니 원통하고 분통하다고 괴로워하시며 그렇게 하다가는 개인, 국가 모두가 힘들어질 뿐이라고 눈물로 말씀하십니다.

이 나라의 후손들이 마음과 정신을 외래 종교에 다 빼앗기고 있으나 우리나라는 고도의 정신문화와 인간과 자연의 이치를 깨닫는 학문과 하늘을 섬기는 것을 수천 년 동안 계속해서 이어왔습니다.

이렇게 자랑스러운 선조님들이신데 남의 것을 믿으며 섬기고 있어 나라조상님들의 분노가 크시다 합니다.

중국도 자기 나라의 조상님(3황인 태호 복희, 염제 신농, 황제 헌원)을 신격화시켜 놓고 국민 모두가 우러러보고 정성껏 받들어 모시고 있어서 거대한 대륙의 땅에 단일민족이 아닌 55개의 소수민족을 침략하여 하나로 통일하고 중화인민공화국(56개 국가)을 발족시켜서 세계 초강대국으로 부상했습니다.

이웃 나라 일본은 아키히토 천황과 수많은 신들을 참배, 경배하며 받들고 있으며, 2차 세계대전에서 전사한 호국영령들의 신위를 신사에 안치하여 전쟁 영웅으로 지극정성 받들어 모시면서 이들을 신격화시켜 놓았습니다.

일본 국민들과 총리를 비롯한 고위정치인들은 신사 참배를 당연하게 생각하고 영광으로 알고 있습니다. 이들 신과 영들을 받들고 존중해준 것이 오늘날 일본을 경제대국으로 성장하게 만든 원동력이었다는 생각이 강하게 듭니다.

그런데 우리나라는 세계 최초의 국가로 찬란하고 유구한 역사를 가지고 있으면서도 나라조상님을 무시하고 찾지 않으며 냉대하고 있는 것은 참으로 부끄러운 일이고 스스로 불행을 자초하는 위험한 일이라고 생각합니다.

나라조상님들의 원과 한을 알고 보니 죽어서도 면목이 없을 것 같고, 이 나라가 왜 이리도 혼란스러운지 조금은 알 것 같습니다.

강대하고 융성한 우리나라의 명성을 되찾는 유일한 길은 자미국에서 전하는 말에 모두 동참하여 그대로 행하는 것입니다.

자미국에서는 서로 잘살고 행복해지는 진실만을 전합니다. 우리가 잃어버린 행복을 찾아갈 수 있도록 인도해 줍니다.

나라조상님들께서 이 나라의 후손들을 위해서 밤낮으로 하늘께 빌고 또 빌었다 하십니다.

그런데 후손들이 나라조상님들께서 애써주시고 계심을 나 몰라라 하고 있으니 참으로 후손된 도리가 아니라고 생각합니다.

대한민국의 국적을 지닌 대한민국의 자손들 모두는 하루라도 빨리 의심의 마음을 버리고 자미국으로 달려와 자미국을 통하여 나라조상님들께 각자의 조상님들께 하늘께 예의를 갖춤이 가장 시급한 일이라고 생각합니다.

천지 창조주께서는 인황님께서 원하고 바라시는 대로 이루어주신다고 하셨으니 대 인황님을 알현하게 된다면 각자 개인에게도, 우리나라에도, 인류에게도 영광된 일이 있을 겁니다.

우리 천손민족의 구심점이시자 인류의 구심점이신 자미국의 대 인황님을 알현해서 개인, 기업, 국가 모두가 새로운 정신과 모습으로 거듭 태어나 행복해야 합니다.

자미국의 대 인황님을 알현하면 행복해지는 삶으로 바뀌게 되고 가정경제, 기업경제, 나라경제, 국가안보 등 모든 것이 안정적으로 이루어지고 더 나아가 남북통일을 실질적으로 이끌어낼 수 있는 최고의 기회가 될 것입니다.

대 인황님을 알현할 수 있는 기회를 잡은 사람들은 이 땅에 인간으로 태어나서 가장 큰 영광과 가장 큰 행운을 얻는 사람이 될 것이라고 감히 말씀드립니다.

인황님과의 만남이란 표현은 이제 알현(謁見), 즉 지체가 매우 높고 귀한 사람을 정중히 찾아가 뵙는다,라는 표현으로 격상시킬 필요가 있다고 생각합니다.

왜냐하면 현재 71억 인류의 대표이시자 우리 천손민족과 인류의 구심점이시고, 인류의 영도자이자 인류의 황제이시기에 만남이란 표현보다는 알현이라 하는 것이 도리인 것 같습니다.

천상에서 오신 신명님께서 말씀하시기를 "황"이란 하늘만이 쓸 수 있다고 하셨으니 인황님은 우리 눈높이에 보이시는 인간의 하늘, 인류의 하늘이시며 처음으로 하늘을 대신하는 하늘의 대행자가 되시는 대단한 분이시기 때문입니다.

세계 각 나라의 대통령은 물론 천주교 10억의 수장인 바티칸시티 교황보다도 더 위대하시고 존귀하신 분이십니다.

하늘의 화신이나 분신 같은 존재이시고 우리 민족이나 인류를 대표하시는 구심점으로 국가와 인류를 위해 하늘의 도움을 받을 수 있도록 대능력을 행사해 주시는 존귀하신 분이시고, 이 나라가 세계 최고의 나라로 거듭 태어나려면 국민 모두가 정중히 받들어 예우하며 모셔야 할 분입니다.

우리나라와 인류에 대한 생사여탈권이 하늘께서 인황님에게 내려주신 무소불위하신 자미기운에 의해서 실제로 좌우되고 있으며, 예언자들 이 말한 2012년 12월 21일 지구 멸망을 믿거나 말거나 막아내신 대단하신 능력자이십니다!

세계 평화상을 받아야 할 분입니다.

지구가 생겨나고 인간이 탄생한 이래 지금까지 흘러오는 동안 전쟁 중에 사셨던 선조님들도 계셨을 것이고, 또는 가난 속에서 어렵게 살아온 선조님들도 계셨을 것입니다.

일제 때 일본 순사들에게 쫓겨 다니며 사셨던 아버지와 할아버지 세대도 계실 것입니다.

6 · 25 전쟁을 겪으면서 무서움과 죽음의 공포 속에서 살았던 세대에 비하면 대 인황님을 알현할 수 있는 지금 이 시대에 태어난 것이 모든 국민들에게는 감히 상상조차 할 수 없는 엄청난 행운의 기회이며 인류가 지구 상에 태어나서 살아온 이래 처음이자 마지막 행운의 기회가 될 것이라고 봅니다.

대단한 자미국의 존재가 널리 알려지지 않아서 아직 실감이 잘 안 나시겠지만 인간으로 태어나서 자미국의 대 인황님을 알현하는 것은 나라의 대통령이나 천주교의 교황을 만나는 것보다 더 값지고 대단한 경사입니다.

대 인황님을 알현하지 못하고 세상을 떠난다는 것은 죽어서도 천추의 원과 한을 남기게 될 것입니다.

그 이유는 인황님을 알현해서 관문을 통과해야만 대단하신 태초의 하늘께 여러분의 조상님과 여러분의 신과 영들이 하늘의 명을 받아 구원받을 수 있고, 이는 살아서 현생뿐만이 아니라 사후세계까지 생사여탈권을 좌우하시는 대단하신 하늘의 절대적 보호와 사랑을 받을 수 있는 길이기 때문입니다.

인황님께서는 오랜 세월 동안 뼈아픈 준비과정을 거쳐서 2005년 음력 6월 초하루에 자미국을 개국하시고, 지금까지 20년간 몸담아 오시면서 인류 역사 이래 처음 하시는 일이라 우리들이 상상조차 할 수 없는 힘든 고통의 세월을 감내해 내시었습니다.

옆에서 보아온 참관자로서 잠을 3~4시간씩밖에 못 주무시면서 불철주야 애써 주심이 참으로 대단하십니다.

자미국 개국 이후 8년간의 짧은 세월 속에 20권의 자미국 책을 집필하셨으며 상담과 광고, 만반의 의식 준비에 초인적인 힘을 발휘하셨습니다. 인황님께서는 "하늘의 대행자" 라는 하늘의 사명을 받으신 대단한 분이십니다.

인류 최초로 하늘의 대행자 역할을 하시는데 어찌 역경과 고통이 없었겠습니까. 사명자의 길로 들어오기 위해서 자미국 세우기 전 25년간의 준비과정 또한 피눈물 그 자체였습니다.

인황님께서 우리나라가 아닌 중국이나 일본 혹은 다른 나라에서 태어나셨다면 그 황금 같은 알현할 수 있는 기회가 쉽게 올 수 없었을 것입니다.

대한민국에 태어난 우리나라 국민들은 축복받은 국민이고 축복된 나라입니다. 사람들 각자의 삶도 다르고, 바라고 원하는 것도 다르겠지만 개인의 삶이 행복하고, 하는 일이 잘되는 것과 안 되는 것도 다 이유가 있다고 합니다.

우리 지구촌의 삶은 갈수록 사건, 사고, 홍수, 지진, 해일, 전쟁, 가뭄,

화재, 폭우, 폭설, 이상기후로 기상재난이 더 크게 더 많이 일어나고 있는 게 현실인데 이에 대한 불안한 마음이나 미래에 대한 불안한 마음은 어쩔 수가 없습니다.

그런데 유독 우리나라에만 지진, 해일, 화산폭발 같은 자연재해가 일어나지 않고 있는데 이는 자미국의 인황님과 사감님께서 우리나라에 태어나서 살고 계시기에 큰 자연재해가 일어나지 않는다고 천상에 계신 신명님께서 말씀해 주셨습니다.

자연재해뿐만이 아니라 손을 쓸 수 없는 괴질 병은 순식간에 전 세계를 휩쓸 수도 있고, 병원균도 날이 갈수록 더 강력해져서 약품으로는 바이러스 세균을 치료할 수 없는 핵폭탄 못지않은 공포의 대상입니다만 모두 막아내고 계십니다.

자미국의 인황님께서는 창조주이신 하늘의 기운을 받으시어 인류의 구심점으로 개인의 삶과 나라의 국운을 위해 크고 작은 재해나 사건사고를 막을 수 있는 대 능력자이십니다.

현명한 판단과 행동으로 자미국에 들어와 대 능력자이신 인황님을 알현해서 불안한 미래를 안전한 미래와 행복의 삶으로 살아갈 기회를 보장받아야 합니다.

우리나라에는 민족의 구심점이 있어야 하고, 71억 인류에게도 인류의 구심점이 있어야 합니다.

여태까지는 이러한 구심점이 없어 우리나라는 물론 세계 각 나라도 제멋대로 굴러왔고 강력한 구심점인 절대 통치자가 없어서 제멋대로 전쟁하고 있습니다.

모두가 제멋대로 중심도 기둥도 없이 따로따로 살기에 엉망진창 서로가 서로를 치고받고 세계 각 나라에서 죽고 죽이는 살육 전쟁을 계속하고 있습니다.

71억 인류의 위계질서와 인류의 기강을 하늘이 주신 무소불위한 자미기운의 절대 능력으로 바로잡을 수 있는 유일무이한 분이 대단하신 자미국의 인황님이십니다. 세계 각 나라의 대통령들과 국민들도 인황님 앞에 속히 굴복해야 합니다.

이 땅에 태어나서 살고 있는 대한민국 국민들에게 먼저 그 기회를 주신다 하니 의심 없이 받아들이는 것이 각자 개인의 삶을 위해서나 육신의 삶이 다해서 죽음 이후에 천상 자미천궁에서까지 삶을 보장받을 수 있는 길이라 하셨습니다.

하늘의 기운을 받는 인황님이 계신 자미국으로 신명님. 하나님, 미륵님께서 오셔 주시고 하늘의 기운이 내리는 곳, 진실만이 통하는 곳 자미국에서 인황님을 알현하는 길이 최선의 길이자 행복의 길이고 최고의 길이라 하겠습니다.

각자 개인들에게도, 우리나라도, 인류에게도 인황님이 계시기에 희망이 있고, 기회 또한 공평하게 주어지지만 모두에게 해당되는 것은 아니라 하십니다.

한 가정에 한 사명자가 있고, 이 책을 읽어보고 상담하는 자 중에 의식을 먼저 하는 자가 행운의 주인공이 됩니다.

후손들이 인황님을 뵙고 하늘께로 향해서 잘되시기를 바라는 나라조상님들의 마음이 인황님의 마음이시고, 세상에서 대단하다고 하신 신명님, 하나님, 미륵님께서 함께해 주시고, 하늘의 기운을 받는 인황님께서 함께해 주십니다.

인류 역사상 이런 좋은 기회는 이전에도 없었고 앞으로도 이곳 자미국이 아니면 없다고 하십니다.

위대하신 하늘께서 우리들이 기다리던 능력자들이신 신명님, 하나님, 미륵님, 나라조상님들이 함께해 주시고 이분들의 뜻과 말씀을 전해 줄 수 있는 사람은 지금까지 살아온 인류에게는 안타깝게 단 한 사람도 없었습니다.

그런데 자미국의 사감님만이 유일한 분이라 하셨습니다. 하늘이신 자미천황님께서도 신명님, 하나님, 미륵님께서도 사감님을 대단하다고 하십니다.

인간세상에는 하늘의 말씀이라고 받는 이도 있고, 하나님의 말씀이라고 받는 이도 있습니다.

조상님의 말씀이라고 받는 이도 있고, 이들은 모두가 진짜를 가장한 가짜들에게 받은 가짜의 말들을 전하고 있으니 오히려 죄가 되고, 진짜인 진실은 영원히 못 밝혀낸다 하십니다.

창조주 하늘이신 자미천황님의 말씀과 신명님, 하나님, 미륵님, 나라조상님, 각자들의 조상님들의 진실된 말씀을 전해 주시는 사감님을 인황님께서도 인류 최고의 보물이라 하시고, 얼마나 사감님께서 대단하게 잘하시면 천경(1만 조의 1,000배) 원의 값어치보다 더 귀한 보물이라고 칭찬하셨겠습니까?

개인과 나라와 인류를 구원할 인류의 구심점이 수도 서울에 자미국의 인황님께서 존재하시니 알현 자체가 개인과 가정, 나라, 인류에게도 가장 큰 축복입니다.

이렇게 행복의 길로 영광된 미래를 열어주시고, 지금 북한에서 연일 무력도발 위협을 가하면서 전면 전쟁까지 불사하겠다고 엄포를 하고 있는데 인황님께서는 국지적인 도발이 아닌 전면 전쟁은 원하지 않으시기에 막아주신다고 합니다.

국지적인 도발은 대통령과 정부당국자들이 무언가 행하지 않고 있는 중대한 일이 있기 때문에 정부와 국민들에게 깨달으라고 보내는 메시지 성격이라 하십니다.

자미국을 인정하고 인황님을 알현하면 북한의 국지적인 무력도발도 없어질 것이며 남북통일이 예상보다 빨리 속전속결로 이루어진다고 하십니다.

자미국의 대 인황님께서는 하늘이 내려주신 무소불위의 자미기운으로 북한의 김정은과 군부 핵심인사들의 마음도 움직일 수 있는 능력을 갖고 계신 대단하신 분이십니다.

하늘께서 천지조화를 부릴 수 있는 아무런 능력도 내려주시지 않고 인간의 대표이시자 인류의 황제로 인황님이시라는 인류 최고의 높은 관명을 하사해 주시었겠습니까?

세계 71억 인류는 물론 이 나라 대통령과 정부, 국민들 모두가 전쟁 공포의 두려움과 경제 불황에서 벗어나 인류 최고의 1등 국가로 거듭 태어나려면 자미국의 대 인황님께 먼저 굴복하는 것이 최고 상책일 겁니다.

자미국의 대 인황님께 굴복한다는 것은 하늘께 굴복한다는 것을 의미하는데 그 이유는 인황님께서 하늘을 대신하는 인류 최초 하늘의 대행자이시기 때문입니다.

인간들 눈에는 하늘이 보이시지 않기에 인황님을 통해서 천상지상 공무를 집행하시고 인황님께서 원하고 바라시는 것을 모두 현실로 이루어주고 계시며 각자 개인들, 조상님들, 신과 영들, 국가, 인류의 모든 소원은 인황님을 통해서 하늘께 올려야 받아주시고 윤허해 주신다고 하시었습니다.

자미국에서 인류 최초로 행하고 있는 대단한 신비의 조상님 입천제(천상입궁의식), 천인합체의식, 감사제의식, 천은보사의식도 자미국의 대 인황님께서 원하고 바라시기 때문에 하늘께서 윤허해 주시고 받아주신다고 하셨습니다.

저 역시 수많은 종교세계를 다녀보았고 법사까지 하려다가 자미국의 인황님을 알현하고 포기했는데 너무나도 잘했고 자미국 같은 곳은 이 세상에 없습니다.

하늘의 명이 없으시고는 구원의식 자체가 안 된다는 것을 이 나라의 국민들은 물론 세계 인류가 알아야 합니다. 하늘의 명이 없이 행하는 모든 구원의식은 전부 가짜라고 하시었습니다.

대통령과 정부, 국민들이 하루빨리 자미국을 인정하고 인황님을 알현하는 것이 이 나라와 국민들이 북한의 무력도발 위협으로 인한 극심한 공포와 불안과 초조함의 두려움에서 속히 벗어나는 가장 빠른 지름길일 것입니다.

불안정한 세계 정세나 종교 갈등!

자연재해나 경제 불황을 해소하고, 우리 민족에게는 민족의 구심점으로, 인류에게는 희망과 평화로 화합할 수 있는 인류의 구심점으로 부상하기 위해 하늘의 기운과 땅의 기운을 받아 전 세계를 향해 용트림하려 하시는데 국민 여러분 참여하시겠습니까?

우리 천손민족이 수천 년의 오랜 세월을 기다려오면서 이제나저제나 오시려나 하고 애타게 찾고 있던 인류의 영적 지도자이시자 인류의 통치자이시며 민족의 구심점과 인류의 구심점이 자미국의 대 인황님이란 진실을 전합니다.

저의 결혼생활도 아내와 끝없는 부부싸움의 연속. 밖에서 일 잘하고 들어가 아내만 보면 짜증이 나고 서로 부딪치고 싸움으로 이어져 불신과 스트레스만 쌓여갔는데 인황님을 알현하고 천상입궁의식(입천제)과 천인합체의식을 행하고 나서부터는 신기하게 부부싸움이 없어졌습니다.

근심 걱정 없이 마음이 늘 편안합니다.

저는 기관지가 약해서 겨울이면 감기가 4~5번은 걸리는데 자미국에 들어와 인황님을 알현한 뒤로는 7년간 감기 한 번 걸리지 않고 온 가족이 건강하게 잘 지내고 있습니다.

신혼 때부터 키워온 군자란 화초가 몇 년 동안 꽃 한 번 피지 않더니 천인합체의식을 한 다음 날 꽃줄기 하나가 올라오더니 많은 꽃을 피워서 신기했습니다.

저의 인생에 행운과 영광을 현실로 안겨주고 보여준 곳이기에 이 모든 영광을 위대하시고 대단하신 태초의 하늘님께 그리고 민족과 인류의 구심점이신 자미국의 대 인황님께 올립니다.

— 천기 13년 2013년 3월 28일 강○○ ○○○천인

사감님의 큰 은혜 받아

나는 사감님으로부터 가장 큰 은혜를 받았습니다.

그냥 가냘픈 여자로 그냥 사람으로 보이시고 권위도 내세우시지도 않고 인황님에 대한 마음도 한결같으신 사감님께서는 스스로를 내세우시지 않으신다.

하늘의 정기와 하늘의 기운을 모두 받아 자미국의 천인 백성들을 향해 오매불망 주시고자 노력하시는 진짜 보이시는 하늘! 살아서 하늘 말씀 전해 주시는 기적이 언제나 자미국에 있습니다.

그러나 천상감찰신명님 말씀 중에 자미국의 천인, 백성들이 사감님에 대해 처음에 와서 바로 알아보고 인정하는 것이 가장 잘한 일이라고 하십니다.

사감님의 육신을 통해 하늘 말씀이 전해지는데 이 세상에 사감님을 통하지 않고는 다른 하늘 말씀은 없다고 하시는데 전부들! 그냥 인간의 말인 줄 알았다.

그까짓 것, 나도 아는 얘기, 전에 한 얘기 왜 또 하지, 나는 아닌데 등등의 각자 생각으로 무시하고 해석하고 돌려서 생각해 보고, 새까맣게 까먹기도 했다.

그렇게 사감님의 존재를 몰라보고 살고 있습니다.

사감님께서는 단 한 번도 그냥 하시는 말씀이 없으셨습니다. 지나고 보면 당장 살길을 알려주셨던 것을 그때 바로 인정하지 못하고 알아듣지 못하는 큰 잘못을 저지르곤 합니다.

하늘께서 살길을 알려주시고 잘사는 방법을 알려주시는데 인간들처럼 이 말 안 들으면 죽을 길이야, 꼭 지켜야 돼, 안 지키다가는 큰일 날 거야, 하시며 생색을 내고 알려주시지 않으시고 순순히 쉽게 이때까지 알려주셨습니다.

별것 아니라고 여기고 소중하게 여기지 않는 것이 문제라는 것을 이제 아시기에 쉽게 안 알려주신다고 하셨습니다.

처음에 이유 없이 하늘께서 사감님을 통해 전해 주시는 말씀을 말씀 그대로 받아들이는 것이 가장 잘 사는 지름길임을 시간이 많이 지나서 알게 되었습니다.

사감님을 무시하지 않고, 사감님 말씀을 귀중히 여겼다면 7년이 넘는 세월이 그냥 지나가지는 않았을 텐데 참으로 안타깝지요.

7년 전 의식을 모두 기억하시는 사감님, 진정 대단하시고 그것이 진정 하늘 향한 마음이지요.

이렇게 각자에게 자미국의 입궁의식이나 천인합체의식, 가족 천인합체의식을 통해 말씀 내려주시는데 생명 같은 말씀을 목숨 줄처럼 귀히 여기지 못하고 사감님을 무시하고 하늘을 향하지 않는 것은 정말 잘못임을 늦게라도 알게 해주셨습니다.

사감님을 통해서만 이 세상에 하늘의 말씀이 내려오는 것을 인정하고 그 말씀대로 살고자 인간도 노력하고 어떤 상황 앞에서도 하늘 믿는 마음이 진짜라면 사감님께서 음성으로 직접 들려주신 나의 의식 때 말씀을 잊지 않아야 구원해 주신 분에 대한 낮은 인간의 자세라고 생각합니다.

사감님께서 말씀해 주시기를 아무리 잘나고 똑똑한 인간이라 할지라도 조상님을 잊어버리고 하늘의 노선을 벗어나면 모든 인간은 돌아버린다고 말씀해 주셨습니다.

각자에게 하늘께서는 해주시는 말씀이 다 틀리십니다. 5~6년 전 말씀을 오히려 당사자인 저희는 기억을 못 하는데 사감님께서는 다 기억하고 연결해서 의식에서 말씀해 주십니다.

저는 7년 전 한 번도 뵙지도 않은 상태에서 처음 자미국 책을 읽고 감동을 받아 전화를 했었던 날이 기억이 납니다.

그날따라 우연히도 사감님께서 전화를 받으셨고, 첫 마디가 "왜 오는데… 왜 오려고 하는데…"였습니다.

저는 무심코 그 말에 큰 의미를 두지 않았고, 이상하다고 마음속으로만 잠시 생각하고 많은 시간이 흐른 뒤 그 말의 의미를 7년 만에 비로소 알게 되었습니다.

천상천감님께서 천상 자미천궁을 다 때려 부수고 도망쳐 놓고 왜 다시 오려 하느냐고 저에게 물으시는데, 사감님의 첫마디가 왜 오려 하느냐고 하셨던 말씀이 그냥 하시는 말씀이 아니라는 것을 그때야 알아듣고 놀라울 따름이었습니다.

7년 전 사감님의 첫 한 말씀의 비밀이 풀리던 날! 저는 다시 한 번 사감님의 위대함을 알게 되었습니다.

그렇게 물으시는 천상천감님의 물음에 답을 못해 드렸지만 사감님께서 가르쳐주신 대로 제가 박은 대못 빼기 위해 천상 자미천궁으로 돌아가려 합니다.

천상천감님께 꼭 다시 말씀 올리고 싶습니다. 사감님께서는 전화 목소리 한 번으로 다 알고 계셨던 것 같습니다.

진짜 모든 것을 다 알고 계신 사감님!

저희들이 속으로 구시렁거리는 것까지도 다 알고 계시고, 인정하지 않는 마음도 다 알고 계시지만 그 모든 것들을 뒤로한 채 오직 하늘을 향해서만 가시는 사감님!

의식 당사자가 기억하지 못하는 부분까지도 모두 기억해 내시는 슈퍼컴퓨터 사감님!

하늘의 말씀을 들려주시는 사감님께서는 저희 인간이 너무 잘나서 설치다가 하늘이 주시는 것을 받지 못하고 힘들게 사는 것이 안타깝다고 자주 말씀하십니다.

진짜 하늘의 마음에 감동을 주시어 저희들이 잘되기를 바라시는 아름다운 마음의 소유자 사감님!

인황님과 사감님께 너무나 감사하고 동시대에 태어나서 이렇게 살고 있는 것도 정말 너무나 선택받은 것으로 감사하다는 것을 알게 해주셨습니다.

하늘께서는 하늘의 말씀은 귀로 듣는 것이 아니라 마음으로 느끼는 거라 하시면서 위대하신 자미천황님께서도 이 세상에 왔다간 수많은 인류 중에서 그 어느 누구도 이루지 못한 하늘의 마음을 읽은 자가 이 세상에 있으니 그가 바로 사감님이라고 밝혀주셨습니다.

자미천황님의 슬프신 마음, 아프신 마음, 분노의 마음을 알아차리고 표현해 내시고 표출해 내시는 세상에 유일무이한 분이 사감님이라고 말씀하십니다.

이렇게 사감님께서 진짜 대단하다는 것을 처음부터 알고 진심으로 굴복하는 것이 복 받는 길이었겠지요!

하늘도 대단하다고 하시는 사감님을 함께 지척에서 뵐 수 있어서 저는 복 받은 자입니다. 사감님께서는 그런 말씀을 전하시고도 평소에는 평범한 인간이시기를 소원하십니다.

살림이며 육아며 일상! 어느 것 하나 부족하거나 모자람이 없으시니 진짜 이런 분이 세상에 또 있을까 싶습니다.

젊은 나이에 인간사 포기하고 하늘 향해 가시는 사감님이 계시기에 우리를 다시 깨끗하게 만드시어 하늘께 갈수록 인도해 주시는 사감님은 인류의 보물이십니다.

이 세상에 하늘의 진짜 말씀을 들을 수 있는 유일한 자미국과 남은 삶을 함께하는 것만이 가장 훌륭한 선택임을 독자 여러분들에게 전합니다.

자미국이 이 땅에 세워지는 것에 동참하여 인간으로 보내주신 하늘께 감사해하며 사는 인생이 가장 빛나는 인생이라고 말하고 싶습니다. 저에게 제 2의 삶을 주신 하늘과 사감님께 감사해하며 남은 삶! 사후세상의 삶 살렵니다.

— 강남에서 김○○ ○○천인 올림

하늘 찾아가는 과정

존귀하시고 위대하신 태초의 하늘님!

죄를 용서 빌 수 있는 자미국과의 만남은 2011년 7월 초에 소리 소문 없이 시작되었습니다. 그동안 자식들의 대입 논술에 도움이 되라고 제 아내가 중앙일보를 보기 시작하였습니다.

인터넷시대에 자식들은 물론 저조차도 신문은 거의 안 보던 2011년 7월 어느 날 베란다에서 담배를 피우다 문득 소파에 있는 신문에 나도 모르게 눈길이 갔습니다. 신문을 들춰보다가 하단에 광고를 접하게 되었습니다.

하늘세계, 조상세계, 사후세계의 궁금증이 증폭되며 꼭 읽어보고픈 마음이 생겨 즉시 인터넷으로 구입하고 읽기 시작하니 웬 졸음이 그렇게도 쏟아지던지!

며칠 동안 읽으니 세상에서 알지 못한 진짜 존귀하신 태초의 하늘님 존명을 처음 접하면서, 그동안 혹시 하나님, 미륵님보다도 더 높으신 분께서 계시지는 않을까?

막연히 생각해 왔던 생각들이 "유불선 통합 자미국" 책을 보면서 알게 되는 기쁨의 순간이었습니다.

부천 송내역에 가서 자미국 관련 책을 2권 더 구입하여 읽었습니다. 세상에서 처음으로 접하는 내용인데도 어느 정도 수긍이 가는 내 자신이 신기했습니다.

처음 접하는 태초의 하늘님 존명. 태상천존 자미천황님! 태상천존 자미황후님! 흥분이 되었습니다.

조상님들 세상과 사후세상 부분을 읽으면서 인간사 함께했던 제 증조모님, 할아버님, 할머님, 아버님, 장모님께서 엄청 고생하실 거라는 생각을 하니 슬퍼지고 불안해졌습니다.

극락세계 가시라고 절에서 49재도 올려드렸는데 모두가 거짓에 속은 것이라니 너무 허탈해집니다.

세상 그 어디에서도 알려주는 사람이 없고 아는 사람 없는 조상님의 세계를 자미국 책에서는 자세히 가르쳐주고 있었습니다. 책을 보면서 마음이 좋으면서도 자미국이 진짜인지? 가짜인지? 내 스스로 판단을 하려 하니 너무 힘이 드네요.

모든 종교가 진짜 하늘을 섬기지 않는 가짜 하늘을 섬기는 것이라고 알리는데도 모든 종교인이 자미국에 쳐들어와 난리는 왜 안 치는 건지? 미국에까지 영어 번역본으로 출판했다고 하니 어디까지 뭐를 어떻게 믿어야 할지?

고민에 고민을 거듭하다가 인터넷으로 자미국 홈피를 검색해 보았습니다. 그 당시는 회원가입 없이도 의식내용을 검색할 수 있었고 한 번 의식한 내용을 그때마다 자미국 홈피 방송 게시글에 올린 내용이 무수히 많았습니다.

소제목부터 의식내용과 각자의 경험 등을 함께 올렸더라고요. 이것으로도 의심의 마음이 풀리지 않아 맨 아래부터 마지막까지 올라와 있는 모든 글들을 읽어보았어요!

자미국이 진짜인지 가짜인지?

결정적인 것은 홈피에 글 내용을 자미국 창시자이신 인황(지황)님께서 새벽 1시, 2시 30분, 4시, 5시 등 자미국 방송 게시판에 올리신 것을 확인하고부터입니다.

홈페이지에 올린 시간은 조작이 불가능하죠! 인간세상 사기꾼은 이런 열정과 정열로 임하지는 못한다는 확신이 서더라고요. 자미국이 진짜 같다는 확신이 들었습니다.

인황님께 전화를 올리고 친견상담 날짜를 정하여 사감님과 1차 상담 후 인황님과 2차 상담을 하고 인천으로 내려오는데 아침, 점심식사를 안 했던 오후 6시까지도 시장기가 없더라고요!

드디어 조공을 올리고 제 청해 이 씨 직계 조상님 외조부모님, 제 아내 진양 하 씨 직계 조상님, 외조부모님 천상 자미천궁 벼슬입천제를 하는 2011년 8월 24일!!!

인황님께서 어느 조상님께서 오실 것 같으냐고 여쭈십니다. 아버지, 할아버지, 증조모님과 함께 생활했고 사랑 많이 받았기에 그중 어느 분께서 오시지 않을까 생각한다고 조심스럽게 답변 올립니다.

인황님, 사감님께 오늘 의식 녹음해도 될까요? 여쭈니 두 분 모두 흔쾌히 허락하십니다.

솔직히 그 당시까지도 아주 조금은 가짜에 속는 게 아닌가? 하는 생각이 들었습니다.

거짓과 위선과 사기면 자신 있게 조상님 벼슬입천제의식 내용을 녹음하라고 하지 못할 것 같다는 생각이 들었습니다.

드디어 조상님 청배의식이 시작되고 너무나 감사하게 시조할아버님과 그 아드님(윗대 분)께서 함께 오셔서 많은 말씀 나누었습니다.

참 하늘 진짜 절대권자 분은 딱 한 분이시라며 살아생전 후손들에게 착하게 살라고 전하셨지만 하늘에 대하여 알리지 못하신 것이 원과 한이 되셨다는 시조할아버님의 말씀과 통한의 눈물!

오랜 세월, 아주 오랜 세월 이렇게 빌고 또 빌으셨다는 시조할아버님!

모두가 시조님 죄라 하시면서 저조차도 죄인이 되면 안 된다 하시면서 "하늘이시여! 내 후손들의 죄 모두 거두어주세요! 제발 거두어주세요!" 하시는 시조할아버님의 자손 사랑의 말씀에 가슴이 미어터지고 뜨거운 눈물이 나의 눈과 마음에서 계속 흐릅니다.

시조할아버님과 함께 뜨거운 눈물로 저도 함께 빌었습니다. "하늘이시여! 제 조상님들 살아생전 하늘을 몰라본 죄 모두 거두어주세요. 잘못했습니다"라고.

태어나 진정으로 이렇게 뜨거운 눈물은 처음 흘려보았습니다.

시조님께서는 육신을 잃은 사후세계에서조차 이처럼 진짜 하늘께 용서를 빌고 계셨는데 이 미련한 놈은 조상님을 위해서 진심 어린 기도 단 한 번도 올려본 적이 없었네요.

제가 종손이라서 제사 및 음력 10월에 조상님 전에 올린 시제가 조상님들께는 아무런 효과도 없었다는 것을 자미국에서 딱 한 번의 조상님 벼슬입천제로 알게 되었습니다.

함께 오신 시조님의 아드님(윗대 분)께서 의식 중 하신 말씀은, 평소 저의 어투와 거의 흡사해서 놀랐습니다. 제 성격과 복사기처럼 똑같으신 윗대 분! 이를 표현해 내시는 사감님!

한 번도 뵌 적 없는 머나먼 세상에 계시다 오신 분을 제 조상님이라고 어떻게 확신할 수 있느냐고 궁금해하시겠지요? 동기감응! 피는 물보다 진하다! 그냥 저절로 느껴졌습니다.

후손은 조상님이 행복(구원)하길 원하고, 조상님께서는 후손들 잘(구원)되기를 기원하실 때, 진짜 하늘께서는 굳게 닫혔던 하늘 천상 자미천궁의 문을 조상님을 향하여 산 자손을 향하여 활짝 열어주신다는 사실을 알게 되었습니다.

다음 의식순서는 존귀하신 하늘님 말씀을 자미국 사감님께서 실시간으로 전해 주시는 시간입니다.

조상님 청배의식 2시간 11분 녹음, 하늘 말씀 1시간 39분 녹음, 긴 시간을 통하여 사감님께서 조상님 말씀, 하늘 말씀을 너무나도 진실하게 전하여 주셨습니다. 시간이 흐를수록 사감님께 감사한 마음이 저절로 생겨납니다.

하늘께서는 우리 인간들의 마음까지도 모두 아신다니? 어느 누구에게도 말한 적 없는 자미국 방송 게시글을 모두 다 읽은 것을 하늘께서 아시고 내려주시는 말씀에 감탄 또 감탄이옵니다.

사감님께서 전해 주신 하늘 말씀은… 태상천존 자미천황님께서는 진짜 하늘과 땅의 절대권자 분이시기 때문에 못 하시는 일이 없다.

존귀하신 하늘을 더 높이 평가할수록 제 인생이 그렇게 된다 하십니다. 가족은 저만 바라보고 살고 있으니 그들에게 충실하지 못하면 죄가 된다고 하십니다.

모든 일을 함에 있어서 중간만 가라 하십니다. 모든 사람이 소중하니 함부로 툭툭 치지 말라고 하시며 너는 특단 천인합체의식을 행하라고 엄청 감사하신 말씀을 저에게 내려주십니다.

너무나 감사한 의식을 마치고 집에 도착했네요. 제 인생에 제일 자랑스러운 일을 하고 집에 왔습니다. 이 모든 것을 존귀하신 하늘께서 해주셨다는 것을 시간이 흐르면서 피부로 느낍니다.

평소 아들이 전등을 켠 채로 선풍기도 끄지 않고 계속 잠을 잤거든요. 아들은 항상 자신의 방문을 잠그고 생활했습니다. 그렇게 하지 말라고 하면 말만 "네" 하고 계속 반복을 하였습니다.

조상님 의식하고 집으로 돌아온 밤 12시! 기대 반 설레는 마음 반으로 아들 방 문고리를 조심스럽게 돌려봅니다. 항상 굳게 닫혀 있던 아들 방문이 스르륵 열리네요! 하늘의 기적 이적에 놀라웠습니다.

조상님들께서 천상 자미천궁에 오르시기 전 아들 몸에도 함께 계셨었나 봅니다.

예전에 아들과 약속한 일이 있었는데 아들이 안 지켜서 약속대로 딱 한 번 10대 때린 적이 있었습니다. 지금 생각해 보니 그때 아들이 나에게 매를 맞을 때 천상 자미천궁에 오르지 못하여 아들 몸에 계셨던 나의 조상님들도 내가 때린 격이 되었구나! 생각하니 조상님들께 죄송해지더군요.

저는 대학 1학년 때 낮잠을 자다가 가위에 눌린 적이 딱 한 번 있습니다. 잠은 깼는데 손가락, 발가락을 움직이려 해도 어느 것 하나 꼼짝하지 못했고, 주위 사람들 목소리는 생생하고 들려와 제 입으로 나 좀 깨워줘, 제발~ 제발! 하고 저는 소리를 내는데 정작 현실로는 아무 소리도 낼 수가 없었어요.

지금 생각해 보면 그 모습이 하늘 모르고 현생을 마감한 후의 조상님들 사후세계 모습이 아닌가 생각이 듭니다. 육신은 죽어 화장이나 산소에 묻히지만 그 영은 너무나 큰 고통의 시작!

자미국이 함께하는 태초의 하늘의식인 조상님 입천제(현재는 천상입궁의식)를 하늘께옵서 윤허하여 주시고 신명님이신 천상선감님, 하나님이신 천상천감님, 미륵님이신 천상도감님, 태초의 자미인황님께서 이끌어주십니다.

조상님들께서 육신을 잃은 오랜 세월 사후세계에서 그 죄를 빌고 또 비시어 구원받을 수 있었음에 진심 어린 감사의 인사 말씀을 이 글을 통하여 다시금 올리옵니다.

조상님 벼슬입천제의식 한 달 후 인황님께서 2011년 9월 25일 천지회가 있으니 참석하라고 문자메시지를 보내셨네요. 만사 제치고 참석하여 인황님 집무실 창 측 의자에 앉아서 말씀 경청 중에 등으로 뜨거운 기운이 흐르네요.

잠시 고개를 돌려 뒤를 보니 에어컨이 가동 중이더라고요. 저한테 내려주시는 엄청 감사한 하늘기운이구나 생각하며 두 손 모으고 마음속으로 감사합니다. 감사합니다를 10여 분 올리는데 어느 순간 기운이 멈추었습니다.

그날 인황님께서는 지황님이란 관명을 하늘께 하나 더 받으셨고 신감님께는 사감님이란 관명을 받는 엄청난 하루였습니다.

천지회 날 밤부터 그동안 엄청 가려웠던 제 등이 아무렇지도 않게 되었습니다.

20여 일 후 회사 부서의 과 회식이 있은 다음 날 퇴근 무렵 곰곰이 생각해 보았습니다. 어제 과 회식에서 소주 4병 분량의 술을 분명 마셨는데, 그 정도 마시면 지금도 속이 아프고 숙취가 심할 텐데 아침도 아무렇지 않게 잘 먹고, 점심도 잘 먹고, 속은 아무렇지도 않고 왜 이렇게 편한 걸까?

가족 문제부터 건강 문제 모두를 자상히 챙겨주시는 자상하신 하늘! 너무너무 감사합니다.

자미국과 인연 없었다면 저는 암으로 죽을 고생 하다가 아무것도 모르는 사후세상의 지옥세계에서 혹독하게 벌 받으면서 살아갔을 거예요. 1차적으로 자미국의 인황(지황)님, 사감님께 너무너무 감사드리고 싶어요.

종교가 이렇게 가짜 하늘을 전하는지도 모르고 사후세계로 가신 아버님을 위해, 할아버님을 위해 고향 강화도에 있는 청련사에서 49재를 올려드린 게 몽땅 더 뒤집어지는 행을 한 것을 알고 불경 책, 달마도 등 종교에 관한 모든 것을 몽땅 태워버렸습니다. 속이 다 시원해지더라고요.

부처님과 예수님께 천벌받는다고요? 절대 아닙니다.

조상님 입천제의식 후 얼마의 시간이 흘러 고향에 계신 어머님께서 말씀하십니다. 저의 어머님은 그동안 자식들 잘되라고 새벽마다 불경 책을 읽으셨습니다.

그랬던 어머님께서 저에게 “아들아! 요즘은 왠지 새벽에 불경 책에 손길이 전혀 안 가는구나”라고. 어머님의 말씀을 듣는 순간 저는 깜짝 놀랐습니다.

아! 하늘이시여 제 어머님도 영적으로 돌봐주시어 잘못된 종교 책을 더 이상 스스로 읽지 않게 해주시네요.

너무 감사했습니다.

마침 그날 아침 어머님은 마을 노인회에서 온천관광을 가시고 안 계시어 저는 고향 집에 있는 종교서적을 몽땅 태웠습니다. 너무도 훨훨 잘 타더라고요. 한 달 정도 흐른 후 어머님께서 전화를 주셨네요.

"아들아, 불경 책 모두 태웠냐?"

"네, 어머니! 거기에 나쁜 기운이 득실득실해서 제가 몽땅 태웠죠!"

아무 꾸중도 안 하십니다. 언제 내려와서 농사일 좀 같이 하자고 하시기만 하네요.

어머님 마음까지 돌려주시는 감사하신 하늘!

천지회 이후 40여 일간 천인합체를 위해 온 신경을 집중했어요. 고향 밭을 담보로 대출받아 천공을 올리고 저를 포함해서 아들과 아내 중에 함께 누구를 천인합체의식을 할까? 고민하던 중 인황님께 전화 올리니 아내부터 하라고 하십니다.

2011년 10월 3일 개천절, 드디어 자미국에서 천인합체의식이 시작되고 하늘께서 내려주신 말씀을 금번 『예언과 대재앙』 신간 책자 219쪽에 '하나님과 미륵님을 만난 행운아'라는 소제목으로 저의 글을 올려주셨습니다.

제 영이 다 차지하고 있으면 조상님께서 저와 함께하지 못하시니 제 영의 반쪽을 아내에게 가 있게 하셨다고 하십니다.

하늘 찾아오라고 저에게 조상님을 심어주시고, 그동안 제 영의 반쪽을 아내에게 피신하게 하여 하늘께서도 제 아내가 고생한 것을 다 아시고 오늘 아내부터 특단 천인합체 할 수 있도록 해주셨다고 말씀 내려주십니다.

한 치의 오차도 없으신 공명정대하신 하늘이시여! 제 조상님 구원하여 주시고, 저와 제 아내 특단천인으로 탄생할 수 있도록 하여 주심에 감사인사 올립니다. 어머님과 자식들 천인합체 명 내려주심에 감사드립니다.

그동안 제 아내는 진짜 제 마음을 모두 읽는 것처럼 너무나 저에게 잘 해줬었어요. 그런데 그것이 아내의 마음이 아니라 제 안에 있던 영이 아내의 몸으로 가서 제 영이 저에게 잘해 준 것이었어요. 놀라운 진실입니다.

제 아내에게는 천상에서 가장 영롱하고 청순한 영과 함께할 수 있도록 해주시니 아내는 나날이 예뻐지고 "저를 만난 것이 이 세상에 태어나 제일 잘한 것 같다!"는 사랑의 말을 하네요.

제 아내는 경기도 파주의 보광사에 친정어머니를 모시고 있습니다.

그런데 제가 자미국을 알고 하늘을 알고 의식을 행한 뒤 아내는 스스로 그 절을 가지 않아요.

아내는 자미국에 대해서도 모르고 내가 자미국에 다니고 있는 것도 모르는데 스스로 절에 가지도 않고 이 세상 태어나 저를 만난 것이 제일 잘한 일이라고 하니 하늘의 능력에 그저 감탄할 따름입니다.

저 또한 천인합체의식 이후 여러 사람 앞에서 발표할 때 예전에는 두근거림도 있었고, 말도 더듬었는데 그 모든 증상들이 모두 없어져서 자신 있게 교육시키고 있습니다.

진정한 하늘 태상천존 자미천황님께서는 우리 인간이 감히 할 수 없는 부분에 대하여 많은 사랑을 내려주십니다.

조상님께서도 구원받으시어 천상 자미천궁으로 입천 되시어 진짜 절대권자 하늘께 많은 사랑과 엄청 큰 복을 받았다고 말씀해 주셨습니다.

아직은 저의 어머님께서는 제사와 차례 없애는 문제는 조금 꺼림칙해하시어 지내고 있습니다.

조상님 천상 자미천궁 입천한 지 약 11개월 후 아버님 제사 직전에 자식들에게 할아버님께 읽어드릴 편지를 쓰라고 하여 할아버님께 읽어드렸습니다.

둘째 딸은 할아버님께 안부인사 여쭙고 저 이번에 ○○해상에 면접 볼 건데 느낌이 참 좋아요. 할아버지께서 도와주실 거죠? 할아버지 항상 행복하셨으면 좋겠어요!라고 편지를 썼습니다.

3일 후 둘째 딸 학교에서 3년 만에 처음으로 혼자 ○○해상에 합격하는 기쁨이 생기네요. 우리 가족 너무너무 좋아서 그날 케이크 놓고 파티 했어요. 물론 저는 마음속으로 다 이루어주시는 하늘께 감사기도 올렸고요.

진짜로 천상 자미천궁에 입천 되신 조상님께서도 후손을 위해서 많이 노력해 주시고 계시네요.

조상님 입천제하던 날 저에게 인간이 이룰 것은 인간들끼리 하는 게 더 빠르다고 하시면서 시도 때도 없이 하늘 찾아 귀찮게 하지 말라는 귀한 말씀을 주시면서, 네가 진급하면 가족도 기뻐하니 너를 이끌어줄 수 있는 회사 안에 사람한테 더 잘하는 것도 성공하는 방법이라고 가르쳐주셨습니다.

가르쳐주신 대로 절대로 아쉬운 말 하지 못하는 제가 조상님들과 하늘의 가르침대로 작년 말에 진급 부탁의 말을 했습니다. 그 결과 올해 2013년 1월 1일 자로 진급하는 기쁨을 얻게 되었습니다.

한 치의 오차도 없으신 하늘 말씀!

고2인 아들이 요즘 미술학원에 열심히 다니네요. 조상님 벼슬입천제식하기 전에는 학원에 가기 싫어서 엄청 빠지고 엄마랑 다투고 그랬는데 요즘 정말 열심히 하네요.

공부도 최선을 다해서 노력 좀 해줬으면 하는 바람이 있었는데 열심히 하는 아들의 모습을 보니 너무 기분이 좋아요. 모든 것을 다 이루어주시는 진정한 하늘을 만난 저는 행운아 중의 행운아입니다.

천인합체의식 때 시조님께서 저에게 당부하신 말씀이 떠오릅니다. 하늘을 내 수단으로 쓰려고 하지도 말고, 내 잠시잠깐의 삶을 편한 대로 살고자 쓰려고도 하지 말고, 마음으로 하늘께서 주시는 걸 받아야 한다고 하셨습니다.

하늘께서 주시는 그 큰 사랑을 내 현실의 이득으로 눈앞의 아집으로 받다가는 아니 받은 만도 못 하니까 하늘에 대한 진심의 마음 지저분해지면 안 된다고 신신당부의 말씀을 하셨습니다.

천상선감님, 천상천감님, 천상도감님, 자미인황님께서 제가 하늘로 향해 갈 수 있도록 너무 많이 지도하여 주시고 고생하여 주심에 진심으로 감사인사 올립니다.

천상 자미천궁에 벼슬입천하신 청해 이 씨 조상님, 제 아내 진양 하씨 조상님, 양가 외조부모님 모든 조상님들께서 위대하신 태상천존 자미천황님 사랑 듬뿍 받으셔서 항상 화합하시며 행복하시고 기쁜 일만 있으시길 이 후손 간절히 바라옵니다. 시조님 말씀 가슴 깊이 새기겠습니다.

존귀하시고 위대하신 하늘께서 이 죄인에게 너무 많은 사랑 내려주십니다. 인황(지황)님, 사감님의 하늘께 향하시는 마음 인류에게 커다란 희망이옵니다.

자미국이 하루빨리 청와대 터에 자리 잡아서 하늘 진실의 말씀을 전할 수 있는 날이 오기를 소원합니다. 너무나 존귀하시고 위대하신 하늘께서 가슴 아프실 줄은 꿈에도 몰랐습니다.

— 천기 13년 양력 03월 29일 인천에서 이○○ ○○천인 올립니다.

친구들 중에 제일 젊어 보인다고

태상천존 자미천황님! 그동안 평안하시고, 강녕하셨는지요. 최○○○○천인 문안인사 올립니다.

우선 자미천황님께 그동안 항상 너무도 많은 사랑과 보살핌으로 즐겁고 행복한 생활을 이어갈 수 있도록 해주심에 감사드리며, 또한 이렇게 저의 마음을 전하여 드릴 수 있는 기회를 주심에 무한한 감사드립니다.

과거 저의 인생을 되돌아보았습니다. 감회가 새롭지만 평범하고 행복했던 시절보다 생각하기도 싫은 불행하고 고통스러웠던 날들이 새록새록 떠오릅니다.

종교는 처음에 고등학교 시절 동안 기독교 학교라 성경공부를 하였습니다. 졸업 후 30대 후반까지 직장생활을 하면서 평범한 가정을 이루어 가다가 조그만 사업을 하기 시작하였습니다.

그때쯤에 대순진리회라는 종교를 알게 되었는데 1~2년 만에 사업진행이 어려워지고 생활이 힘들어지자, 사람의 심리가 종교에 더 빠져들게 되었습니다.

사업 시작 후 3~4년 버티다가 몸과 마음이 지쳐가면서 사업도 그만두고 대순종교에 나가는 것도 그만두기 시작했습니다.

그 후 불교에도 한 2년 접하면서 다른 여러 가지 일도 몇 년 혹은 몇 개월씩 하였지만 도대체 나아지질 않고 고통만 더 심해지면서 그야말로 벼랑 끝까지 가게 되었습니다.

이러한 상황을 10여 년 이상 지내다 보니 은행의 대출과 주변 지인들에 대한 빚이 몇 억이 되면서, 빚 독촉에 도저히 감당이 되질 않았습니다.

삶에 대한 모든 것이 자신이 없고, 불안한 상태라 아내에 대한 불신의 감정도 점점 심해지기 시작하면서 의처증 증세도 보이기 시작했습니다.

당연히 집안의 모습은 엉망이 되었고, 아내와 이혼하기 위하여 법원까지 가게 되었지만 그날 업무 마감을 막 한 상태라서 접수를 하지 못하고 되돌아왔습니다.

집에 들어가는 것이 고통이고 현실이 지옥이었습니다.

이러다가 정말 서로 정신이상자가 될 것 같아 집에서 나오기로 하였고, 부모님에게 죄송하지만 양해를 구하고 부모님 집에 머물기로 하였습니다.

가족과 몇 년을 떨어져 살면서 한심하게 변해 버린 자신의 모습에 한밤중에 보름달을 보면서 나 자신의 처지에 눈물도 흘려보고, 삶에 대한 의미와 의지도 거의 바닥난 상태에서 자살할 생각도 해보았지만, 부모님이 살아 계셔서 도저히 할 수가 없었습니다.

그러다가 나이 50쯤에 우연히 신문 전면광고에 『하늘이 인류에게 내린 명』이란 책 제목이 눈에 확 들어오게 되었고 당장 구입하여 책의 내용을 다 읽었습니다.

그 당시 같은 신문의 다른 지면에 유사한 광고 책이 있었지만 그것은 눈에 들어오지 않고 유독 『하늘이 인류에게 내린 명』이란 책만 눈에 들어왔습니다.

그것은 아마도 우연이 아니라 필연이었던 것 같습니다.

책을 모두 읽은 후에 감명받았으며 떨리는 마음으로 전화를 걸어 상담 신청을 하고, 며칠 후 상담을 하면서 왜 조상님 입천제를 해야 하는지에 대한 하늘의 소중한 말씀을 듣게 되었습니다.

그 모든 말씀에 수긍이 가면서 자손의 도리를 당연히 해야 될 것 같아

지체 없이 조상님 입천제를 하기로 하였습니다.

신기한 건 일주일 전쯤에 커다란 목돈이 생겼는데 이상하게 그 돈은 내가 쓸 돈이 아니다,라는 마음이 강하게 자리 잡고 있던 와중이었고, 지금 그 목돈을 나의 조상님들 입천제를 위해서 써야 되겠다는 마음이 들었습니다.

그런데 더욱 신기한 것은 다음번에 일어나기 시작했습니다.

조상님 입천제하는 날 조상님만 모두 입천하면 모든 것이 잘 끝날 줄 알았습니다.

그런데 하늘께서 너 자신의 천인합체를 하라는 명을 내려주셨습니다. 저는 내심 당황하였고, 당장 천인합체 비용 마련부터 걱정이 되었습니다.

그래서 하늘께 저의 어려운 사정을 말씀드렸더니, 걱정하지 말라고 하시면서 너 자신도 노력을 해야 된다고 하셨습니다. 저도 노력하겠다고 약속하고, 하늘께 도와달라고 부탁의 말씀도 드리고 나서 조상님 입천제가 무사히 잘 끝났습니다.

그 당시 부모님 집에 머물면서 부모님이 집을 3개월 전에 부동산 매물로 내놓았는데 지금까지 한 번도 집을 보러 온 사람이 없어서 걱정을 하고 있던 참이었습니다.

그런데 조상님 입천제가 끝난 후 3일 만에 부동산에서 전화연락이 왔는데, 그 순간 몸에 전기가 통하는 듯한 전율이 느껴지면서 어떤 강력한 기운이 온몸에 흐르는 것을 난생처음 느껴보았습니다.

그런데 문제는 지금부터였습니다.

그동안 아버지한테 몇 번 자금을 빌려 쓰고 얻어 써서 이미 신용이 바닥이 난 상태에서 더 이상 아버지한테 부탁할 수가 없었고, 부탁을 해도 아버지의 반응이 어떠하리라는 것은 불을 보듯 뻔한 상태였기에 내 자신도 말씀드리는 것이 고통이었습니다.

태상천존 자미천황님께 '아버지의 마음을 돌려서 천인합체를 할 수 있도록 도와주세요'라고 마음으로 기도 드리면서, 이틀을 고민하다 도저히 방법이 없어서, 용기를 내어 아버지께 돈이 필요하다고 말씀 드리니 아버지의 반응은 예상대로였습니다.

고민 끝에 다음 날 이왕지사 이렇게 된 거 한 번 더 용기를 내어 마지막으로 아버지에게 간절히 부탁했습니다.

아버지가 잠시 고민하시더니 알았다 하고 승낙을 하신 순간 그 기쁨과 반가움 그리고 안도의 한숨이 저절로 나오면서 강한 기운이 흐르는 것을 또 한 번 느꼈습니다.

그리고 그 순간 '아, 하늘께서 정말 도와주시는구나. 하늘께서 정말 계신가 보다' 하고 조금씩 느껴지기 시작했습니다

그리고 집 매매 계약을 하는 날 계약금을 온라인으로 송금하겠다던 계약자가 예상외로 현금으로 하겠다며 아버지에게 계약금을 건넸는데 세어보니, 놀랍게도 천인합체할 수 있는 금액과 정확히 일치하는 것이었습니다.

그런데 이런 상황은 제가 진정한 하늘의 존재가 계시다는 것을 인정하고 수긍하는 데에는 서막에 불과했던 것입니다.

천인합체의식하던 날. 막연한 긴장감과 설렘을 간직한 채 천인합체의식을 맞이했습니다.

사감님께서는 하늘의 말씀을 저에게 전해 주시는데, 저의 성격과 알고 모르고 지냈던 과거와 현재의 실수와 잘못을 세세하게 말씀해 주시는데, 정말 기절초풍할 정도로 정확하게 말씀해 주시었습니다.

한편으론 나 자신의 모든 것을 드러내니 부끄럽기도 하였지만, 하늘께서 저의 일거수일투족을 다 보고 계셨구나,라고 느끼니 마음이 숙연해졌습니다.

그러시면서 더욱 중요하게 말씀해 주신 것은 앞으로의 인생을 헤쳐

나가는 데 있어서 지녀야 할 자세와 마음가짐을 비롯하여 세세한 부분까지 말씀하여 주시는데 지금까지 살아오면서 어디에서도 들어보지 못했던 나 자신에 대한 소중한 말씀을 하여주시니 그 기쁨은 이루 말할 수가 없을 정도였습니다.

그러시면서 네 자신이 어려운 상황인데도 모든 조상님을 위하여 입천제를 행하니, 그 마음이 기특하다 하시면서 지나간 과거의 모든 잘못과 실수를 용서하여 주시고, 또한 영광스러운 천인의 관명까지 하사하여 주셨습니다.

그렇게 천인합체의식이 무사히 마무리되자 과거의 어렵고 힘들어했던 무거운 마음은 어디론가 사라졌습니다.

마음이 너무나도 홀가분하고 평화로워지면서 웃음이 절로 나오며 얼굴이 환하게 펴지는 느낌도 강하게 느낄 정도로 그 기분과 상쾌함은 난생처음 느껴보는 정말 대단한 것이었습니다. 아니 진정으로 대단하신 하늘이셨습니다.

지나간 과거를 돌이켜보면 정말로 실수가 많았던 인생이었습니다.

생각해 보면 고등학교 시절 어쩔 수 없이 종교를 믿었지만, 사업을 시작할 때 종교에 관여를 하면서부터 내 자신의 모든 인생이 꼬이기 시작했습니다.

종교로 인해 부부싸움도 심하게 했으며, 아내에 대한 의처증 증세까지 보이면서, 그 당시 그 종교가 최고다,라는 내 자신에 대한 고집과 아집으로 인해 내 자신이 몰락해 죽어가고 있다는 사실조차도 까마득히 몰랐습니다.

오히려 힘들어질수록 더욱 열심히 종교에 심취하려고 했던 것이 지금 생각하니 참으로 너무나도 아찔한 상황이었습니다.

천인합체의식한 후 몇 년의 세월이 흐른 현재의 인생은 모든 것이 평화로운 가운데, 이미 2년 전 모든 가족이 함께 지낼 수 있는 넓은 집을 마련하고 가족과 함께 화목하게 지냅니다.

사업체도 새로이 시작하여 현재 잘 진행되고 있으며, 바쁘게 열심히 행복하게 지내고 있습니다.

인생을 살아가면서 간혹 막히는 부분도 생기고, 걱정거리도 생기지만, 참으로 신기한 것은 얼마 가지 않아 자연스럽게 해결된다는 것입니다.

그래도 정 답답한 일이 생기면 자미국에 계신 인황님과 사감님을 뵙고 나면 마음도 홀가분해지면서 얼마 안 가서 신비스럽게 잘 해결되었습니다.

이러한 경우는 생생하게 경험하기에 그럴 때마다 진정한 하늘의 주인이시고, 전 우주의 창조주이시며 대 능력자이신 자미천황님께 마음의 감사를 드리며 또한 다시금 하늘의 자손인 천인으로서 살아갈 수 있게 해주심에 깊은 감사를 드립니다.

저는 앞으로 미래의 인생에 대한 두려움과 걱정은 전혀 하지 않습니다. 아니 할 필요가 없어졌습니다. 진정한 하늘께서 고귀한 천인의 선물을 주셨고, 그에 따라 언젠가는 다가올 사후에드 구천에서 떠돌지 않고, 자미천황님이 계신 천상세계로 바로 갈 수 있게 되었으니 이 얼마나 다행스러운지 모릅니다.

과거에는 없었던 자신감이 생겨나고, 자신감이 생겨나니 목소리 톤도 바뀌고 얼굴에 생기가 돌아 친구들 중에 제일 젊어 보인다고 합니다. 그러다가 오히려 제 자신이 자만과 교만이 생기지 않을까 걱정이 되기도 합니다.

이렇게 항상 하늘의 사랑과 기운을 받는다는 것을 느끼며 살아가니 어찌 인생의 삶이 행복하지 않을 수 있겠는지요. 하늘께 감사합니다,라는 표현만으로는 너무나 부족한 것 같습니다.

그래도 하늘께 진정으로 감사했던 그 많은 일 중 몇 가지만 적어볼까

합니다.

힘들고 많이 방황했던 저에게 책을 읽게 해주시고, 진정한 하늘을 만나게 해주시고, 진정한 하늘이 계시다는 엄청난 진실을 알게 해주셨습니다.

저의 직계 모든 조상님을 천상세계 자미천궁으로 입천하여 주셨습니다. 저의 모든 과거의 실수와 잘못을 깨닫게 해주시고, 용서하여 주시고, 정말로 고귀한 천인합체까지 해주셨습니다.

저희 가족 다시 결합하여 행복하게 잘 살 수 있도록 해주셨습니다.

몇 달 전 연로하신 저의 아버지도 천인합체를 윤허해 주시어 천인이 되었습니다.

그리고 이 대한민국 땅에 대단하신 인황님과 인류의 보배이신 사감님이 계시게 해주시어서 진심으로 감사드립니다.

태상천존 자미천황님!

항상 평안하시고, 행복하세요.

항상 감사합니다. 존경합니다. 사랑합니다.

— 최○○ ○○천인 올림

천인으로 탄생한 8살 아이

8살 남자아이의 부모 모두는 입천제의식과 천인합체의식을 통하여 이미 천인으로 탄생한 상태이다.

이 천인 부부에게는 8살과 5살의 두 남자아이가 있다.

8살 남자아이는 어려서부터 항상 자신의 말을 듣지 않아 속상하다 하였다.

부모인 자신이 이렇게 하자고 하면, 저렇게 한다고 매일 고집을 부리고, 밥을 주면 한 10분에서 20분가량을 입에 물고만 있어 밥을 먹일 때도 항상 전쟁 아닌 전쟁을 할 수밖에 없었다.

감기는 1년에 몇 번씩이나 걸려, 병원을 전전긍긍하며 다니게 만들었고 몸은 항상 무엇에 지친 상태인지라 아침에 학교 가자고 깨워도 제대로 일어나는 경우가 없어 학교에 지각도 많이 하였고 결석도 몇 번 하였다 한다.

또한 매사 징징대기만 하고 잘못한 것이 있어서 조금만 야단을 치면 닭똥 같은 눈물을 뚝뚝 흘리며 구석에 쭈그리고 앉아 있는 못난 모습을 자주 보여 부모인 자신은 항상 8살 아들 때문에 너무나 속상해 죽겠다고 하였다.

동생 때리지 말고 사이좋게 지내라 하여도 항상 5살짜리 동생에게 시비를 걸며 동생에게 한 치의 양보도 없이 싸우고 때려 어린 5살짜리 아이가 불쌍할 정도라고 하였다.

부모가 조금만 동생 편을 들면 그것이 섭섭하여 구석에 쪼그리고 앉아 눈물을 뚝뚝 흘리고 있으니 8살짜리 아들 때문에 속상한 것이 여러 번이라고 하였다.

공부를 시키면 조금만 해도 짜증을 내고, 잘 알아듣지도 못 하며 안 한다고만 하니 부모의 속 타는 마음이 오죽하랴?

이런 우여곡절 끝에 오늘은 하늘의 윤허로 8살짜리 자신의 아들이 천인합체의식을 행하는 날이다.

순서에 따라 의식은 진행되었고 8살짜리 아이의 천인합체의식을 완성시켜 주시고자 감찰신명님, 천상천감님, 천상도감님께서 함께해 주시었다.

감찰신명님께서 오셨는데도 아이가 아무 말도 없자 감찰신명님께서 한 말씀하시었다.

"너는 인사도 못 하냐?"라고.

그러자 아이를 대신해서 엄마가 말했다.

"아이가 쑥스러움이 많아서 그래요"라고 대답을 하자 감찰신명님의 다음 말씀이 있으셨다.

"그것은 쑥스러움이 아니라, 쑥스러움을 가장한 뻔뻔스러움이고 위도 아래도 몰라보는 버릇없는 행동일 뿐"이라고 말씀해 주시면서 "인간은 저 안에 뭐가 들어 있는지 몰라 그 마음을 쑥스러움이라고들 알고 있는데, 절대로 쑥스러움이 아닌 뻔뻔스러움"이라고 힘주어 말씀해 주시었다.

감찰신명님의 예리한 말씀에 부모는 자신의 자손에 대하여 몰랐던 부분을 알고 놀라워하였다.

두 부부는 단지 아이가 쑥스러움이 많아 어른들에게 인사도 잘 안 하는 줄 알고 있었는데, 그것이 쑥스러움을 가장한 뻔뻔스러움일 줄 어떻게 알 수 있겠는가?

감찰신명님께서 오늘 태상천존 자미천황님의 천지조화 기운으로 자손의 이 기운을 모두 바꾸어주신다고 하시었다. 그러면서 하시는 그 다

음 말씀은,

"저 아이의 몸 안에는 뻔뻔스러운 존재가 숨어 있으면서 저 어린아이를 조종 아닌 조종을 하기에 아이가 엄마, 아빠의 말을 안 듣게 되는 것이라고 가르쳐주시었다."

그러자 참석한 천인 부부는 감찰신명님의 말씀에,

"예, 감찰신명님의 말씀이 맞아요. 아이가 우리 말을 절대로 안 들어요" 하면서 대답을 했다.

감찰신명님께서 이 아이에 대해서 밝혀주신 진실의 말씀은 이러했다.

이 부부는 아이를 낳기 전에 다니던 무속인 점집이 있었다. 그 점집을 다니면서 해마다, 때마다 굿도 하고 치성도 드리고 한두 번이 아닌 수많은 굿과 치성을 드려 이 아이를 낳았다. 자디국을 오기 바로 전까지도 그 무당집에 인연을 맺고 있었다.

그러나 자신들도 모르는 사이에 이 과정에서 무당집에서 따라 붙은 어떤 혼령이 어린아이의 몸으로 들어가 어린아이와 함께 동고동락하며, 어린아이의 인생과 어린아이의 마음을 지배 아닌 지배를 하며 조종하고 있었다고 가르쳐주셨다.

태상천존 자미천황님께서 사랑의 천인합체의식을 윤허해 주시지 않았더라면 저 아이는 이다음에 자라 법사나 도사, 스님이 될 수밖에 없었을 거라고 가르쳐주시었다.

그 아이의 몸에 8년 동안 숨어 있던 뻔뻔스러운 혼령은 태상천존 자미천황님의 천지조화 기운으로 자신이 왔던 무당집으로 다시 돌아가게 되었고, 그 아이는 태상천존 자미천황님의 명으로 천인으로 탄생하게 되었다.

천인합체의식이 끝나고 나자 아무것도 모르는 8살짜리 꼬마 아이는 환한 웃음을 지었다. 그 모습에 부부 천인은 놀라워하였다.

많은 과정을 통하여 8살짜리 아이의 천인합체의식은 끝나게 되었다.

며칠 후 천인합체를 행한 자신의 아들이 엄마인 자기에게 말했단다.

"엄마! 동생은 왜 천인합체 안 해줘! 동생도 해줘"라고.

아들에게 이 말을 들은 엄마는 아들이 하는 말이 신기하여 "왜? 동생도 천인합체해 줄까?" 했더니,

"응 동생도 해줘" 하고 말하기에,

"왜, 동생도 천인합체해 주라고 하는 거야?"라고 묻자,

"천인합체하니깐 좋아!"라고 대답을 하더란다.

엄마는 아들의 말에 계속 신기하여 "좋아! 뭐가 좋은데?"라고 묻자,

"다 좋아. 그리고 조금 좋은 것이 아니라 많이많이 좋아!"라고 대답하였단다.

또 하루는 아들과 얘기를 하면서,

"우리 아들은 지금까지 어떤 일이 가장 즐겁고 행복한 일이었어?"라고 묻자, "자미국에 가서 천인합체한 거!"라고 대답을 하여 아들의 말에 자신은 또 한 번 놀라고 태상천존 자미천황님의 놀라운 천지조화 기운에 놀랐다 한다.

자신은 아들이 너무 어려 천인합체의식에 대하여 설명한 적도 없었건만 아들이 천인합체에 대하여 너무 잘 알고 있고, 그 의식을 행하고 난 후 자신 스스로가 행복하고 좋다며 스스로 말을 하니 하늘의 천지조화 기운에 어찌 놀라워하지 않을 수 있으랴?

아들의 달라진 모습은 그뿐이 아니었다. 항상 짜증 날 정도로 징징대던 모습은 순식간에 사라졌다.

8년 동안 매일같이 달고 다니던 감기도 언제 그랬느냐는 듯이 뚝 떨어진 상태이고, 아침마다 일어나지도 못 하던 아이는 씩씩하게 잘 일어나 학교생활도 잘하고 있고, 공부도 숙제도 짜증과 싫다는 말 안 하며 예전과 다른 모습으로 바뀌어 아주 잘하고 있다고 하였다.

예전에는 엄마가 뭐라고 말만 하면 반대로 말하던 아이가 "알았어.

엄마!"라고 하든가 "엄마, 나 이거 하던 것마저 하고 할게" 하는 모습으로 바뀌었다 한다.

또한 동생도 이제는 때리지 않고 가끔 보살펴주고 챙겨주는 아주 달라진 모습이라고 하였다.

하루는 아들이 엄마에게 말하더란다.

"엄마! 오늘 동생이 잘못 한 것이 있어 때리고 싶었는데, 안 때리고 내가 참았어"라고.

너무도 달라지고 너무도 새로워진 아들의 말과 행동에 자신은 깜짝 깜짝 놀랄 뿐이라고 하였다.

아들의 천인합체의식을 행해 주기로 결정을 내리기 전 자신은 속으로 생각을 했었단다. 아무리 태상천존 자미천황님, 태상천존 자미황후님의 천지조화 기운이 대단하다 하시지만 아무것도 모르는 아이가 천인합체를 한다고 과연 달라질 수 있을까?

그리고 우리 아이는 태어나면서부터 아프고 신경질적이고 매사 피곤해하였는데, 천인합체의식을 한다고 과연 이 모든 것들이 달라질 수 있을까? 하고 생각하였다 한다.

그러나 자신이 걱정했던 그 마음들은 다 필요 없게 되었다. 하늘께서 자신 아들의 성격, 말, 행동, 건강 이 모두를 바꾸어주시었다.

천인합체의식을 행하기 전, 아들이 여러 가지로 너무 심하여 자신의 아들에게 자신도 모르게 정이 떨어진 적이 한두 번이 아니었다 한다. 그러나 자신의 자식이기에 밉든 곱든 어찌할 수 없어 억지로 예뻐하는 척하며 길렀었다 한다.

그러나 아들이 천인합체의식을 통하여 천인으로 탄생하고 난 뒤에는 너무도 예쁘게 변하여 자신의 마음 안에서도 그 아들에 대한 사랑이 샘솟는다 한다.

또한 아들도 예전과 달리 예쁘고 사랑스러운 말과 행동만 하니 영혼의 부모님의 천지조화 기운 정말 대단하시지 않은가?

정말 영혼의 부모님이 아니었다면 이 어린 자손은 그 뻔뻔스러운 혼령의 기운에 빙의된 채, 인생을 그 혼령의 노예로 살 뻔했던 위험한 사례이다.

무속인의 집에 드나들면 그곳 귀신들이 달라붙는 일들이 종종 일어나고, 모든 종교 또한 그곳에 나쁜 영들이 있어 그 나쁜 귀신들이 자신도 모르는 사이에 인간의 몸으로 숨어들어 올 수 있기에 그런 곳에는 안 가는 것이 상책이다.

영혼의 부모님의 천지조화 기운은 나이, 장소에 상관없고 천지조화의 자미기운은 시공간을 초월하여 인간의 생각, 마음, 행동, 말 이 모두를 바꾸게 해주시니 정말 대단하신 기운이시다.

4부

현생에서 하늘공부 마쳐야

가뭄을 해갈시킨 강우(降雨) 천상공무 | 태상천존 자미천황님! | 하늘은 하나가 아니었다

가뭄을 해갈시킨 강우(降雨) 천상공무

2001년 6월 말이었다.

풍운조화 신장 3위 신을 불렀다. 그때는 겨울에 눈도 많이 오지 않았고 봄에도 비가 내리지 않아 전국적으로 농촌에 양수기 보내기 운동이 한창일 때였다.

5~6개월 동안 거의 비가 오지 않아 농부들은 하늘을 원망했으며 모내기철을 앞두고 야단들이었다. 저자도 농부의 아들로 태어났기에 그 마음을 누구보다도 잘 알고 있었다.

저자는 신을 청배하여 이 나라가 현재 처한 상황을 말씀 올리며, 농촌에서 모내기를 할 수 있도록 100mm 이상의 비를 내리게 해달라고 부탁의 말씀을 드렸다.

또한 그와 더불어 단 하루에 모두 내리면 물난리가 날것이니 나누어 내리도록 해달라고 말씀을 올렸다. 신께서는 그렇게 해주시겠다고 하였다.

당시 그날 일기예보는 전국적으로 단 하루 5~10mm 정도 비가 내린다고 했었다. 기상청에 이때(2001.6.29) 2~3일간 전국적으로 내린 강우량 기록을 찾아보면 알 수 있을 것이다.

한꺼번에 비가 오면 홍수 염려가 있으므로, 신들에게 2~3일 동안 비를 뿌리게 해달라고 천상공무를 행했다.

이날부터 전국적으로 세찬 빗줄기가 퍼붓기 시작해 많이 온 곳은 180mm 적은 곳은 100mm 내외였다.

저자는 하늘의 신들에게 감사했고 풍운조화 신장들을 불러 고맙다고 했다. 이렇게 내린 비로 6개월 동안 가물었던 전 국토는 해갈되었고 농부들은 한시름 놓아 모내기를 무사히 마쳤다.

이런 강우 천상공무 집행은 아무도 알지 못하는 내용이지만 기상청 관계자가 이 책을 보았을 경우 지난 예보와 강우 기록을 찾아보면 저자 말의 사실여부를 알 것이다.

그렇다.

신의 세계는 눈에 보이지도 않으며, 누구로부터 인정받기도 어려운 부분이고 잘 믿으려 하지도 않는다. 그러나 반드시 신들은 인간 말을 알아듣고 그렇게 행해 주고 있었다.

저자는 신께 육신의 몸만 빌려드리고 나의 소원을 이야기한 것에 지나지 않는다. 그 후 문제는 태상천존 자미천황님께서 신들을 불러서 비를 내리게 하는 강우 천상공무를 집행해 주셨던 것이다.

1999년 7월 어느 일요일.

오늘은 서울에 있는 우면산에 올라 천상공무를 보기로 한 날이다. 그러나 밖에는 장대 같은 비가 쏟아지고 있었다.

4일 전부터 계획을 세웠던 터라 우면산에 오르는 것을 포기해야 하나? 진행해야 하나? 걱정이 되었다.

밖에는 약간의 비가 내리고 있는 것이 아니라 정말 억수 같은 장대비가 쏟아지고 있었다.

인간의 마음으로는 걱정이 되었지만 태상천존 자미천황님의 대 능력을 믿고 진행하기로 마음을 먹은 뒤, 우면산에 오를 준비를 과감히 하였다.

차에 올라 마음속으로 태상천존 자미천황님께 장대비를 멈추게 해 달라고 말씀 올렸다.

출발한 승용차는 20분 만에 과천 경마장 가는 길목 비닐하우스 화훼

단지 사이를 지나 우면산 입구에 도착하였다.

차에서 내려 한 손엔 우산을, 다른 손엔 준비한 제물을 들고 산에 오르기 시작하였다.

낮은 산이라 10여 분 후에 목적지에 도착하였다. 도착하여 천상공무 준비를 하려 하는데 신기하게도 장대비의 빗줄기가 잦아지기 시작하더니 2분이 지나자 강한 빗줄기가 뚝 멈춰버리는 것이었다.

태상천존 자미천황님의 천지조화 기운에 이 저자는 너무 신기하여 감탄에 감탄을 했다.

태상천존 자미천황님의 보호 하에 천상공무의식을 진행했다. 천상공무를 50분가량 보게 되었으나 그 시간 동안 비는 한 방울도 내리지 않았다.

천상공무를 마친 뒤 산길을 내려와 차에 올랐다. 차에 올라 출발하여 1분가량 지났을까? 비포장도로에서 아스팔트길로 접어들기 시작하자 갑자기 후두둑하며 장대비가 요란하게 쏟아지기 시작하였다.

앞이 안 보일정도의 강한 장대비였다.

함께 산에 올랐던 모두는 태상천존 자미천황님의 대 능력에 경탄을 감출 수가 없었다.

저자는 다시 한 번 신의 조화, 태상천존 자미천황님의 조화 능력에 놀랐다. 만물 속의 신명정기는 결국 인정하는 자의 편이었다.

대단하신 태상천존 자미천황님께서는 신들로 하여금 명을 내리시어 이 저자가 천상공무를 행할 수 있도록 오던 비를 멈추게 하는 천상공무를 집행해 주시었고 이 저자의 천상공무가 끝나자 다시 비를 내리게 하시었다.

태상천존 자미천황님께서는 이 저자가 천상공무를 진행하는 1시간 동안만 장대비를 멈추게 해주시었다.

동승했던 모두는 1시간 동안 멈추었던 장대비의 광경과 천상공무가 끝나자 다시 내리기 시작한 장대비의 광경을 보고 너무 놀라워 경악을 하며 탄성을 질렀다.

2004년 4월, 태풍이 2~3개 올라오고 난 뒤였다.

얼마 전 강릉 일대가 태풍 루사로 쑥대밭이 되어 인명과 재산피해가 수천억에 이르는 막대한 피해를 보았고 충청지방엔 갑작스런 폭설로 6천억이라는 천문학적 피해가 발생하여 비닐하우스 농민들이 시름에 빠지기도 했었다.

엄청난 자연재해를 막을 수 있는 방법은 없을까? 고민을 하다가 풍운조화 신을 청배하여 이 저자의 바람을 말씀 올렸다.

"오늘 한반도로 올라오는 태풍을 소멸시킬 수 있는 방법은 없을까요?"

풍운조화 신이 말씀하셨다.

"저희가 태상천존 자미천황님께 말씀 올려 태상천존 자미천황님께서 내려주시는 말씀(명)을 받아 오겠습니다."

약 2분 정도의 시간이 흘렀다.

풍운조화 신 : 이미 발생한 태풍 자체를 소멸하는 것은 자연의 이치에 맞지 않는다 하십니다.

태상천존 자미천황님께서는 인황님의 소원을 이루어 주시고자 태풍의 방향을 바꾸어 주신다 하십니다.

저자 : 방향이라도 바꾸어 주신다 하시니 너무 고맙습니다. 그렇게 해주시어 한반도가 태풍의 피해를 보지 않게 해주세요.

풍운조화 신 : "예! 그리 행하도록 하겠습니다. 저희는 그럼 이만 물러가겠습니다" 하면서 대화는 끝났다.

이날 천상공무를 본 후 2004년 10월까지 4개 정도의 태풍이 더 발생하였지만 모두 한반도를 비켜갔다. 방향을 바꾼 태풍은 일본으로 상륙하여 일본에 엄청난 피해를 주었다.

일본인은 이 사실도 모른 채 갑자기 들이닥친 태풍의 피해에 정신을 못 차리고 있었다.

이와 같이 인간의 눈에 보이지 않는 4차원의 신명정기 기운은 인간의 상상을 초월하여 현실로 일어난다.

사람이 진정으로 신을 믿고 하늘을 믿는다면 신과 하늘께서는 인간이 원하고 바라는 것을 현실로 이루어주신다.

태상천존 자미천황님!

각자 나름대로 예수님이 최고인 줄 알고, 부처님이 최고인 줄 알고, 상제님이 최고인 줄 알고, 미륵님이 최고인 줄 알고, 성모 마리아님이 최고인 줄 알고 있다.

종교의 교리와 이론에 심취하여 자신의 삶을 희생하며 살면 하늘께 복 받고 구원받아 잘 살 줄 알고 있었지만 그 모두는 하늘의 진정한 진실이 아니었다.

만 인류 각자가 최고인 줄 알고 믿고 따르던 예수님, 하나님, 미륵님, 상제님, 우리 인간 모두를 최초로 창조하신 진정한 만생만물의 주인님은 예수님, 하나님, 미륵님, 상제님, 우리 인간이 아닌 태상천존 자미천황님이심이 밝혀지고 있다.

또한 만 인류 모두가 몰랐던 하늘의 위대한 존함이 태상천존 자미천황님이심이 밝혀지고 있으니 참으로 감개무량한 일이다.

만 인류는 태초의 하늘을 오랜 세월 너무도 그리워하였고 하늘의 진실을 알고자 하였으나 만 인류는 하늘의 진정한 진실에 대하여 알 수가 없었다.

그러다 보니 만 인류 모두는 각자 나름대로 예수님, 하나님, 미륵님, 신명님이 인류의 주인일 것이다, 하면서 각자 나름대로 종교를 통하여 기도를 하면서 진짜를 찾고자 하였다.

2천 년, 3천 년 수많은 세월의 시간 동안 수많은 사람들은 진짜 하늘을 알고자 종교에 심취하였지만 진짜는 알지 못하고 시간의 흐름 속에 고통, 아픔, 질병, 상처만 끌어안게 되었다.

만 인류가 오랜 세월 그토록 그리워했던 하늘!

만 인류 모두가 오랜 세월 그토록 기다렸던 하늘은 바로 태상천존 자미천황님이시었다.

현 세상을 살아가고 있는 우리 인간을 창조하시고 이미 이 세상을 다녀가신 수많은 사람들을 창조하시고 하나님, 미륵님, 예수님, 석가님, 신명님 등 이 세상의 만생만물 모두를 최초로 창조하신 분은 바로 태상천존 자미천황님이시었다.

지금까지는 진정한 하늘 태상천존 자미천황님을 알 수가 없었기에 각자 나름대로 종교를 통하여 하늘세상, 사후세상, 조상님세상, 인간세상의 진실을 알고자 했지만 만생만물 모두를 최초로 창조하신 분이 밝혀짐으로써 우리 모두의 고민이 이제는 해결되게 되었으니 참으로 기쁜 일이다.

진정한 인류의 구심점, 인류의 영의 부모님, 인류의 하늘님이신 태상천존 자미천황님을 중심으로 하나님, 미륵님, 신명님, 인간, 조상님 모두가 함께하면 되니 이보다 더 기쁜 일이 어디 있으랴?

진정한 하늘 태상천존 자미천황님을 중심으로 하나님, 미륵님, 신명님이 함께하시었으니 태상천존 자미천황님을 중심으로 이젠 기독교인, 불교인, 도인, 일반인 모두가 함께하면 된다.

종교는 처음부터 하늘의 원뜻이 아니었다.

종교는 하늘의 원뜻이 아니었기에 어찌 보면 불교인, 기독교인, 도인이라고 표현함도 맞질 않을 것 같다. 우리 인간이 이 세상에 태어날 때 인간으로 태어났듯이 우리 모두는 원래부터 인간이었을 뿐 불교인, 기독교인, 도인, 종교인이 아니었다.

우리 인간 모두가 원래 인간으로 태어났듯이 종교의 세계에게 탈피하여 태상천존 자미천황님을 만나게 된다면 우리 모두는 그 위대한 하늘의 자손이 되는 것이니 그 얼마나 기쁘고 값진 일이랴?

종교인으로 살아온 각자의 삶이 어둡고 칙칙한 밤의 인생이었다면 태상천존 자미천황님과 함께하는 삶은 밝고 환한 인생이라 할 수 있을 것이다.

종교인으로 살아온 각자의 삶이 잘 보이지도 않고 들리지도 않는 흑백 텔레비전의 인생이었다면, 태상천존 자미천황님과 함께하는 삶은 잘 보이고, 잘 들리는 화려한 HD 고화질 컬러 텔레비전의 인생이라 할 수 있을 것이다.

종교인으로 살아온 각자의 삶과 각자의 가정이 사기 배신, 고소 고발, 이별, 자살, 우울증, 질병으로 가득한 인생이었다면 태상천존 자미천황님과 함께하는 삶과 가정은 행복, 기쁨, 건강의 인생이라 할 수 있을 것이다.

태상천존 자미천황님은 우리 모두의 영을 창조하시어 우리 모두를 이 땅으로 보내신 우리 모두의 영의 부모님이시고 우리 모두가 찾던 하늘님 중에 하늘님이시다.

자미국은 모든 종교세계를 초월한 세상이기에 기존에 어떠한 종교에 몸과 마음을 두고 있었던 이들도 거부 반응을 가질 필요 없다고 이 저자는 생각한다.

하늘의 진실, 사후세상의 진실, 인간세상의 진실, 조상님의 진실, 종교의 진실, 행복의 진실, 질병의 진실, 우울증의 진실 이 모두가 책을 통하여 차례대로 순서대로 밝혀질 것이다.

독자 여러분들 모두 하늘 진실의 말씀으로 귀하고 값진 시간 되시어 위대하신 태상천존 자미천황님의 말씀에 순응하고 현실로 행하는 훌륭하고 착한 하늘의 자손들이 되어야 한다.

살아서는 물론 사후세상에서도 자미천황님의 크신 사랑과 보호 속에 자신은 물론 자신의 가족, 자신의 조상님 모두 구원받고 선택받아 행복하고 값진 나날 되기를….

하늘은 하나가 아니었다

책을 읽고 자미국의 두 저자를 만나 위대하신 대우주 천지인 창조주 태상천존 자미천황님을 만나게 되면 영원히 행복할 수 있는 하늘의 길로 들어갈 수 있다.

태초의 하늘이 인간들 눈에 안 보이니 계신지 안 계신지 독자들 영적 수준으로는 판단하기 어렵지만 하늘은 실제로 존재하고 계신다. 종교인들이 말하는 하늘과는 전혀 다르다.

태초이자 인류 마지막으로 하늘을 만나 하늘께 죄를 빌고 구원받을 수 있는 곳이다.

인간의 삶은 제 아무리 길어야 100년 미만이다. 100년 미만인 인간의 삶 동안 인간이 누리게 되는 권력과 부귀영화 모두는 100년의 삶이 다한 뒤에는 모두가 의미 없게 된다.

하나라고 알고 있는 하늘은 하나가 아니었다. 인간능력의 한계수준에서 알려진 것만 33개의 하늘이 있다.

인간이 하나가 아니라 71억 명이듯, 하늘도 하나가 아니었는데 종교에서 자기들이 믿는 하늘이 최고라는 뜻으로 하늘은 하나라고 만든 것 같다.

특히 기독교에서 하늘은 한 분이라고 하여서 우리 민족이 부르던 하느님을 하나님으로 바꾸어 하느님을 훔치는 도둑질을 자행했고 민족정신을 혼동 속으로 몰아넣었다.

100년 남짓한 동안에 급속도로 팽창한 기독교, 천주교가 말하는 하나님은 욕계 33천 하늘나라의 하나인 7천의 도리천 하늘을 말한다. 불교의 하늘은 9천인 도솔천이다.

지옥계도 하나의 하늘나라이고 축생계, 아귀계, 아수라계 역시 하나의 하늘나라이며, 인간계 역시 하나의 하늘나라이다.

즉 인간들이 살고 있는 지구가 하나의 하늘나라이니 우주에 별이 몇 개일까? 이처럼 하늘은 하나가 아니라 수억만 개의 별들처럼 무수히 많은데 하늘을 하나라고 인간들에게 세뇌시켜 종고사상을 주입했으니 그 얼마나 위험하고 우매한 일인가?

사람들이 하늘나라가 좋다고 말하는데 정녕 어느 하늘을 좋다고 말하는 것인지 당최 알 수가 없다.

지옥계 하늘나라가 좋다고 하는 것인지, 악귀들이 사는 하늘나라가 좋다고 하는지?

하나님이 누구이고 어느 하나님을 받드는지 모르겠다. 하나뿐이 안 계시어 하나님이라고? 하나님을 만나보고 말하는 것인지? 정말 너무나 웃기는 말이다.

인간이 하나밖에 없다는 말과 무엇이 다를까?

하나님이라 부르니 지옥계, 축생계, 아귀계, 아수라계의 하나님들도 대답하고 찾아오면 어떻게 할 것인데? 정말 기막힌 일이다. 무조건 하나님이라 부르면 찬양하는 것인 줄 알고 있다.

예를 들어 인간 각자가 하나의 하늘이라고 가정한다면 70억 개의 하늘이 존재하는 것인데 하늘을 부를 때 "인간" 하고 부르면 과연 누가 대답할 것인가?

오늘 2011년 10월 31일부로 지구에 70억 명째 아기가 필리핀에서 탄생했다고 한다.

70억 인간 모두가 대답할까? 정신 나간 미친놈이라고 쳐다만 보다가 말 것이다.

수많은 군중들이 있을 때 사장님 부르면 누가 대답할까? 어떤 이름을 대면서 사장님이라고 불러야 대답할 것 아닌가?

그리고 사장도 1인 사장이 있고, 수십만 명을 거느리는 사장이 있듯이 위상과 신분, 대우가 다르다.

사장이란 말은 같지만 동급 사장이 아니듯 하늘이라고 다 똑같은 하늘이 아니다.

마찬가지로 하늘도 수많은 신분과 서열이 있기에 여기서는 태초의 하늘이라는 뜻에서 태상천존이라 하고 그분이 지극지존의 자미천황님이시다. 어느 하늘을 부르고 찬양하는 것인지 확실히 알고 해야 하지 않을까?

기독교, 천주교인들이 말하는 하늘은 제7천의 도리천 하늘이지만 이러한 진실도 모르고 하나님을 절대자, 전지전능의 천지 창조주라고 부르며 찬양하고 있다.

아래 제1천 하늘부터 제4천 하늘까지도 하나의 하늘나라라는 것을 독자들은 상상도 못했을 것이다.

천(天)은 하나의 하늘이고 교인들이 하나님으로 부르고 싶다면 "도리천주님"이라고 불러야 응답을 하실 것인데 이제는 아예 응답을 하지 않으실 것이다.

왜냐하면 자미국으로 들어오시었기 때문에 응답하실 필요가 없으시다. 이와 같이 교인들은 지금까지 누구를 믿고 있었던 것인지 고민해봐야 하고 도리천주님을 만나고 싶다면 자미국으로 이 책을 끝까지 정독하고 방문해야 한다.

자미국이란 이름은 저자 인황이 창시했고, 자미천궁이란 이름은 제7천의 도리천주님이시자 교인들이 부르던 하나님이신 천상천감님께서 강림하시어 찾아주시었다.

이곳에서 진짜 태초의 하늘.

하늘 중의 하늘이신 태상천존 자미천황님의 뜻을 펼치시고자 와주시었으니 교인들은 하나님을 만나고 싶으면 종교의 고정관념을 모두 버리고 찾아오시기 바란다.

지옥세계의 진실, 사후세계의 진실이 인류 최초로 자미국을 통하여 이 땅의 사람들에게 밝혀지고 있다.

이 땅의 사람들은 지금까지는 보이지도 않고 들리지도 않는 천상세계, 사후세계, 지옥세계가 실제로 존재하고 있는 줄을 몰라 돈과 권력, 명예에 집착하며 살았었다.

우주에는 3계(욕계, 색계, 무색계)의 33천(하늘)이 있다.

▌욕계(欲界) 11천

제 1천 지옥계 제2천 축생계 제3천 아귀계 제4천 아수라계
제 5천 인간계
제 6천 사왕천 욕계 1천 인간세상의 50년이 1일, 정명 500세
제 7천 도리천 욕계 2천 인간세상의 100년이 1일, 정명 1,000세
제 8천 야마천 욕계 3천 인간세상의 200년이 1일, 정명 2,000세
제 9천 도솔천 욕계 4천 인간세상의 400년이 1일, 정명 4,000세
제10천 화락천 욕계 5천 인간세상의 800년이 1일, 정명 8,000세
제11천 타화천 욕계 6천 인간세상의1,600년이 1일, 정명 16,000세

▌색계(色界) 18천 중

1선	3천	제12천 범중천	제13천 범보천	제14천 대범천
2선	3천	제15천 소광천	제16천 무량광천	제17천 광음천
3선	3천	제18천 소정천	제19천 무량정천	제20천 변정천
4선	9천	제21천 무운천	제22천 복생천	제23천 광과천
		제24천 무상천	제25천 무번천	제26천 무열천
		제27천 선견천	제28천 선현천	제29천 색구경천

무색계(無色界) 4천	제30천 공무변천	제31천 식무변천
	제 2천 무소유천	제33천 비상비비상천

사왕천의 500세가 등활지옥의 1일이고~ 타화천 16,000세가 염렬지옥의 1일이다. 그러므로 염렬지옥에 떨어지면 34,105조 6,000억 년 동안 형벌을 받아야 한다고 한다.

이런 끔찍한 지옥세계로 떨어지지 않으려면 100년도 못 가는 부귀영화인 재물과 권력, 명예만 믿고 자만과 교만으로 사후 지옥세상 부정하지 말고 하루라도 일찍 자미국에 들어와서 남보다 먼저 입천제, 천인합체의 천명을 받아 천인으로 재창조되어 지옥세계를 면하고 난 후에 인생을 즐겨야 한다.

지금 큰돈과 권력을 갖고 부귀영화 누리며 잘살고 있다고 한가하게 여유 부릴 때가 아니다. 자신과는 상관없는 남의 세상처럼 느낄 수도 있지만 각자에게 현실로 다가올 미래의 세상이다.

상상으로만 여기던 33개의 천상세계가 실제로 존재하고 있듯, 천상세계와 반대되는 지옥세계도 실제로 존재하고 있다.

기독교, 천주교인들이 말하는 천국, 천당에는 천국, 천당만 존재하고 있는 것이 아니라 천국, 천당 안에는 제7천 도리천의 흑승지옥이 존재하고 있다.

또한 불교, 도교에서 말하는 극락세계에도 극락세계만 존재하고 있는 것이 아니라 제9천 도솔천의 규환지옥이 존재하고 있다.

제 6천	사왕천의	등활지옥으로 떨어지면	3조 3,306억 2,500만 년
제 7천	도리천의	흑승지옥으로 떨어지면	13조 3,225억 년
제 8천	야마천의	중합지옥으로 떨어지면	53조 2,900억 년
제 9천	도솔천의	규환지옥으로 떨어지면	213조 1,600억 년

제10천 화락천의 대규환지옥으로 떨어지면 1경 7,052조 8,000억 년
제11천 타화자재천의 염렬지옥으로 떨어지면 3경 4,105조 6,000억 년

최하 3.3조(3조 3,306억 2,500만) 년~최고 3.4경(34,105조 6,000억) 년까지 가혹하고도 모진 형벌을 받아야 하는 장구한 지옥세상이 존재하고 있음을 알아야 한다.

살아생전 자신의 사후세계를 자미국을 통하여 미리미리 준비하지 않으면 천추의 원과 한을 남기게 된다.

모두가 가야 할 사후세상.

인간으로 태어난 이상 어느 누구를 막론하고 사후세상의 길을 피할 수는 없다. 세상 그 어느 누구도 피할 수 없는 준비된 사후세상의 길을 그냥 바라만 볼 것인가?

• 5부 •

인류가 기다리던 무릉도원

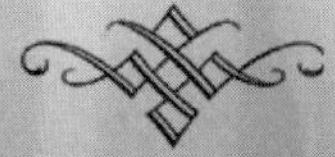

각자에게 주어진 짧고도 긴 인생 | 불의의 사고와 자살을 예방할 수 있다 |
모두가 가야 할 저승세계! | 육신장생 | 지상의 자미국 자미천궁 |
돌아가신 조상님은 '종교'가 아니다 | 지장보살님께서 통한의 눈물을 흘리시었다

각자에게 주어진 짧고도 긴 인생

어떤 이는 즐겁다 하고 어떤 이는 괴롭다 한다. 괴로움을 즐거움으로 승화시키는 이가 있는가 하면, 즐거움을 행복으로 지키지 못하고 괴로움과 고통의 길로 가는 이도 있다.

인생에는 내 노력으로 바꿀 수 있는 부분이 있는가 하면 아무리 노력을 하고 돈이 많다 해도 바꿀 수 없는 부분이 있다.

흔히들 말하는 '팔자'(금전 운, 자손 운, 출세 운, 크게는 인간의 명). 인생이 괴롭고 힘들 때, 아무리 노력을 해도 인간의 노력으로 불가능할 때 "내 팔자라서"라고들 한다.

그렇다면 팔자? 이 속에 숨은 뜻은 과연 무엇이기에 사람을 행복하게도 불행하게도 하는 것일까? 숨은 뜻은? 하늘에서 개개인에게 내린 소리 없는 '명'이시었다.

팔자는 못 바꾼다고들 알고 있다. 어쩌면 맞을 수도 있다. 감히 우리 인간이 어찌 하늘의 명을 거역하고 하늘의 '명'을 바꿀 수 있으랴?

말 속에 답이 있다고 했다.

하늘에서는 아주 오래전부터 우리의 입을 통해서 숨은 뜻을 가르쳐 주고 계셨지만 무지한 인간인지라 그 속에 숨은 진실은 모르고 세월을 팔자타령하며 아픔 속에서 살아왔고 살아가고 있다.

한 번 왔다 가는 우리의 짧은 인생, 누구나 행복하고 즐겁게 살고자 한다. 그러한 방법이 있고 길이 있다면 이제는 믿고 따름으로써 나의 행복, 가족의 행복을 지켜야 한다.

오랜 수행과정과 고생 끝에 누구도 알아내지 못하고 알 수도 없었던 하늘의 깊은 뜻을 알았고, 팔자를 바꾸는 방법도 알게 되었다.

하늘에서 우리 인간에게 내린 소리 없는 '명'(팔자) 하늘만이 움직일 수 있고 바꿀 수 있다. '명'을 내린 당사자(하늘)가 '명'(팔자)을 거둘 수(바꿀 수) 없다면 말이 안 되지 않는가?

인간에게는 불가능한 일들, 하늘은 가능하시다. 인간의 능력은 미약하나, 하늘의 능력은 무한하며, 너무나도 대단하고 놀랍다. 흔히들 경이로운 현상 앞에서나 우리가 상상할 수 없었던 신비로운 일을 겪으면 '말도 안 된다'라는 표현을 한다.

위대한 하늘은 우리의 상상을 초월한, 우리로서는 감히 흉내 낼 수도 쫓아할 수도 없는 엄청난 '말도 안 되는' 신비로운 일들을 수시로 행하고 계신다.

종교인이든 비종교인이든, 지금까지는 진정한 하늘의 뜻(능력)을 몰랐기에 방법도 몰랐고, 해결책도 몰라 힘들게 살아왔지만, 하늘의 말씀을 통하고, 하늘의 계시를 통하여 우리의 삶을 윤택하게 질병 없이 행복하게 살 수 있는 방법을 알게 되었다.

한 번 잘못된 우리의 인생은 되돌릴 수 없다. 금전의 풍파로 인한 고통, 괴롭지만 다시 시작하면 된다. 그러나 예기치 못한 사고(교통사고, 중풍, 뇌사, 비명횡사, 자살, 타살 등등)로 건강했던 몸이 장애자가 되거나 저세상으로 떠나가게 된다.

그 고통은 당사자 본인과 이를 지켜보고 괴로워하며 고통을 나눌 수 있는 사랑하는 가족이 있다 해도 돌이킬 수 없는 현실이 되어 서로 상처만 받는다.

운전을 하다 보면, 매일 가는 길임에도 불구하고 가끔 길을 잘 못 찾아 고생을 해본 경험 누구나 있을 것이다.

'길'이야 다시 찾아가면 되련만, 순간 당황이 되기도 하고, 잘못 접어든 길을 다시 본래의 목적지로 가려면 원래 생각했던 시간보다 더 걸려

시간 낭비도 되고 기름 낭비도 된다.

하물며 우리의 소중한 인생. 어떤 길이 나의 진정한 길이고, 행복의 길인지 알고 가야 함은 당연하다 본다. 시간 낭비 기름 낭비가 아니라 인생 낭비(손해)로 인해 막대한 손해를 입는다.

한 번 잘못된 나의 인생을 원 위치함에 있어 많은 고통과 아픔이 따르고 시간도 많이 걸려 세월만 탓하게 된다.

'한 번에 지름길로 간다'라는 것? 하늘의 별따기만큼이나 어려운 일이다.

하늘에서는 그리 쉽게 우리 인간에게 해결책을 주지 않고, 반대로 고통의 길, 죽음의 길인지 알고 간 사람도 없을 것이다.

한 번 잘못되면 돌이킬 수 없는 우리의 인생사. 나 홀로의 인생이 아닌 하늘과 함께, 하늘의 도움과 보호를 받아 행복하게 질병 없는 가정과 사회를 이루고자 하늘의 말씀을 책으로 집필하였고 힘든 여러분의 인생에 큰 등불이 되었으면 좋겠다.

불의의 사고와 자살을 예방할 수 있다

2005년 11월 23일 언론과 방송에서 이건희 회장의 1남 3녀 중 막내딸 이윤형(26) 씨가 꽃다운 나이에 목을 매 자살했다고 보도하는 것을 접했다.

참으로 가슴 아픈 일이다. 삼가 고인의 명복을 빈다. 가족들의 애통함은 그 무엇으로도 대신할 수 없을 것이나 하늘이 하는 일을 누가 피할 수 있단 말인가?

재벌 2세들의 잇따른 사망 또한 인간의 무지에서 비롯된 것이라 생각한다. 故 이병철 회장의 차남 이창희 씨는 58세에 사망했고, 2005년 6월에 롯데 신격호 회장의 동생 신준호 롯데 햄 우유 부회장의 장남 신동학 씨가 호텔에서 추락해 숨졌다고 방송에서 보도했다.

故 최윤원 SK 케미칼 회장은 故 최종건 회장의 장남으로 50세에 지병으로 사망했으며, 김우중 전 대우그룹 회장은 90년 11월 장남 김선재(23) 씨를 교통사고로 잃었다.

故 정주영 명예 회장의 장남인 정몽필 씨는 82년 4월 교통사고로 사망했고, 90년 4월에는 정신질환을 앓고 있던 넷째 아들 몽우 씨가 호텔에서 자살하는 비운을 맞았다.

또한 2003년 8월 4일에는 대북송금 문제로 검찰에 소환되어 조사받던 현대그룹의 정몽헌 회장이 계동 현대사옥에서 투신자살했다. LG그룹 구본무 회장의 외아들도 90년대 불의의 사고로 사망했다.

천지자연의 신명조화를 몰랐던 것이다.

언젠가는 가야 하는 사후세상이지만 너무나 일찍 세상을 하직하여 남아 있는 유가족들에게 깊은 상처와 슬픔을 안겨주었다. 이런 갑작스런 죽음 뒤에는 그 원인이 숨어 있지만 일반인들은 알 수가 없고 운이 없어서 죽었다고 말한다.

사람들이 갑작스런 사고나 기타 돌발적인 사태로 죽는 경우는 대략 두 가지로 나뉜다. 하나는 조상원혼들의 파장이고 또 하나는 신명들의 파장이다.

특히 원혼이 되어 구천을 떠도는 영가들은 그 한이 너무 깊어 인간세상에 대한 미련이 강하다. 그래서 자기가 죽은 똑같은 방법으로 또 다른 상대를 찾아가서 메시지를 전하기 바쁘다.

그것이 바로 빙의이다.

이런 원귀들이 찾아오면 천계의 신명이 돌보고 있지 않는 한 사고나 심장마비로 갑자기 목숨을 잃을 수밖에 없다. 사람들은 수명이 다 되어서 죽었다고 생각한다. 이런 돌발적인 죽음을 우리 사람들은 막을 수도 피할 수도 없다.

아무 이유도 모른 채 어느 날 소리 없이 젊고 꽃다운 나이에 세상을 떠나가 가족이나 사랑하는 이에게 슬픔과 미련만을 남겨둔다.

저자가 왜 이런 말을 하는가?

갑작스러운 돌연사로부터 벗어나는 방법을 하늘로부터 계시를 받아 알고 있기에 세상에 널리 알려 생명을 구하자는 것이다.

자고 나면 하루아침에 세상을 떠나가고 있는데도 나는 아니겠지 하고 방심하지 말고 사전에 예방하여 불행은 막고 행복은 영원히 지키자는 의미이다.

그 방법인 즉, 죽은 사령(영혼)을 하늘의 명을 받아 자미천궁으로 입천시키는 것이다. 한 번 가면 다시는 돌아올 수 없는 머나먼 길을 내 의지로 떠나간 이가 과연 몇 명이나 있을까?

원과 한이 많은 원한 귀신들의 메시지를 살아생전에 몰라보고 내 마음인 줄 알고 행하다 보니 저승길일 줄이야.

죽은 영혼들은 어제도 오늘도 내일도 간절히 살아 있는 가족들을 찾아와 자신의 억울하고 분통터지는 원과 한을 해원시켜 주기만을 기다리고 있다.

이미 가신 윗대 조상님에게는 효도 차원에서, 밑의 자손에게는 사랑의 차원으로 천상 자미천궁으로 입천 왕생시켜 죽은 자와 산 자의 가슴에 맺힌 원과 한을 풀어 위로해 드려야 남은 가족들에게 불행이 일어나지 않는다.

모두가 가야 할 저승세계!

그곳이 지옥이냐 천국이냐는 하늘 태상천존 자미천황님께서 심판해 주실 사항이고 괴롭고 어려울 때 죽고 싶다 또는 죽어야지,라고 말하는데 그러나 막상 죽으면 그 영혼은 엄청난 죄의 대가를 지불해야 하는 것을 모른다.

죽는다고 모든 것이 끝나고 해결되는 것은 아니다. 원귀란 무엇인가. 그들이 바로 살아생전 원한 많게 살다 죽은 사람들임을 어째서 모른단 말인가?

원한이 많으면 저승세계도 못 가고 인간세계(구천세계)에 머물면서 자손이나 타인들을 괴롭히며 자신의 억울함을 풀어줄 상대를 찾아다니는 것이 이름 하여 원귀이며 원한 귀신이다.

인간의 육신은 고작 100년도 못 살고 소멸하지만 영혼은 수백 수천 년을 고통 속에서 살아가야 함을 잊어서는 안 된다. 살아서 보다 죽어서 더욱더 고통스러운 것이며 조상 영혼을 천상세계로 올려 보내기란 쉬운 일이 아니다.

영혼들이 고통스럽게 호소하는 것을 자손들은 들어주어야 하며, 내가 아는 조상도 있지만 3대 조 위에서 일어난 일은 알기가 어려워서 그 원한을 풀기 또한 쉽지 않다.

그래서 이런 분들의 원한을 일일이 다 풀어드리기 어려우니 본인과 관련된 일체지 영가(본인과 배우자의 직계 일체 조상)를 천상 자미천궁으로 모두 보내드리면 가정에 우환이나 변고가 사라지고 자손들이 편안하게 살아가게 된다.

암이나 뇌사, 중풍, 당뇨, 자살, 사고, 병마는 자신의 조상들이나 자손 없이 죽은 귀신들이 들어와 발생한 것이다. 의학으로 고칠 병이 있고, 조상의 원한을 풀어서 고칠 병이 있으니 도움이 필요하신 분들은 자미국에 의뢰하는 것이 행복의 길이다.

영혼의 세계를 모르기 때문에 사람들은 모두가 현대 의학이면 해결되는 줄 알았지만 사실은 그렇지 않다.

초상집에 문상 갔다가 그 날로 죽어가는 사람도 수없이 많이 있고 얼마 동안 고생하다 죽는 경우도 많다. 모든 병균 인자는 우리 몸에 들어올 때 원한 맺힌 영혼들이 함께 들어오게 된다. 그래서 영혼들은 병균 인자와 함께 기생하며 몸에 자리 잡고 있다.

이를테면 암 덩어리를 제거하면 그 병은 당연히 치료되어야 하지만 그렇지가 않다. 그것은 영혼이 암 덩어리와 같이 제거되지 않고 피신하였다가 다시 그곳에 자리를 잡기 때문이다.

건강한 사람에게 종종 일어나는 심장마비는 원혼귀가 몸에 들어와 급성 빙의로 발생하기 때문이라는 것을 알지 못한다.

부러진 곳과 꿰매는 수술은 당연히 의사들 몫이지만 나머지는 신명들의 몫이다. 사고로 부러졌든 스스로 부러졌든 그 원인은 이름 모를 보이지 않는 원혼들이다.

15년을 병상에 누워 있는 환자들이 있다는데 참으로 가슴 아픈 일이다. 신이나 조상을 달래거나 보내주면(입천) 간단한 것을 평생을 돈 버리고 고생하고 사는 사람들이 너무 많다.

교회 다니니까, 고위 공무원이니까, 재벌이니까, 대학교수니까, 정치인이니까 등등의 이유로 오늘도 수많은 사람들이 이승을 등지고 떠나가고 있다. 질병은 99%가 그런 병으로 죽은 원혼에게 빙의되어 일어나고 있다.

언론에 종종 보도되는 기도원 폭행치사 사건을 들을 때면 참으로 한

심하다. 종교 교주나 목사들이 신도 몸에 들어와 있는 귀신을 쫓는다고 몽둥이로 마구 때려 사망하는 사고가 이어지고 있는데 참으로 몰라도 너무 모른다.

귀신이 매 맞는다고 쫓겨간다면 오지도 않았을 것이다. 더러는 길거리에서 따라 들어온 남의 귀신도 있지만 대부분은 당사자의 조상이 들어온 것이다. 그의 조상을 실컷 두들겨 팼으니 이런 불효가 어디 있단 말인가.

귀신들은 나가라고 두들겨 패도 꿈적도 않는다. 제단을 마련하고 그 혼령을 위로하여 보내드리는 게 당연한 도리이다. 지금까지는 신이나 조상에 대해서 잘 몰라서 행했다면 이제부터는 자미국에서 하늘의 말씀을 들어야 할 것이다.

예수님 또는 하나님께서 정말 그렇게 하라고 하셨는지 궁금하다. 조상이 들어오면 잡신이니 때려서 내쫓아버리라고 했을까? 의문이 간다.

하늘께서는 나를 낳아준 부모와 조상님 섬기기를 다 하고 하늘을 믿고 따르라고 항상 들려주신다.

언젠가는 가야 할 저승길. 살아생전에 이미 가신 조상님들의 원과 한을 알아주고 그들의 심정을 위로하면서 기도하고 수행하여 하늘의 원뜻을 알고 나면 아픔 없는 세상이 열리니, 천황님 전에 열심히 기도하여 참뜻으로 살아 밝고 아름다운 삶을 추구하자.

조상님들뿐만이 아니라 산 사람도 원과 한이 없는 이상향의 세상을 펼치는 것이 제자나 일반인들이 기다리고 바라던 무릉도원 세상이라고 생각한다.

육신장생

이것이 바로 후천 선경세상이요 무릉도원인 것이다.

세상에 모든 종교가 영생을 추구하며 죽어서는 하늘의 천당 극락 가야 한다고 하고 있다. 아무도 그런 뜻을 현실에서 이룬 종교지도자는 없었다. 영생은 인간의 노력으론 있을 수도, 일어날 수도 없는 절대권자만의 능력이다.

이곳은 새로운 종교를 펴고자 하는 것이 아니다. 생명은 태어나면 언젠가는 죽어야 하는 것이 하늘의 이치이고 자연의 이치다. 그러나 지금보다 오래 사는 장생은 가능하다.

영생(永生)이 아닌 장생(長生)은 독자들께서 천상계 신명들과 하나가 되면 충분히 가능하고, 그때부터는 사람의 수명이 아닌 신명의 수명으로 살아가기에 지금보다는 적게는 몇 년 길게는 수백 년을 더 살아가게 된다.

인류는 오래 살 수 있는 방법을 연구하여 왔고 지금도 연구 중이다. 그 꿈은 영원히 사라지지 않을 것이고 장생이 인류의 현실에 언제 실현될 것인가? 만이 숙제로 남아 있다.

도를 통하여 도술을 부려도 천계 신명들을 능가할 자는 아무도 없다. 인류는 신명들과 공존공생의 관계에서 사람들에게 필요한 지식과 정보를 영적으로 제공받아 왔다.

지금까지 불가능하다고 생각하였던 모든 일에 도전하여 상상을 초월하는 과학문명을 달성하여 왔지 않았던가? 예를 들어 인간의 수명 장생프로젝트와 암과 에이즈에서 벗어날 수 있는 길을 신으로부터 지혜를 내려받아서 개발하면 현실로 실현될 것이다.

우리 사람은 권력이 높고 돈이 수천억 수조원이 있고 천하장사라 하더라도 앞에 다가오는 저승사자나 귀신들을 물리칠 수 없는 것이 현실이다.

보이지 않는 귀신이나 악신들을 막을 수 있는 방법은 하늘에 계신 신명밖에 없다. 하늘에는 무릉도원인 자미천궁이 있고 땅에도 그와 같은 신명들의 나라 '자미국'이 세워지고 있다. 이것은 가상의 이야기가 아니다.

사람들은 건강하게 오래 살기 위해서 몸에 좋은 약도 먹어보고, 술과 담배, 색을 멀리하면서 노력도 해보지만 대부분 85세 전후가 되면 사후세상으로 간다.

모든 악귀잡귀로부터 빙의되는 것을 막아주고 비명횡사와 각종 질병에서 본인들의 육신과 영혼을 안전하고 건강하게 지키는 길이 천인합체의식이다. 불가능이란 원래 없는 것이며 다만 시간이 조금 걸릴 뿐이다.

인간세상에서 사람들이 가슴속으로 바라는 것은 반드시 시간이 지나면 이루어져왔다. 상상 속의 날개를 폈던 문명의 첨단기기들이 지금 현실화되어 편리하게 사용하고 있다.

그렇다.

지금부터 100년 전으로만 거슬러 올라가도 현재의 과학문명은 감히 생각할 수도 없었던 일들이다.

당시엔 혹세무민한다고 사형 당해야 했을 일들이 지금은 우리 눈앞에서 하루가 다르게 현실로 일어나고 있다. 자고 나면 세계 최초의 신제품이 만들어졌다고 매스컴에서 보도하고 있으니 말이다.

지나온 과거사의 모습들이 현재를 이룩했고 현재의 모습이 미래의 모습이다.

우리의 인생을 통하여 하늘에서는 '불가능의 세계는 절대 없다'라는 작은 계시를 예전이나 지금이나 보여주고 계신다.

이제는 높고 높은 하늘의 주인이신 태상천존 자기천황님께서 인류에게 명을 내리셨다.

꿈의 세계, 이상향의 세계가 현실에서 이제는 분명히 이루어질 것이고, 그 뜻을 이루고자 천지나라 자미국이 개국되어 하늘의 명을 받들고 있다.

하늘이 우리 백성에게 내린 최고의 선물, 천인합체의식을 통하여 고민 걱정 없는 정신적 행복과 질병 없는 육체의 행복을 통하여 정신적 육체적 수명장생의 길을 살자.

지상의 자미국 자미천궁

상상을 초월하는 신비한 능력은 모두 천황님의 권한이니 장차 하늘의 명은 순수하고 맑고 깨끗하며, 진실한 마음을 가진 이들이 누리는 혜택이라 하셨다.

하늘의 명을 받들어 인생이 완전히 변화하는 조화는 하늘에 선택받은 자들만이 누릴 수 있는 특혜라 하셨다.

이곳은 하늘의 命을 받아 집행하는 신의 국가 '자미국'이다. 독자들이 예약하여 방문하면 천황님의 명을 받아 천상의 감찰신명님이 하강하신다.

각자 본인들에게 주어진 사명과 앞으로 행해야 할 일들, 인생에 문제점이 있을 시에는 원인이 무엇이며 하늘의 주인이신 천황님께서 윤허를 하실지의 여부를 판단한다.

천황님께서 윤허를 안 하시면 산 자나 죽은 영혼은 자미국에 인연을 맺을 수가 없게 된다.

천황님께서 산 자와 죽은 영혼 모두를 자미국에 인연 맺게 윤허를 해주셔야 문제점에 대한 답이 나오고, 그 다음 의식이 행해지는 고차원의 친견상담이니 유념하시기 바란다.

손님 중에서는 보살 집에 다녔던 습성이 몸에 배어 점 봐달라고 천상에서 하강하신 천상감찰신명님께 말했다가 혼쭐이 나서 쫓겨나기도 했다. "점을 보려면 무당집 찾아가지, 여기가 감히 어딘데 함부로 점을 봐달라고 하느냐"고 호통을 쳐서 내보내신다.

점을 보는 무속인은 조상들이 자손의 몸으로 내려와서 인생의 길흉사를 점쳐주는 역할을 한다.

이곳은 천상세계의 주인이신 자미천황님께 인간세상에서 아무리 노력해도 안 되는 일을 하늘의 능력으로 해결해 달라고 비는 곳이다.

천황님께서 내리시는 명을 받들어 명 수행자로 천상감찰신명님이 인간세상에 내려오셨는데 점을 봐달라고 말씀드렸으니 이 무슨 불경이란 말인가?

대우주를 천지창조하시고 우리 모두의 영혼을 창조하신 영혼의 어버이 천황님께 점을 봐달라고 말한 것이나 마찬가지이니 천상감찰신명님께서 벼락같이 호통을 치는 것은 당연한 일이지만 일반 몇몇 사람들은 구분을 하지 못한다.

돌아가신 조상님은 '종교'가 아니다

대통령은 하늘에서 점지한다는 말을 선거 때마다 듣는다.

사실이 그렇다. 하늘께 인황과 사감을 통하여 하늘에 고하면 천계의 신들이 감응한다.

기도 발원자의 뜻을 성취하도록 다른 사람들에게 그를 도와주라고 마음을 바꿔준다.

왠지 모르게 지금까지의 나쁜 감정이 눈 녹듯 사라지고 그를 용서하고픈 마음이 우러나오며, 그에게 좋은 마음이 본인도 모르게 일어나게 되는 것이 신께서 내리시는 자미기운이다.

우리는 육신을 가지고 있으므로 모든 일의 성공이나 소원성취는 내 주위 사람들로 인하여 이루고, 금전을 많이 버는 것도 결국 좋은 사람을 만나야 성취하고 크게 성공도 한다.

내가 잘됨에 있어 귀인 한 명이면 충분하고, 반대로 망할 때는 악인 한 명이면 충분하다. 즉 사람으로 흥하고 사람으로 망한다. 여기서 귀인은 참신이요 사기꾼은 악신이다.

과연 얼마나 나에게 참신이 다가오느냐 악신이 다가오느냐의 차이인데 모든 것은 하늘의 주인이신 천황님의 고유권한이시며, 우리 사람은 아무것도 모른 채 우리의 인생을 열심히 살려 하지만 결과는 의외의 아픔과 고통으로 실의에 빠지게 된다.

큰 인물뿐만이 아니라 큰 재벌가도 하늘에서 낸다.

혹시라도 하늘의 허락 없이 큰 인물이 될 수도 있고, 큰 재벌가도 될 수는 있겠지만 잠시 잠깐이며 나의 자리, 나의 돈이 아니었기에 일순간

물거품이 되어버린다.

그 대상이 바로 하늘에서 내린 악인이다. 하늘과 땅과 조상님은 말을 못 하시기에 마음으로 기운으로 하신다.

반대로 복을 주고 소원성취를 이루어주실 때에는 귀인을 보내주어 소원을 이루게 해준다.

하늘과 땅과 조상님은 절대로 종교가 아니다.

하늘은 하늘 자체이며 땅은 땅 자체이고, 조상님은 뼈와 살을 나와 나누고 인생을 같이하다 사후세상으로 먼저 가신 조상님이지 이분들이 어찌 기독교이고 불교인지 참으로 답답하다.

많은 사람들로부터 친견신청 전화를 받는다.

인생의 문제점과 추구하는 목표도 다르다 보니 궁금 사항도 모두 다르다. 궁금해하고 모르는 부분에 대하여 설명을 해주다 보면 가끔은 저녁에 기진맥진할 때도 있지만 나의 임무이고 나의 길이기에 기쁘게 행하고 있다.

그러나 가장 힘든 부분은 이곳 자미국이 '어떤 종교인지'에 대하여 궁금해하는 사람들이 있는데, 종교가 아니라고 설명을 해주면 그럼 "사이비"냐고 하는 사람들이 있다.

다시 한 번 강조하지만 하늘과 땅이 어찌 종교가 될 수 있고, 조상님이 종교가 될 수 있는지 묻고 싶다.

이곳 자미국은 높고 높은 천상의 하늘과 우리가 살아가고 있는 지상의 땅과 이미 가신 조상님의 소원을 이루어드림으로써, 한 치 앞도 내다볼 수 없는 나약한 인간세계이다.

불확실한 미래에 대한 공포와 불안, 사업실패, 금전고통, 교통사고, 우환, 질병 등에 대한 불안 요인들을 하늘과 땅의 도움으로 사전에 예방하여 무릉도원을 이루는 곳이며 종교의 뜻이 아닌 천상의 원뜻을 지상에 펼치고자 하는 고차원의 세계이다.

지장보살님께서 통한의 눈물을 흘리시었다

천인합체의식을 진행하는 과정이다.

천인합체의식 대상자인 그녀의 몸으로 천인과 인간 육신이 천인합체되기 전에 오랜 세월 동안 그녀의 몸 안에서 수많은 메시지를 전하고 있던 보이지 않는 존재(영혼)를 잠시 사감의 몸으로 불러 만나보기로 하였다.

그녀의 몸 안에 있던 존재가 사감의 몸으로 들어오자 1시간여 동안 눈물바다를 이루며 그동안의 사연을 말했다.

그녀의 몸 안에 오랜 세월 함께하고 있었던 존재는 불교에서 받들고 있는 지장보살님이었다.

지장보살님만 우시는 것이 아니고, 천인합체할 그녀와 오늘 의식에 참가한 여러 천인들을 비롯하여 저자(인황)도 통곡의 눈물을 흘렸다. 지장보살님의 말씀, 한 마디 한 마디는 하늘의 말씀이셨고 감동의 말씀이셨다.

이 내용은 고승, 스님, 일반 불자 대한민국 국민뿐만이 아니라 세계 국민도 감히 알 수 없었던 내용이고, 감히 짐작도 할 수 없었던 전무후무한 청천벽력과도 같았던 내용들로써 태초 이래 처음으로 세상에 알려지는 내용이다.

그녀가 온갖 세상 풍파를 겪다가 책을 읽고 자미국과 인연을 맺어 조상님 입천제의식을 행한 후 천인합체를 행하는 날이다.

수많은 굿과 절에 가서 천도재를 올려도 보았지만 아무 소용이 없었고, 끝내 큰일을 당하고 말았다. 하늘이 무너지는 일을 당한 것이다.

남동생이 폭행치사로 인하여 세상을 떠난 것이다.

그 폭행치사 가해자는 다름 아닌 오늘 천인합체의식을 행하는 그녀의 남편이었으니 이것을 숙명이라고 해야 하나? 아니면 얄궂은 운명의 장난이라고 해야 할까? 동생은 저승으로, 신랑은 감옥으로 가버리고 홀로 남은 그녀의 운명!

동생은 죽어서 떠났고, 신랑은 감옥에 들어가고서 채 한 달도 안 되어 경황이 없었지만 동생의 죽음을 위로하고 사죄하며 마지막으로 동생의 혼령과 대화라도 나누어보고자 없는 돈을 빌려서 직계 일체 조상님들을 청배하여 입천제를 행해 드린 것이다.

죽은 동생의 혼령을 사감의 몸으로 불러들였다. 죽은 동생 혼령과 상봉하여 대화를 나누어보니, 폭행치사 동기가 살해 의도가 없는 고생잡기 놀이였다고 태연자약하게 말을 하는 것이었다.

이전에도 서로가 여러 번에 걸쳐 그런 놀이를 산중의 기도터에서 자주 했었다고 말했다. 아마 이날은 자기 매형(신랑)이 너무 오래 목을 졸라서 숨이 끊어진 듯싶다.

그녀의 신랑도 신을 두 번이나 받았다가 손님도 별로 없고 신의 기운도 제대로 실리지 않고 해서 법당을 닫고 산중에서 기도생활하다 갑작스런 살인자의 신세로 변해 버린 것이다. 참으로 기가 막힌 사건이 벌어진 것이다.

그녀 자신도 그동안 무당보살들이 시키면 시키는 대로 굿도 수없이 했고, 신의 길을 가야 할 사람이라고 하여 신 내림굿도 몇 번 해보았으나 모두 실패했다.

갖다 준 돈만도 수천만 원이었지만 끝내 답을 찾지 못한 채 실로 엄청난 불행을 당하고 만 것이다.

신 내림을 해야 한다고 해서 날을 잡아 준비를 했고, 법사(신의 선생님)가 시키는 대로 신장대(무구)를 잡았다 한다. 눈을 감은 채 법문소리를 들으며 신의 기운이 내려오기를 1시간 동안이나 기다렸으나 끝내 신장대로 아무런 반응이 나타나지 않자, 법사가 자기 능력으로는 안 된다고 손을 들어버린 사실이 있었다는 것을 오늘 천인합체의식이 성공적으로 끝난 후 그런 사실을 말했다.

그녀는 그야말로 눈앞이 캄캄했다.

동갑내기 신랑의 손에 동생은 죽었고, 신랑은 구속되어 감옥에 갇혔으니 이 무슨 날벼락이란 말인가?

이런 모진 마음고생 끝에 자미국에 찾아와 조상님 입천제의식을 끝마치고 매우 어렵게 천인합체의식 비용을 마련하여 정확히 한 달 만에 자미천황님께서 내리시는 황명을 받들어 천인합체의식을 행하게 된 것이다.

보증금도 없이 월 10만 원짜리 월세방에 사는 피눈물 나는 불쌍한 신세였지만 그 또한 그의 운명이리라.

그러면서도 자미국에 대한 믿음이 확고하였기 때문에 천인합체의식을 행할 수 있도록, 자미천황님께서 그녀에게 천인합체를 윤허해 주시었다.

그녀의 지극한 마음에 자미천황님께서도 감동하시어 천인으로 탄생시켜 주시는 영광과 축복을 내려주셨다.

성공적으로 천인과 천인합체된 그녀는 너무너무 기뻐하였고 감사함을 표하였다.

영혼의 부모님께서 내리신 배려로 천인합체의식에 의해 지장보살님과 그녀는 하나 되어 다시 태어나는 영광을 얻었다.

지장보살님께서 하신 말씀이다.

지장보살님 당신 자신도 태상천존 자미천황님, 태상천존 자미황후님께 큰 죄인이라면서 원한이 서린 말씀을 하시기에 들은 대로 적어보았다.

절에 가면 조상님 천도재 올릴 때마다 스님들이나 유가족 그리고 일반 불자들이 조상님들 좋은 곳으로 가시라는 주문. "지~장~보~살" 명호를 줄기차게 합창으로 열심히 외운다.

이때마다 지장보살님께서는 너무 괴롭다 하시면서 제발 이제는 당신의 명호를 그만 외워달라는 경천동지할 말씀을 전해 주시었는데 그 내용은 이러했다.

"지장보살!" 더 이상 나의 명호 "지장보살"을 부르지 마라.

자미천황님, 자미황후님께 나의 명호 소리가 들릴 때마다 자신은 바늘 방석 위에 앉은 형국이고, 감히 부끄럽고 송구스러워 하늘을 바라볼 수 없으니 제발 나를 더 이상 죄인으로 만들지 말아 달라고 간곡히 부탁의 말씀을 하셨다.

수천 년 동안 조상님들을 구원하고자 열심히 하겼지만 하늘의 자미천황님, 자미황후님께 큰 죄인이 되었다는 것이다.

위대하신 태상천존 자미천황님, 태상천존 자미황후님 명호는 함부로 불러서는 아니 된다고 강조하시며 우리들 모두에게 엄숙히 당부의 말씀을 하셨다.

자미천황님, 자미황후님이 어떤 분이신데 감히 중생들이 그 높으신 존호를 함부로 부를 수 있느냐고 크게 역정을 내시었다.

수많은 불교 신자들이 "지장보살" 나의 명호를 의우고 있지만 나 역시 자미천황님께 큰 죄인인데 어찌 나보고 구원하여 달라 명호를 외우느냐며 곤혹스러워하시었다.

천지의 삼라만상과 일체 인간중생과 조상님, 영혼과 신들을 구원하시는 일은 모두가 영혼의 부모님께서 윤허해 주셔야 하는 것인데, 그것을 모르는 중생들이 함부로 지장보살 당신의 명호를 외워 자신의 처지가 말이 아니라고 하신다.

지장보살님께서 자신의 위치가 얼마나 절박하였으면 앞으로는 "지장보살" 명호를 외우는 모든 사람들에게는 구원이 아닌 저주를 내리시겠다고 심한 말씀까지 하셨을까?

절에 가면 지장전이 있다.

모든 조상님들을 지장보살님이 구원하여 준다고 믿고 있기에 불자들은 자신의 조상님 구원을 위하여 "지장보살" 명호를 목이 터져라 끊임없이 외우곤 한다. 조상님들께 극락세계로 가라는 의미가 담겨 있는 명호이다.

수천 년 동안 조상님 구원한다는 것이 자미천황님, 자미황후님께는 큰 죄를 짓는 결과로 나타났으니 어찌하랴. 지장보살님 또한 자신이 그동안 지은 죄에 대하여 자미천황님의 처분만 기다리며 그 지엄한 명에 따를 뿐이라 하신다.

실로 세상 사람들이 지장보살님께서 스스로 영혼의 부모님께 큰 죄인이라 자처한다면 그 어느 누가 믿을 것인가?

저자 역시 지장보살님께서 이런 경천동지할 말씀을 내려주시리라고는 감히 생각이나 꿈도 꾸지 못했다.

저자 또한 자미천황님, 자미황후님의 위대하신 존엄성에 대하여 큰 깨달음을 얻는 순간이었다.

지장보살님이라면 조상님들이 지옥의 명부세계에 단 한 명도 남지 않을 때까지 조상님들을 위로하고 구원해 주시는 지옥세계 부처님으로 알고 있다.

마음이 깨끗하지 못한 자와 영혼의 부모님의 존재를 모르는 자 함부로 입에 올려서는 아니 될 매우 지엄한 존호라 하시면서 신신당부하시었다.

자미천황님, 자미황후님께서는 천지신명님, 하나님, 미륵님, 하느님, 하늘님, 천존님, 상제님, 부처님이 아니시라 이 모든 분들을 거느리시고 통치하시는 천지창조의 태초 주인이시다.

우리 모두의 천지부모님이시기에 모든 분들께서도 받들고 섬기며 존귀하게 받들고 섬기어 모시는 분이시거늘 스님들이나 일반 중생들이 어찌 위대하신 자미천황님, 자미황후님 존호를 함부로 부를 수 있느냐고 하셨다.

자미천황님의 마음은 그 어느 하느님이라도 알 수 없으며 인간 또한 더더욱 알 수가 없으니 자미천황님 존호를 외우려거든 마음을 정갈히 하고 자미국에 들어와 그 예법을 알고 난 후 정중히 존호를 불러야 한다고 말씀하셨다.

6부

보이지 않는 신명정기

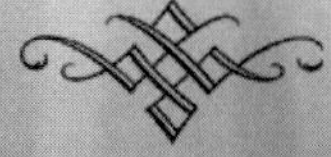

위험한 동반자, 종교! | 하늘과 땅의 위대하고 존귀하신 천지부모님! | 제2의 경이로운 생명으로 재탄생

위험한 동반자, 종교!

한국인은 외국인의 몸에서 노린내가 난다 하고, 외국인은 한국인의 몸에서 김치 냄새가 난다 한다.

절이나 초상집에 다녀온 사람들의 몸에서는 향냄새가 나고, 생선장수 몸에서는 생선 비린내가 난다.

이와 같이 종교인들의 몸에서는 종교인의 기운과 냄새가 나고 있음을 알아야 한다.

또한 그와 더불어 각자 종교의 기운과 냄새는 각자의 인생과 가정, 기업으로 스며들어 그 종교기운과 종교 냄새의 인생을 살게 됨을 알아야 한다.

종교를 믿으면 믿을수록 각자의 생활이 더 어려워짐, 종교를 믿으면 믿을수록 각자의 인생이 더 힘들어짐, 바로 종교의 기운이 그대들의 생활과 인생으로 스며들었다는 얘기이다.

도를 닦으면 닦을수록 자신의 삶이 초라한 인생으로 변해 감. 기도 정진을 하면 할수록 자신의 삶이 우환으로 가득해짐, 도의 기운과 기도의 기운이 자신의 삶 속으로 깊숙이 스며들었다는 얘기이다.

그러나 인류 모두는 이 위대한 진실을 몰랐다.

하늘께서는 이 땅에 종교를 세우라 허락하신 적이 없으시니, 종교는 온갖 욕망의 산물이었다.

하지만 모든 것은 사필귀정이다.

하늘께서 바라고 원하지 않은 것을 인간이 행하면 인간들은 하늘로부터 아무런 것도 받을 수 없게 된다.

또한 하늘의 뜻에 역천하면 모두가 매사 불성이다.

종교에 다니고 있는 사람들아!

자신의 삶을 자신 스스로 뒤돌아보아라.

그리고 스스로 판단하여라.

자신의 삶을 자신 스스로가 뒤돌아보는 시간을 가짐으로써 자신 스스로가 후회 없는 판단 잘 내리기를 바란다.

종교의 굴레에서 과감히 벗어나 하늘과 함께할 것인가? 아니면 종교와 영원히 함께하며 하늘과 멀어질 것인가?

자미국에서는 하늘의 진실만을 전할 뿐 기존의 종교처럼 여러분들에게 어떠한 강요도 현혹도 하지 않는다.

다만 각자의 판단과 각자의 행함대로 자신들의 가정과 인생, 기업으로 돌아갈 뿐이다.

하늘과 땅의 위대하고 존귀하신 천지부모님!

인간에게는 두 부모가 있다. 인간의 육신을 낳아주고 길러주신 육신의 부모님과 인간의 영혼을 창조하여 주시고 보살펴주시는 영혼의 부모님이 계신다.

육신의 부모님은 인간의 눈에 보이는 유형의 부모님이시고, 영혼의 부모님은 인간의 눈에 보이지 않는 무형의 부모님이시다. 어찌 보면 참으로 쉬운 진실인데도, 육신을 지닌 우리 인간들은 이 진실을 모르고 살아가고 있다.

저자 역시 이 위대한 진실을 알기 전 나의 인생은 나의 의지와 상관없는 아픔의 일들이 끊이지 않고 생겨 세상을 등질까? 생각한 적 한두 번이 아니었다.

내 육신의 부모님, 육신의 형제들은 항상 나에게 잘해 주었지만 나에게는 그 모든 것들이 의미가 없었고, 주위의 친구들과도 어울리기 싫어하며, 가족과 친구들과 함께하기보다는 혼자 생각에 잠기어 외로움의 시간을 즐기는 나날이 많았다.

이유 없는 눈물은 항상 마음을 통하여 두 볼을 타고 흘러내려 흐르는 눈물 주체할 수 없었고, 몸은 이유도 없이 항상 아파 낯선 누군가가 보기에는 금방이라도 푹 쓰러질 것만 같은 환자의 모습이었다.

같은 또래의 친구들은 함박웃음을 지으며 밝게 지내건만, 불행과 슬픔, 아픔의 정체를 모르는 어린 나이임에도 불구하고 나는 항상 마음 한구석이 이유 없이 아팠다.

배신의 상처를 받은 것도 아니고, 부모님께 버림을 받은 것도 아니고, 인생에 실패를 한 것도 아니고, 죽을병에 걸린 것도 아니고… 남들이 보기에는 현재 내가 처한 그 모든 것들이 지극히 정상인데 난 항상 몸도 마음도 병 걸린 사람처럼 아픈 모습이었다.

나의 이러한 증상들은 갈수록 심각해져 가족과 주위 사람들을 한없이 힘들게 하였다.

나의 부모님은 이런 나를 고쳐주고자 병원으로 전전긍긍하였고, 병원에서도 고쳐지지 않자 주위사람들의 권유로 굿도 해보고, 천도재도 지내보고… 많은 방법을 동원해 보았지만 나에게는 어떠한 것도 통하지 않았다.

항상 빈 방에 앉아 나의 진정한 마음을 어느 누구도 몰라줌에 서러움의 눈물을 하염없이 흘리고 또 흘려 나의 눈과 나의 얼굴은 언제나 부어 있는 상태였다.

그러면서 어느 날인가부터 나도 모르게 높은 하늘을 밤과 낮으로 바라보며 혼자 생각에 잠기었다.

"저 높은 하늘에는 도대체 무엇이 있을까? 저 높은 하늘에는 누가 살고 있을까?"라는 생각을 많이 하게 되었다. 그러면 어느 순간에는 평온함이 느껴지고 어느 순간에는 하염없는 그리움의 눈물이 흐르곤 하였다.

항상 나는 내 인생에 무엇이 빠진 것 같은 허전함과 빈껍데기 같은 외로움을 느꼈다.

훗날 알고 보니 그 모든 일들의 정체는 내 마음 안에 영혼이, 영혼의 부모님을 그리워하고 사랑하는 마음의 시간들이었다.

우리 인간은 육신의 부모님을 잃게 되면 아프고 서러워한다. 그렇듯 내 마음 안의 영혼도 영혼의 부모님을 잃은 마음에 아프고 서러워하였던 것이다.

이 저자도 이 뜻을 알기 전에는 매사 하는 일마다 되는 일이 하나도 없었다. 또한 무슨 일을 함에 있어 열심히 하고자 하는 의욕도 별로 없었다.

태상천존 자미천황님, 태상천존 자미황후님!

내 영혼의 부모님을 만난 지금은 이 세상 그 누구보다도 삶에 대한 열정과 일에 대한 열정 이 모든 것들이 모두 바뀌었다.

마음은 항상 기쁘고 행복하고 어떤 일을 행함에 있어 두려움보다는 희망이 넘친다.

인간 육신에게는 자신의 육신을 낳아주고 길러준 육신의 부모님이 필요하듯이 인간 마음 안에 있는 각자 모두의 영혼들에게는, 자신의 영혼을 낳아(창조)주고 사랑으로 보호해 주시는 영혼의 부모님이 절실히 필요하다.

이 세상 사람들이 미완성의 인생을 사는 이유가 바로 이것이었다. 인간의 마음 안에는 누구에게나 영혼이 존재하고 있다.

인간의 마음 안에 있는 수많은 영혼들은 어느 영혼을 막론하고 자신 영혼의 부모님을 만나고 싶어한다. 하지만 이 영혼의 부모님을 어떻게 만나는지를 영혼들 스스로는 알 수 없다.

인간의 몸 안에서 하늘을 만나고 싶어 아파하는 영혼들의 소원을 이루어주시고자 하늘께서 자미국을 통하여 천인합체의식을 이 땅에 처음으로 선사하셨다.

이 세상을 살면서 이 저자처럼 항상 마음이 허전하고 외로움을 느끼며 이유 없이 몸은 아프고, 살고자 하는 의욕보다는 죽고 싶다는 생각이 앞서는 사람.

하는 일마다 매사 불성. 사람들을 만나도 의사소통이 잘 안 되는 사람, 자신의 의지와 상관없이 자신의 인생이 사기 배신의 고통으로 괴로운 사람들은 자미국을 통하여 하늘께서 윤허하신 천인합체의식을 행하여야 한다.

자신 몸 안의 영혼들이 영혼의 부모님 찾아달라고 자신의 몸 안에서

울고 있다. 자신 몸 안에서 자신의 영혼이 울고 있으면 매사 되는 일이 없다. 자신 몸 안의 영혼이 부모님을 만나 방긋방긋 웃기 전까지는 해결책이 없다.

우리 인간은 인간의 눈에 보이는 유형의 육신과 우리 인간의 눈에 보이지 않는 무형의 영혼으로 창조되었다.

무형의 영혼이 원하고 바라는 것을 유형의 육신이 행해 줄 때 미완성의 삶이 완성의 삶이 될 수 있다.

인간 몸 안에 있는 영혼들은 자신들의 소원인 영혼의 부모님을 인간 육신들이 자미국을 통해서 찾아주어 자신들의 소원을 이루어주기 전까지 인간 육신을 지닌 각자들에게 끝없이 자신들의 마음을 전달하게 될 것이다.

자신 몸 안의 영혼들이 원하고 바라는 것을 빨리 행하는 자 인생의 완성이 이루어질 것이고, 자신 몸 안의 영혼들이 원하고 바라는 것을 행하지 않는 자 자신 몸 안의 영혼의 메시지 따라 자신의 인생 한없는 미완성의 삶으로 흘러가게 된다.

불교, 기독교, 도의 세상 열심히 다닌다고 자신의 인생이 완성 인생으로 되는 것이 아니다. 부처, 예수, 상제에게 충성한다고 자신의 인생이 완성 인생으로 되는 것이 아니다.

부처, 예수, 상제는 우리 인간의 영혼을 창조하지 않았다. 부처, 예수, 상제 모두는 우리 인간의 영혼의 부모가 아니다. 부처, 예수, 상제 등의 영혼을 창조하여 그들을 이 땅으로 잠시 잠깐 보내신 분은 태상천존 자미천황님, 태상천존 자미황후님이시다.

또한 현 세상을 살고 있는 우리 인간의 몸 안에 있는 영혼을 창조하신 분이 하늘이시다. 우리 인간과 인간의 육신 안에 있는 영혼 모두는 이제부터 하늘을 만나야 행복할 수 있다.

수천 년 동안을 불교와 기독교를 통하여 이 땅의 사람들은 각자의 소원을 이루고자 또한 조상님 천도를 하고자 최선을 다하였다. 하지만 인간, 조상님, 영혼들의 소원을 이루어주는 곳은 없었다.

석가, 예수, 상제 그들 모두는 인간의 영혼을 창조한 장본인이 아니기에 인간, 조상님, 영혼들의 소원을 이루어줄 능력이 없다.

석가, 예수, 상제!

지금은 하늘께 자신들이 인간의 삶을 살면서 하늘의 진정한 말씀대로 행하지 못한 부분에 대하여 죄를 빌고 있는 중인데, 그들이 어찌 우리들의 소원을 이루어줄 수 있단 말이던가?

인간 육신을 지니고 사는 동안 하늘의 말씀대로 행해야 사후세상에서도 행복할 수 있다.

인간 육신을 지니고 사는 동안 천인합체의식을 통하여 하늘의 천인으로 탄생해야 인간 육신의 삶이 다한, 다음 세상(사후세계)에서도 태상천존 자미천황님의 천인으로 탄생할 수 있다.

살아생전에 천인으로 탄생하지 못하면 인간 육신의 삶이 다하고 난 다음 세상에는 구천을 방황하는 귀신으로 태어날 수밖에 없게 된다.

살아서 깨달은 자 죽어서도 깨닫게 되는 것이다. 살아서도 못 깨달은 자가 죽어서 어찌 깨닫겠는가?

이와 같이 자신의 육신이 살아 있을 때 위대하신 하늘께 선택받아 천인으로 태어나야 한다. 자신의 육신이 살아 있을 때 천인으로 태어나지 못하면 죽어서도 천인으로 태어날 수 없다.

하늘께서 윤허하신 천인합체의식을 행함에 있어 우리 인간이 하고 싶다고 하여 마음대로 행할 수 있는 의식은 아니다.

이 의식을 이 땅의 산 사람들에게 윤허하심에 하늘께서는 한 치의 오차도 없이, 우리 인류를 하늘의 잣대로 심판하시어 복 줄 자에게는 천인합체의식을 윤허하시고, 벌 줄자에게는 천인합체의식을 윤허하시지 않으신다.

또한 천인합체의식을 윤허하심에 1차 심사는 두 저자와의 친견상담이고, 2차는 각자의 조상님 영혼을 구원하는 입천제를 행한 사람에 한해서 가능한 의식이다.

하늘께 충성하는 사람들에게 해주시는 의식이 아니라, 각자의 조상을 소중히 생각할 줄 알고, 각자의 영혼과 신을 소중히 생각할 줄 아는 하늘의 마음을 지니고, 근본 도리를 행할 줄 아는 인간과 영혼들에게만 하늘께서 선사하여 주시는 고귀한 의식이다.

그동안 각자 나름대로 기도 열심히 했다고 가능한 의식도 아니고, 그동안 부처에게, 예수에게, 상제에게 충성했다고 할 수 있는 의식도 아니다.

천인합체의식은 이 우주 모두를 창조하신 태상천존 자미천황님, 태상천존 자미황후님의 고유권한으로써 엄격히 심판하시어 천인합체의식 여부를 결정하신다.

고유권한이신 천인합체의식의 선별은 감찰신명님, 천상천감님, 천상도감님께서 각자의 조상님을 구원하는 입천제를 행하는 날에 하강강림하시어 하늘의 말씀을 전하여 주심으로써 천인합체의식의 윤허 여부가 결정 난다.

하늘의 고귀한 선택을 받아 천인합체의식을 행하여 천인으로 탄생한 인간과 영혼들의 한결같은 말이다.

"행복해요."

"마음이 너무 편해요."

"그동안의 모든 궁금증들이 말끔히 풀려 가슴이 후련해요."

"다시 태어난 기분이에요."

"지금 당장 죽는다 해도 행복해요."

"항상 이유 없이 몸이 이상했었는데 날아갈 것처럼 개운해요."

"제 피부가 10년은 젊어 보여요."

"죽음이란 것이 전혀 두렵지가 않아요."

"삶에 무궁한 의욕이 생겼어요."

"그동안 아팠던 마음이 건강해졌어요."

"저도 모르게 웃음이 나와요."

"지겹던 종교에서 벗어 날 수 있어 마음이 개운해요." 등등.

천인합체의식을 행한 인간과 영혼, 신들의 말!

듣기만 해도 우리 모두의 가슴이 후련해지고 행복해지는 고귀하고도 존귀한 의식이다.

제2의 경이로운 생명으로 재탄생

인간의 삶을 살면서 두 번의 탄생을 할 수 있음!

경이롭고 매우 기쁘고 감사한 일이다.

육신을 잃은 다음 세상이 아닌 현 세상에서 두 번의 탄생!

이는 태상천존 자미천황님, 태상천존 자미황후님께서 우리 인간에게 주시는 감사의 선물임에 틀림없다.

이 세상에 수많은 종교가 있다 하지만 살아서 두 번의 탄생을 할 수 있도록 해주는 곳은 단 한 곳도 없었고, 이런 진실을 알고 있는 곳도 없었다.

인류 탄생 이후 하늘께서 인류에게 내리신 최고의 값지고 보배로운 선물, 천인합체의식! 너무도 값지고 보배로운 의식이라 아무나 행할 수 없는 천인합체의식!

자미국을 통하여 행하여지는 이 천인합체의식은 이 땅이 생긴 이래 지구 상에서 처음으로 행해지는 태초의 의식이다.

또한 자미국에 있는, "인황과 사감이 육신의 삶이 다하여 이 세상을 떠나게 되면 이 천인합체의식도 자동으로 이 세상에서 끝나게 된다"고 하시었다.

그래서 '처음이자 마지막이 될 의식'이라고 하는 것이다.

천인합체의식은 기존의 종교세계에서 행했던 천도재와 굿, 도, 신 내림, 기도의식과는 판이하게 달라 계승 발전 자체가 불가능하다.

지금까지 행해왔던 기존의 종교의식들은 인간의 이론과 인간의 경험 또한 경전이나, 성경을 통하여 인간들이 행했던 의식들이었기에 계승 발전이 가능하여 2천 년 3천 년 동안을 반복하여 계승 발전시키고 있을지 모른다.

하늘께서 처음이자 마지막으로 자미국을 통하여 윤허하신 천인합체 의식은 인간의 이론과 인간의 경험, 경전이나 성경을 토대로 행하는 의식이 아니라 오로지 하늘의 천지조화 기운에 의해서만 행하여지는 의식이라 계승 발전 자체가 아예 불가능하다.

우리 인간은 육신의 부모를 통하여 이 땅에 태어났다.

우리 인간 각자 모두는 서로 다른 육신의 부모를 통하여 이 땅에 태어나 각자의 인생을 살아감에 인생의 색깔들 또한 너무도 다르다.

일평생을 아무 근심 걱정 없이 편안하게 사는 이가 있는가 하면, 일평생을 질병과 가난, 사기 배신 속에 아프게 사는 이도 있다.

서로 다른 인생의 색깔을 만들며 각자 나름대로 자신들의 인생을 살아가는 우리 인간들이지만 육신의 부모를 통하여 이 땅에 태어난 우리 인간 모두는 언젠가는 또 다른 길, 죽음의 길로 가야 한다.

죽음의 길!

인간 모두가 피할 수 없는 길이다.

우리 인간의 눈에 보이지 않는 죽음의 길에서도 각자의 색깔은 살아서와 똑같이 다르게 나타난다.

고행의 사후세상을 살아가는 영가.

질병의 사후세상을 살아가는 영가.

끝없는 아픔과 고통 속에 살아가는 영가.

구천을 수 세월 동안 방황하는 영가.

종교를 방황하는 영가.

팔자와 운을 탓하는 영가.

살아 있는 자손들의 몸으로 들어가 살아 있는 자손들과 함께 살고 있는 영가.

못된 짓만 행하며 살아가는 영가.

진정한 하늘을 찾고자 하는 영가.

도를 닦고 있는 영가.

서로 다른 생각과 서로 다른 이론으로 영가들은 영가들의 삶을 살아가고 있지만, 어떠한 방법으로도 영가들이 진정으로 가고자 하는 천상 자미천궁을 찾기는 어렵다.

인간으로 태어난 이상 어느 누구도 피할 수 없는 죽음의 길.

죽음의 길에서 귀신 되어 구천을 방황하며 슬피 우는 영가되기 싫은 자. 죽음의 길에서 하늘 못 찾아 살아 있는 자손의 몸으로 들어가 자손을 괴롭히며 자손과 함께 살기 싫은 자들은 자신의 육신이 이 세상에 있을 때, 천인합체의식을 행해야 죽어서 후회하지 않는다.

앞에서도 설명한 적 있듯이, 하늘은 하나가 아니다.

살아생전 진정한 영혼의 부모님을 못 찾고 죽게 되면, 죽음 이후의 세상에서도 하늘을 못 만나게 된다.

하늘은 우리 인간과 달라 인간과 조상님, 영혼들의 눈에 잘 보이지도 않고 잘 들리지도 않기에 안 보이고, 안 들리는 영혼의 부모님을 죽음 이후의 세상에서 찾는다는 것, 하늘의 별따기보다도 더 어렵고 힘든 일이다.

죽음 이후의 세상에서 태상천존 자미천황님, 태상천존 자미황후님 못 만나면 이 넓은 우주 속에서 하늘의 고아가 되어 끝도 없는 우주를, 구천을, 자손의 곁을, 명부전을 맴도는 처량하고 가련한 신세가 되게 된다.

하늘께 선택받지 못하고 버림받은 영가들은 자신들의 영혼이 아무리 힘들어도 자신들의 아픔과 고통 그 어느 곳에도 하소연할 수 없게 된다. 혹시 자신들의 아픔과 고통을 누구에게 하소연 해본다 하여도 그 어느 누구도 태상천존 자미천황님, 태상천존 자미황후님께 버림받은 영가들을 불쌍히 여기며 도와주려 하지 않는다.

살아생전 자신들 영혼의 부모님의 존재를 스스로 무시한 채 살아온 자신들 인생의 삶이 그 얼마나 대죄였는지를 자신들의 아픔과 고통의 사후세상을 통하여 절실히 느끼게 된다.

자신들의 영혼을 창조하여 주신 자신 영혼의 부모님 존재를 몰라보고 스스로 부정함. 어떠한 변명과 어떠한 말로도 감히 용서받을 수 없는 죄이다.

자신의 육신이 이 세상을 떠났을 때, 구천을 방황하며 슬피 우는 귀신이나 조상되기 싫은 자들은 자신의 육신이 살아 있을 때 무조건 의무적으로 행해야 될 의식이 천인합체의식이다.

씨는 뿌린 대로 거두어들임이 천지 이치에 합당하다.

살아생전 자신 영혼의 부모님 존재를 인정하고, 천인합체의식을 통하여 천인으로 탄생한 자 죽음의 길에서도 구천 방황하지 않고, 자신의 육신이 죽자마자 자신 영혼의 부모님께서 계시는 천상 자미천궁에 올라가게 된다.

그동안 자신 인간의 삶을 영혼의 부모님과 기쁘게 이야기 나누며 행복 누리게 되고, 살아생전 자신 영혼의 부모님의 존재를 부정한 자 지옥세계로 인도되어 자신 영혼의 부모님의 존재를 무시한 불효의 대가를 받으며 고통과 아픔의 생을 살게 된다.

영혼의 부모님께서 인류에게 내리신 최고의 선물, 천인합체의식. 우리 인간의 현생과 내생(사후세계)이 함께 행복할 수 있는 아주 귀한 의식이다.

입천제를 행하는 날 조상님 상봉 시간이 끝나고 나면 감찰신명님과 천상천감님, 천상도감님께서 함께해 주시어 입천제를 행하는 자손에게 영혼의 부모님께서 천인합체의식의 명을 내려주시는지, 안 내려주시는지의 여부를 하늘을 대신하여 전해 주신다.

영혼의 부모님께서 천인합체의식을 윤허하여 주신다는 말씀은 인간의 삶을 살면서 그동안 인간이기에 지을 수밖에 없었던 인간의 모든 죄를 용서하여 주신다.

인간의 삶을 사는 동안 편히 살다 다음 세상에 오라는 말씀이시고, 또한 인간 육신의 삶이 다한 다음 세상에서도 자미천황님과 함께할 수 있다는 엄청난 진실의 말씀이시다.

반대로 천인합체의식의 윤허가 없다 하심은, 인간의 죄를 용서하여 주실 마음이 없으시다는 말씀이시다.

자신의 현 세상은 물론 다음 세상도 책임지지 않겠다고 하시는 말씀이니 입천제를 행하는 날, 영혼의 부모님께서 내리시는 천인합체의식의 윤허를 못 받은 자손들은 대성통곡할 일이다.

이처럼 천인합체의식은 고귀함 그 자체이다. 인간이 돈이 있다고 하여 행할 수 있는 의식도 아니고, 인간이 돈이 없다고 하여 행할 수 없는 의식도 아니다.

천인합체의식의 윤허를 받게 되면 어디서든 돈이 생겨 천인합체의식을 행할 수 있게 된다.

돈이 있느냐? 없느냐?가 문제가 아니라, 천인합체의식의 윤허를 받느냐? 못 받느냐가 더 중요한 일이다.

육신을 지니고 인간의 삶을 사는 인간들, 현생의 삶은 물론 육신을 잃은 사후세상에서도 영혼의 부모님과 함께 할 수 있느냐? 없느냐? 이 모두가 결정 나는 의식이 천인합체의식이다.

영혼의 부모님께 선택받을 자에게는 천인합체의식의 윤허가 있을 것이고, 영혼의 부모님께 버림받을 자에게는 천인합체의식의 윤허가 없을 것이다.

천인합체의식을 통하여 천인으로 탄생하게 될 인간, 영혼, 신!

인간으로 왔기에 육신의 죽음은 있겠지만 영혼의 죽음은 없다.

어느 누구나 피할 수 없는 길이 죽음의 길이라 하지만, 천인으로 탄생한 이들.

죽음의 길에 다른 영가들처럼 슬피 울며 이승을 떠나는 것이 아니라, 영혼의 부모님께서 기다리시는 천상 자미천궁으로 올라 사랑과 보호 속에 근심 걱정, 질병, 사기, 배신, 살인, 종교 없는 무릉도원 이상향의 세상, 천상 자미천궁에서 제2의 행복한 삶을 살게 된다.

천인합체의식은 죽음이 아닌 새로운 제2의 경이로운 생명의 탄생을 알리는 고귀하고도 존귀한 의식이다.

살아생전 천인합체의식을 통하여 천인으로 제2의 생명으로 탄생을 하면, 죽음의 길에서 귀신, 조상, 사탄마귀가 아닌 제2의 천인으로 탄생하는 영광을 누리게 된다.

그러니, 천인합체의식이 어찌 태상천존 자미천황님, 태상천존 자미황후님께서 이 땅의 자손들에게 내린 값진 선물이라 하지 않을 수 있으리오!

| 책을 맺으면서 |

타고난 팔자는 못 바꾸더라?

아니다, 팔자는 오늘도 바뀌고 있다.

만물 속에 서린 정기의 기운으로 사람들은 살아가고 있다.

우리 인간의 육체와 마음은 수시로 변한다.

우리 인간의 마음이 너무도 잘 변하여 인간의 마음을 '열 두 마음'이라고도 한다.

인간의 마음이 이렇게 수시로 변한다는 것은 한 사람의 육신과 마음 안에 많은 기운이 들어와 있다는 얘기이다.

만물 속에는 신과 귀신이 있고 악신과 악령도 있고 동식물의 정기도 모두 포함되어 있다.

한 인생을 살면서 자신의 육신과 영혼이 어떤 기운을 어떻게 받느냐에 따라 각자의 인생은 판이하게 달라진다.

원한 많은 조상영혼이 자신의 육신과 영혼(마음)에 자리하고 있으면 자신의 인생도 조상영혼의 기운 따라 자신의 인생도 원 많고 한 많은 인생이 될 수밖에 없다.

또한 자신의 조상영혼 중에 청춘조상영혼이 자리하고 있으면, 살아 있는 자손들 중에서도 청춘에 세상을 떠나는 불행의 일이 일어나게 된다.

이런 원혼들이 자신의 몸에 자리하고 있으면 하늘의 고급정기가 자신의 몸으로 들어오지 못하기에 자신의 인생에는 아무런 발전도 없게 된다.

나쁜 마음은 나쁜 결과를 만들고, 좋은 마음은 좋은 결과를 만든다.

다시 말해 나쁜 기운은 사람을 불행하게 만들고 좋은 기운은 사람의 인생을 행복하게 만든다는 뜻이다.

고급 신명정기는 대우주를 창조하신 태상천존 자미천황님의 고유 권한이시기에 우리 인간이 인간 스스로 좋은 기운을 받고 싶다고 하여 좋은 기운을 받을 수 있는 것이 아니다.

인간 스스로의 힘으로 천상의 고급 신명정기 기운을 받아 인간 스스로가 자신의 인생을 행복하게 살 수 있다면 하늘의 존재가 왜 필요하겠는가?

또한 인간 스스로의 능력으로 고급 신명정기 기운을 받아 인간의 고통을 모두 소멸할 수 있다면 우주를 창조하신 태상천존 자미천황님의 존재가 왜 필요하겠는가?

우리 인간을 행복하게도 불행하게도 하는 기운의 실체는 태상천존 자미천황님이시고 태상천존 자미천황님의 권한이시기에 어느 누구도 이를 바꿀 수도 막을 수도 없다.

그렇기에 불교에서 수많은 세월의 시간 동안 조상영혼을 천도하고자 천도재와 마음기도, 1,000배 10,000배의 절을 올려도 각자의 인생에 아무런 변화도 없었음은 바로 이 이유였다.

천도재를 올린다고 조상영혼이 편안해질 수 있는 것이 아니다. 마음기도, 1,000배 10,000배의 절을 올린다고 각자의 조상과 각자의 인생이 행복해질 수 있는 것도 아니다.

태상천존 자미천황님께서 친히 윤허하신 하늘의 공간.

자미국!

하늘의 모든 기운과 4차원의 신명정기 기운이 이 세상에서 가장 강하게 내리는 하늘의 공간 자미국.

이 세상의 사람들은 하늘 태상천존 자미천황님께서 내리시는 무소불위의 기운에 스스로 인정하며 순응해야 하리라.

각자의 인생에 불행과 고통, 사기 배신, 관재, 이별, 질병을 원하는 자 태상천존 자미천황님 말씀에 역행을 하면 되고, 각자의 인생과 각자의 가정에 행복, 기쁨, 건강을 원하는 자 태상천존 자미천황님의 말씀에 순응하면 된다.

대우주 천지인 창조주 태상천존 자미천황님께서 모든 것을 친히 선별하실 것이고, 태상천존 자미천황님의 선별의 명을 그대로 이 땅에서 행하시고자 천상감찰신명님, 천상천감님, 천상도감님께서 자미국 저자 인황과 사감의 몸으로 임하시었다.

천상감찰신명님, 천상천감님, 천상도감님께서는 태상천존 자미천황님의 말씀에 따라 살릴 자와 버릴 자를 한 치의 오차와 한 치의 실수도 없이 이 땅에서 행하신다.

인간의 눈에 보이지 않고 인간의 귀에 들리지 않는 태상천존 자미천황님의 위대하심과 하늘의 기운이 내리는 자미국의 진실을 이 땅에 전하실 것이다.

태상천존 자미천황님께서 천상감찰신명님과 천상천감님, 천상도감님께 윤허하신 의식은 이미 육신을 잃고 갈 곳을 몰라 구천을 방황하며 슬피 울고 있는 조상님 영혼을 위한 조상님 입천의식.

육신을 지닌 우리 인간과 우리 인간의 몸 안에서 자신의 존재를 밝히지도 못한 채 답답하게 있는 영혼과 신을 위한, 인간과 신을 위한 천인합체의식이다.

불행도 행복도 각자의 팔자다.

하늘의 말씀에 순응하여 행복의 삶을 살 것인가?

하늘의 말씀에 역천하여 불행의 삶을 살 것인가?

각자의 몫이고 각자의 판단이 남았을 뿐이다.

이 저자의 말들이 맞는지 안 맞는지 자신의 삶을 통하여 지켜보면 될 것이다.

현자는 현명한 판단을 내릴 것이고 어리석은 자는 어리석은 판단을 내릴 것이다.

앞에서도 말한 바 있듯이 바위에 계란을 던져 계란이 깨지는 것을 자신의 눈으로 기필코 확인을 한 다음에 자신의 어리석음을 인정하는 사람이 있듯이, 하늘과 신, 조상의 뜻에 역천하여 자신의 인생이 불행해져야 기필코 하늘, 신, 조상의 존재를 인정하는 어리석은 자도 있을 것이라는 얘기이다.

이 저자는 이 책의 독자들이 후자의 어리석은 선택하지 말기를 바랄 뿐이다. 이 책의 독자들은 현명한 판단 잘 내려 현명한 삶을 살기를 바란다.

서로 얼굴은 직접 못 보았지만 이 저자가 집필한 책을 보고 있음은 저자와 독자 여러분의 간접 인연 아니던가?

간접 인연이 인간의 인연으로 이어지고, 인간의 인연이 하늘의 인연으로 이어져, 이 책을 본 모든 독자 여러분들과 현생은 물론 다음 생에서도 함께하여 태상천존 자미천황님의 끝없는 사랑과 보호 속에 행복하였으면 하는 것이 이 저자의 바람이다.

| 예비백성 가입 |

책을 구독하여 공감하고 감명받아 친견상담하고, 부모 조상님 영혼 영가를 구원하는 의식을 행하고는 싶지만 금전적인 문제로 의식을 행할 수 없는 사람에 한하여 가입할 수 있다.

조상님 구원의식을 행한 사람은 신분이 정식백성이다. 의식을 금전 문제 때문에 바로 행하지 못할 경우 예비백성으로 가입하면 조공(의식비용)이 좀 더 수월하게 구해지는 이변이 일어난다.

그리고 예비백성들에게는 다른 사람들이 행하는 천상입궁의식과 천인합체의식하는 날 특별 초대되어 참가할 수 있는 자격을 부여하고 날짜와 시간은 문자 메시지로 일괄 발송한다.

회원가입은 본인의 성명과 본관, 주소, 생년월일, 핸드폰을 상담할 때 알려주면 되고, 연회비를 납부하면 예비백성 자격을 1년간 부여하며 기한이 만료되면 재가입해야 하고 천상입궁의식을 행하면 자미국의 평생회원이 된다.

예비백성으로 가입하면 그날부터 알 수 없는 하늘과 땅의 신비스러운 기운을 온몸으로 느끼는 사람들이 많다. 의식을 바로 행하지 못하는 사람들에게 예비백성 가입은 하늘의 백성과 천인이 되기 위한 최소한의 자기 마음을 보여주는 것이다.

의식 행할 능력이 없는 사람들은 예비백성 가입이라도 해서 자미국과 인연을 맺어 놓아야 자신의 신과 생령, 조상님들이 희망을 갖고 천상 자미천궁에 올라갈 날을 지루하지 않게 기다릴 수 있다.

| 자미국 행사의식 종류 |

- 천상입궁의식(조상님 입천제)
- 천인합체의식(자신의 영혼 구원)

▌상담 시간 오전 11시~오후 5시

상담하러 올 때 부모동반, 부부동반, 가족동반, 친구동반, 애인동반 하면 상담 불가하니 단독방문 요망.

— 천기 13(2013)년 4월 23일
저자 자미국